数学文化视角下的课堂教学研究

于伟东　马志太　戴文胜　葛玉红　著

北京交通大学出版社
·北京·

内 容 简 介

本书深入研究了数学文化在教学中的重要意义与价值，并探讨了在数学文化的视角下如何解决教学中的关键问题。书中通过丰富的教学案例，生动展示了数学文化对课堂教学的积极影响，为数学教学实践提供了宝贵的参考。全书共分为两章。第一章从中观层面展开，重点探究如何帮助学生深刻理解数学的思想与方法，进而提升他们的数学核心素养。该章结合数学文化的内涵，分析了数学思想方法在教学中的渗透策略，旨在培养学生运用数学思维解决问题的能力。第二章则聚焦于微观层面，研究如何通过具体的教学内容，让学生在数学文化的熏陶下感受数学的魅力，激发他们对数学学习的兴趣。该章从数学知识的起源与发展入手，挖掘数学知识背后的文化价值，引导学生从文化的角度理解数学，从而增强学习的内驱力。书中所选案例均从数学文化的视角进行深入研究，涵盖了学习者分析、单元学习目标与重点难点、单元整体教学思路、课时教学设计以及教学反思等多个环节。这些案例不仅详细阐述了相关数学知识的发展历史，还深入挖掘了其中蕴含的数学文化价值，并详细说明了如何在教学设计中巧妙地渗透数学文化。这些内容为教师在数学文化视角下的教学实际操作提供了借鉴，能够帮助教师更好地将数学文化融入日常教学，提升教学效果。

图书在版编目（CIP）数据

数学文化视角下的课堂教学研究 / 于伟东等著. —北京 ：北京交通大学出版社，2025. 6.
-- ISBN 978-7-5121-5526-8

Ⅰ. G633.602

中国国家版本馆 CIP 数据核字第 20259YK278 号

数学文化视角下的课堂教学研究
SHUXUE WENHUA SHIJIAO XIA DE KETANG JIAOXUE YANJIU

责任编辑：谭文芳
出版发行：北京交通大学出版社　　邮编：100044　　电话：010-51686414
地　　址：北京市海淀区高梁桥斜街 44 号　　邮编：100044
印 刷 者：北京虎彩文化传播有限公司
经　　销：全国新华书店
开　　本：185 mm×260 mm　　印张：11.25　　字数：256 千字
版 印 次：2025 年 6 月第 1 版　　2025 年 6 月第 1 次印刷
定　　价：59.00 元

本书如有质量问题，请向北京交通大学出版社质监组反映。
投诉电话：010-51686043，51686008；E-mail：press@bjtu.edu.cn。

序　言

在数学教育的广袤天地中，数学文化宛如一颗璀璨的明珠，闪耀着智慧与历史的光芒。数学文化，不仅仅是一些数学家的故事、历史事件的罗列，更是一种蕴含着深刻思想、精神和价值的体系。它记录了数学从古至今的发展历程，反映了人类对未知世界的探索精神，展现了数学的美学与逻辑之美。

数学文化的价值是多方面的。从教学的角度来看，它能够显著提升数学课堂的效率。数学文化中蕴含着数学家们孜孜不倦的探索精神、数学知识的美学特点以及发现知识的奇闻轶事。这些内容不仅能够激发学生的学习兴趣，还能调动学生的主观能动性，为教学的开展提供有力保障。

对学生而言，数学文化更是培养学科核心素养和科学数学价值观的重要途径。通过学习数学文化，学生能够了解数学思想的起源，通过前人研究的经典案例和过程更深入地理解数学思想，从而有效地培养数学思维。同时，学生能够结合前人优秀经验，学习如何运用数学思维解决问题，逐渐形成良好的学科素养。借助数学文化，学生能够更深入地认识到数学的实用性、实践性及生活性等特征，从而更全面地认识数学学科，形成正确的数学价值观。

基于以上思考，我们编写了这本书。我们首先从理论层面深入探讨数学文化在教学中的价值，分析其对学生核心素养培养和教学效果提升的重要作用。在此基础上，我们通过丰富的教学案例，形成了适合中学教学的数学文化教学案例。这些案例涵盖了不同年级和教学内容，为教师提供了可操作、可借鉴的教学模式，帮助他们在日常教学中更好地融入数学文化。

本书的特色在于其实践性和全面性，案例编写的主要结构是：知识的发展历史、数学文化价值、教学设计中的数学文化渗透、学习者分析、单元学习目标与重点难点、单元整体教学思路、课时教学设计、作业与拓展学习、设计特色、学习资源分析、教学反思。力求覆盖中学数学文化的各个方面，使得案例具有广泛性和代表性。我们通过具体的教学案例，为教师提供具体的教学参考，使日常教学中更好地融入数学文化，提升教学效果。同时，书中对数学文化的历史背景、文化价值和教学渗透方法进行了详细阐述，为教师提供了全面的教学支持。

数学文化的未来在于实践与创新。希望通过这本书，能够激发更多教师对数学文化的兴趣和探索，推动数学文化在教学中的广泛应用，数学文化的魅力不仅能够激发学生的学习兴趣，更能够培养他们的数学思维和学科素养，为他们的未来发展奠定坚实的基础。

本书编写团队的具体分工如下：全书框架和案例结构由于伟东负责设计，第一章第一节由马志太、戴文胜、葛玉红撰写，第二节由于伟东撰写，第二章第一节由李然撰写，第二节由李剑撰写，第三节由陈蕾撰写，第四节由邹宏运撰写，第五节由杨贺羽撰写，第六节由张妍撰写，第七节由贾静撰写，第八节由王越男撰写，第九节由郭慧梦撰写。

为了提高我们研讨结果的理论水平，我们在编写过程中还参考了大量文献，在此对文献的研究者一并致谢。

于伟东

2025 年 5 月

目　　录

第一章　数学文化视角下的教学研究 …… 1
第一节　数学文化在教学中的意义和价值 …… 1
一、国内外对数学文化的研究 …… 1
二、数学文化视角下的课堂教学研究现状 …… 1
三、数学文化在教学中的意义及研究价值 …… 2
第二节　教学关键问题对弘扬数学文化的探索 …… 3
一、如何帮助学生理解条件概率及其与其他知识之间的关系 …… 3
二、如何在统计教学中引导学生感悟统计思维与确定性思维的差异 …… 17
第二章　数学文化视角下的教学案例 …… 34
第一节　勾股定理 …… 34
第二节　曲线与方程 …… 50
第三节　坐标法 …… 64
第四节　椭圆的标准方程 …… 78
第五节　古典概型初步认识 …… 96
第六节　祖暅原理与几何体的体积 …… 109
第七节　用图形计算器探究斐波那契数列 …… 126
第八节　单位圆与三角函数 …… 144
第九节　解三角形 …… 158

第一章　数学文化视角下的教学研究

第一节　数学文化在教学中的意义和价值

一、国内外对数学文化的研究

数学文化的概念最早出现在西方数学哲学和数学史的研究中。由于古希腊数学对古希腊哲学的影响，以及文艺复兴时期数学理性精神的传播，促使西方学者在对数学进行讨论时会思考数学与各种文化之间的关系。1953 年，美国数学史家 M.克莱因出版了《西方文化中的数学》一书，该书系统地阐述了不同历史时期数学与文学、绘画、哲学、宗教、美学、音乐、人文科学、自然科学等文化领域的内在联系，详细而透彻地说明了数学对西方文化、理性精神、现代人类思想的发展所产生的深刻影响，有力地证明了数学是人类文化的重要组成部分和不可缺少的重要力量。之后，很多西方学者相继对数学文化进行了研究，并取得了丰硕的成果。

我国最早研究数学文化的学者是北京大学的孙小礼。她与邓东皋等人合编的《数学与文化》一书选编了 22 篇国内外一些著名的数学家和哲学家对数学进行哲学和文化探索的文章。这些文章阐述了各种观点和对所谈问题的深刻理解，其中大多是影响深远、被引为经典的名作。

中华人民共和国教育部 2017 年颁布的《普通高中数学课程标准》（以下简称《课程标准》）对数学文化的概念给出了明确的定义，即数学文化是指数学的思想、精神、语言、方法、观点，以及它们的形成和发展；还包括数学在人类生活、科学技术、社会发展中的贡献和意义，以及与数学相关的人文活动。

二、数学文化视角下的课堂教学研究现状

《课程标准》对数学文化的学习提出了明确要求，指出高中数学课程应体现社会发展的需求、数学学科的特征和学生的认知规律，发展学生数学学科核心素养。优化课程结构，为学生发展提供共同基础和多样化选择；突出数学主线，凸显数学的内在逻辑和思想方法；精选课程内容，处理好数学学科核心素养与知识技能之间的关系，强调数学与生活及其他学科

的联系，提升学生应用数学解决实际问题的能力，同时注重数学文化的渗透。

彭振东在《让数学文化在课堂中闪现》中指出，从某种角度讲，数学的教学就是进行数学文化的教学，而当前教学的过度形式化，使人们错误地认为数学只是少数天才想象出来的；殷堰工在《中学课堂渗透数学文化的立足点和侧重点》中指出，数学是看不见的文化，数学文化是数学的思想、精神、方法、观点、语言，以及它们的形成和发展，其核心是数学观念，数学文化具有重要的教育价值，并从五个方面介绍了课堂中有机渗透数学文化的有效途径；周洁、周敏泽在《谈高中数学史教学的三种实践路径》中介绍了数学史教学的三种实践路径，进一步明确了数学史教学的意义及教师的努力方向。

沈新娣在《数学文化融入"概率论与数理统计"教学的初探》中，对"概率论与数理统计"教学的现状做了分析，并结合一些教学改革实践，分析了将数学文化融入该课程的必要性，讨论了如何开展数学文化引导下的"概率论与数理统计"课程教学；夏炎在《体验科学发现之旅，关注数学文化传承》中，以"数学归纳法"为教学案例，讨论了如何在课堂中挖掘和提炼数学文化内涵，将知识的发生发展真实本色地还原在课堂上，让学生体验知识的发展历程；吴锷在《增强数学与生活的关联，凸显数学的文化价值》中，以"函数的单调性"的教学为例，指出了数学教学不仅要着眼于数学的应用价值，更要着眼于数学的思维价值和文化价值。

在数学文化视角下的高考试题方面，代红军在《数学文化融入高考试题的意义和途径》中指出，数学文化最早被列入高中数学课程标准是在 2003 年，经过十几年的发展，在 2017 年通过考试大纲被列入了高考内容。自此，数学文化得到了教育界的广泛关注。针对数学文化，文中分析了数学文化融入高考试题的意义，探讨了数学文化融入高考试题的途径。

在数学文化视角下的课堂教学现状研究方面，杨虹越在《小学数学课堂教学中数学文化渗透现状及对策研究——以秦皇岛市某小学为例》中指出，在小学数学课堂教学中渗透数学文化方面存在以下问题：教师的数学文化素养低、渗透数学文化的意识薄弱、教学中数学文化的渗透表面化、忽视数学文化的实践作业、教学评价缺乏数学文化素养的考核等。

综上所述，数学文化视角下的课堂教学研究有成功，也有阻力。因此，如何形成符合新时代要求的数学文化视角下的课堂教学，是一个意义深远而又充满挑战的课题。

三、数学文化在教学中的意义及研究价值

数学文化不仅讲述了人类在探索世界历程中的精彩故事，更包含了丰富深刻的数学知识、数学概念、数学思想和数学方法，它涵盖了数学的历史、人物、思想、精神、观点、教育等丰富的内容，是数学课程教学的重要组成部分，在学生的数学学习和素质发展中占据着

非常重要的地位。

从数学文化在课堂教学实践的现状来看：通过对实际数学课堂的观察发现，当前在数学课堂中对数学文化的教学还存在缺失，部分数学教师在思想观念上存在偏差，缺乏对数学文化教学的重视；部分数学教师认为教材中关于数学文化的部分并不是必要的内容，仅需学生课后自行阅读即可，落实情况未知；也有部分教师在课堂中通过对一段故事进行简短复述，引入了数学文化，但缺乏更具体的引导……以上种种情况表明，数学文化在教学实践中不是显得若有若无，就是枯燥的复述让学生失去兴趣，并没有发挥好数学文化在课堂中的价值，对教育教学来说，收效甚微。因此，研究数学文化视角下的课堂教学显得尤为重要，它能帮助教师讲好数学文化故事，助力教育教学。

从教与学的效果来看：第一，对课堂教学而言，研究数学文化视角下的课堂教学可以提升数学课堂的教学效率。数学文化往往蕴含着数学家们孜孜不倦的探索精神、数学知识的美学特点及发现知识的奇闻轶事，通过对这些教学资源的恰当引入，能激发学生学习的兴趣，调动学生的主观能动性，为教学开展提供有效的保障。第二，对学生而言，研究数学文化视角下的课堂教学能有效培养学生的学科核心素养，并帮助学生形成科学的数学价值观。首先，通过学习数学文化，学生能够了解数学思想的起源，并通过前人研究的经典案例及研究的过程更为深入地理解数学思想，其数学思维也随之得到有效培养。其次，学生能够结合前人的优秀经验学习如何使用数学思维解决问题，从而逐渐形成良好的学科素养。因此，借助数学文化，能够引导学生更为深入地认识数学的实用性、实践性及生活性等特征，由此更加全面地认识数学学科，并形成正确的数学价值观。

课堂是学校教育、教学的主阵地，结合数学文化在教学实践中的现状，分析数学文化的意义、进行数学文化渗透是重要且必需的，这既契合了素质教育和新课改的要求，又能丰富学生对数学文化知识的认知，提高数学学习质效。

第二节　教学关键问题对弘扬数学文化的探索

一、如何帮助学生理解条件概率及其与其他知识之间的关系

用数学符号形式表示的数学概念往往令学生费解，但是如果先以丰富的实际例子为载体，遵循“由具体到抽象，由特殊到一般”的认知方式引入概念，就非常浅显易懂，所以如何艺术地引入概念帮助学生突破难点尤为重要。在由实际的例子引入概念后，用一个更具普遍意义的古典概率公式推导出条件概率的公式，可以使条件概率的概念更具普遍性，也使概念的形成更加合理，同时符合学生的认知过程。在条件概率的概念以不同方式呈现的过程中，

也加深了学生对该概念的印象。该教学方式既生动形象，又有理有据，还可以使学生对该概念的形成有一个由了解到理解，再到掌握的过程。使学生初步形成用随机观念观察分析问题的意识，并使学生的随机观念得到进一步提升。

（一）教学关键问题分析

在教学中，事件的独立性是通过条件概率的概念给出的，这使得学生理解独立性的概念较为困难，如何理解条件概率及其与事件的独立性之间的关系成为关键问题。在遇到实际问题时，不能通过计算概率及公式判断事件是否独立，而需要通过实际情景来判断。只有更好地理解条件概率，才能从实际情景中理解事件的独立性，这就对条件概率的教学提出了更高的要求。要从知识理解、知识迁移和知识创新共三级水平来设计“条件概率”的教学。知识理解是指对知识的要素、本质、类属及其与其他知识的联系等方面的理解，包括“是什么”和“为什么”两个层面。知识理解既是一个过程，即利用已有经验和已学知识同化或顺应新知识的过程；又是一种结果，即对新知识的把握和领悟。知识迁移是指将理解的知识迁移到不同的情境中，以促进新知识的学习或不同情境中问题的解决。这些情境包括现实情境、学科内部问题情境及跨学科问题情境。在基本理解了条件概率的概念和公式后，要把它应用到各种问题情境中，引导学生运用条件概率解决实际问题，并通过概括过程提升学生的迁移运用能力和解决问题的能力。知识创新是指能够运用数学眼光和思维看待并处理一些现实生活中的问题。条件概率的学习如何达到这三级水平就成为概率教学中的关键所在。同时，条件概率的学习还可以帮助学生进一步理解和掌握全概率公式和贝叶斯公式，并应用这些公式解决实际问题。全概率公式是必修内容，贝叶斯公式则是选修内容，可以通过台阶式设问的方式进行考查，因此，条件概率的教学是概率教学中的关键问题。

（二）教学关键问题解决

1. 数学概念的形成要自然流畅，由浅入深

在高中数学课堂中，概念的形成要借助已有的知识进行同化，而教师要为学生的新知同化创造条件，在营造认知冲突的同时使概念的形成过程变得自然而然、水到渠成。条件概率的内容在高中数学中起着承上启下的作用，它被设置在古典概型之后，不仅是古典概型的延伸，也为之后的学习内容做铺垫。根据这个特性，教师可以将其与古典概型进行有机结合，以习题或变式的形式提出问题，使条件概率的引入自然流畅、由浅入深。下面通过学生熟悉的抛掷红蓝骰子的实验，结合古典概型理解条件概率的概念。

情境 1：记事件 A=“蓝骰子的点数为 3 或 6”，事件 B=“两颗骰子的点数之和大于 8”，当蓝骰子的点数为 3 或 6 时，两颗骰子的点数之和大于 8 的概率是多少？

提出问题如下。

（1）事件 A= “蓝色骰子的点数为 3 或 6”，则 $P(A)$=?

（2）事件 B= “两颗骰子的点数之和大于 8”，则 $P(B)$=?

（3）事件 A、B 同时发生的概率 $P(AB)$=?

（4）事件 C= “已知蓝色骰子的点数为 3 或 6，两颗骰子的点数之和大于 8”，则 $P(C)$=?

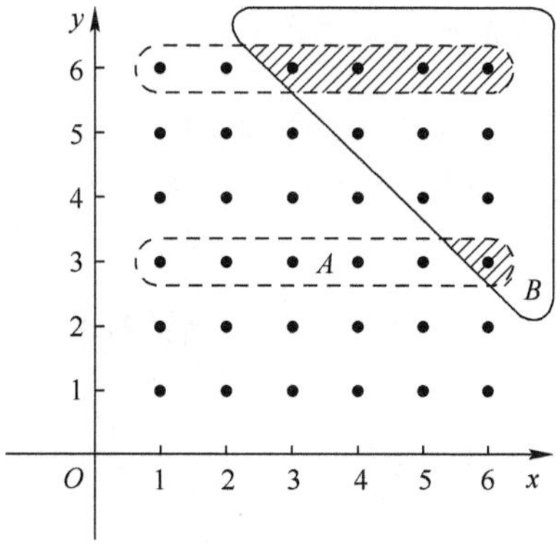

通过上图可以直观地得出：

$$P(A)=\frac{12}{36}=\frac{1}{3}，\ P(B)=\frac{10}{36}=\frac{5}{18}，\ P(AB)=\frac{5}{36}，\ P(C)=\frac{5}{12}$$

事件 C 是条件概率，是在事件 A 的条件下事件 B 发生的概率。事件 C 发生的概率可以通过古典概型求得。首先通过观察可知，事件 A 所包含的样本点的个数共 12 个，其中符合点数之和大于 8 的样本点共 5 个，所以事件 C 发生的概率为 $P(C)=\frac{5}{12}$。设 A、B 是 2 个事件，且 $P(A)>0$，称 $P(B|A)$ 为在事件 A 发生的条件下事件 B 发生的条件概率。

$P(B|A)$ 是度量一类新的事件的量。引进一个新量就要研究其运算和应该满足的运算律。那么，怎样计算 $P(B|A)$ 呢？直觉告诉我们，它应该与 $P(A)$、$P(B)$ 和 $P(AB)$ 有关系！下面从特殊情形开始进行探讨（归纳式教学的规律是从特殊到一般，从具体到抽象）。

首先请学生观察这个结果和要计算的概率之间的关系，即 $P(C)=\frac{5}{12}=\frac{\frac{5}{36}}{\frac{12}{36}}=\frac{P(AB)}{P(A)}$，引导学生发现条件概率公式 $P(B|A)=\frac{P(AB)}{P(A)}$。

然后把这个结论一般化，根据古典概型公式加深条件概率概念的理解。根据古典概型的计算公式，则有 $P(AB)=\frac{n(AB)}{n(\Omega)}$，$P(A)=\frac{n(A)}{n(\Omega)}$，所以 $P(B|A)=\frac{n(AB)}{n(A)}=\frac{\frac{n(AB)}{n(\Omega)}}{\frac{n(A)}{n(\Omega)}}=\frac{P(AB)}{P(A)}$。

情境1借助古典概型理解了条件概率公式，在接下来的情境中进一步加深对条件概率公式的理解。

情境2：假定男女出生率一样，则一个家庭有2个孩子的男女情况如下：（女，女）、（女，男）、（男，女）、（男，男）。现在，如果知道1个家庭有2个孩子，那么这个家庭有1个男孩和1个女孩的概率（记作事件B）就是$\frac{1}{2}$。但是，如果已经知道这个家庭至少有1个女孩（记作事件A），那么上述事件的概率就应该是$\frac{2}{3}$。

两种情况下得到的概率不同。这是因为在第二种情况下，我们多知道了一个条件A：这个家庭至少有1个女孩。因此，此时得到的概率事实上是“在已知事件A发生的条件下，事件B发生的概率”。

在上述这个情境中，$P(A)=\frac{3}{4}$，$P(B)=\frac{1}{2}$，$P(AB)=\frac{1}{2}$，$P(B|A)=\frac{2}{3}$。

显然 $\frac{2}{3}=\frac{\frac{1}{2}}{\frac{3}{4}}$，即 $P(B|A)=\frac{P(AB)}{P(A)}$。

通过情境2，可以让学生在具体情境中加深对条件概率公式的理解，也为进一步理解事件的独立性这一概念打下基础。

情境3：从1、2、3、4、5中任取2个不同的数，问：（1）取到的2个数都为奇数且其中有3的概率是多少？（2）已知取到的2个数都为奇数，则其中有3的概率是多少？最后组织学生们进行合作探究：如何利用Venn图来表示事件之间的关系？

条件概率的实质是对样本空间进行缩小，在引导学生认识该实质的过程中要善用纸笔，让学生自己动手，画出与要求相对应的Venn图。

由条件概率的公式$P(B|A)=\frac{P(AB)}{P(A)}$，可得$P(AB)=P(B|A)P(A)$，同理$P(AB)=P(A|B)P(B)$，由事件独立性的概念可知，如果事件$A$（或$B$）是否发生对事件$B$（或$A$）发生的概率没有影响，这样的2个事件就叫作相互独立事件，结合乘法公式可以得出2个相互独立事件同时发生的概率等于2个事件发生概率的乘积，于是可以得到事件独立性的充要条件，即事件A与事件B相互独立$\Leftrightarrow P(AB)=P(B)P(A)$。这个公式表明了事件的独立性，突出了2个事件之间互相不影响的特点。

通过不同的方式推导（诠释）条件概率公式，有助于更加深入地理解条件概率。条件概率公式的推导（诠释）可以从形和数二个角度展开。由于学生对古典概型比较熟悉，通过数的方式可以让学生更好地理解条件概率的概念，由此得到条件概率的公式，局限于已发生的事件B的范围来考察事件A发生的概率，就相当于考察事件AB包含的样本点数在事件B包含的样本点数中所占的比例，分子、分母同时除以样本空间包含的样本点总数 $n(\Omega)$，就可以得到条件概率公式。从形的角度理解则比较直观，用整个矩形（面积为 1）来表示样本空间 Ω（随机试验的所有可能结果），用矩形内任意封闭曲线围成的图形表示事件，把图形的面积理解为相应事件发生的概率，若下图中圈 A、B 的面积分别表示事件 A、B 发生的概率 $P(A)$、$P(B)(A\subseteq\Omega，B\subseteq\Omega)$，则阴影部分的面积表示事件 A、B 同时发生的概率 $P(AB)$。根据条件概率的定义，就是局限于已发生的事件 B 的范围来考察事件 A 发生的概率，因为在事件 B 发生的情况下，若事件 A 发生，则事件 A、B 同时发生，所以，就相当于考察阴影部分的面积在圈 B 的面积中所占的比例，这使得条件概率的理解更加直观。

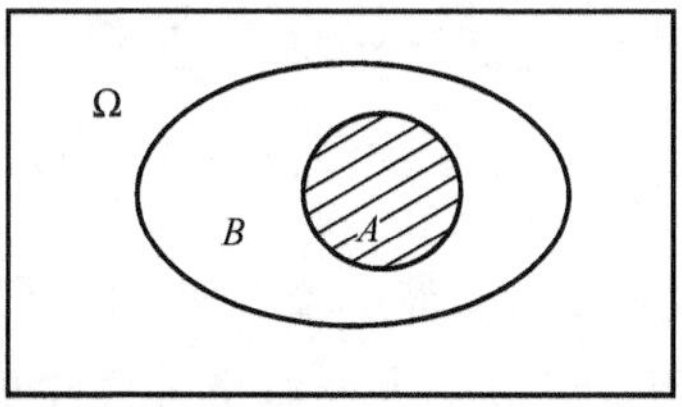

2．数学概念的运用要目的明确，有的放矢

心理学认为，掌握概念的标志是拥有了运用概念的能力。概念运用的过程实际上就是从抽象到具体的过程，从某种程度上讲，这比从具体到抽象的过程更难。一方面，运用概念可以巩固加深对概念本质的理解，另一方面则可以发展数学概念，形成概念体系。教师在进行数学概念运用的教学设计时，要注意应根据想要达到的效果来设计实际内容，这样才能做到目标明确，有的放矢，事半功倍。

认识条件概率公式与其他概率计算公式的联系与区别，可以进一步深化理解各个概率计算公式的特点及使用条件。首先，由条件概率公式 $P(B|A)=\dfrac{P(AB)}{P(A)}$，可得 $P(AB)=P(A)P(B|A)$，这就是乘法公式。条件概率公式和乘法公式说明，$P(B|A)$ 与 $P(AB)$ 可以相互表示。由这个性质可以利用条件概率来解决如下问题。

情境 4：已知男性有 5%是色盲患者，女性有 0.25%是色盲患者。今从男女人数相等的人群中随机挑选一人，求：

（1）选出的人是男性的概率；

（2）选出的人是女性的概率；

（3）选出的人是色盲的概率；

（4）若选出的人恰好是色盲，此人是男性的概率。

分析：假设“选出的人是女性”为事件 B_1，“选出的人是男性”为事件 B_2，“选出的人患色盲”为事件 A。其中事件 B_1、B_2 是互斥的，事件 A 的发生总是伴随着 B_1、B_2 之

一同时发生，即 $A=B_1A+B_2A$，且 B_1A、B_2A 互斥，运用互斥事件概率的加法公式和乘法公式，得 $P(A)=P(B_1A)+P(B_2A)=P(B_1)P(A|B_1)+P(B_2)P(A|B_2)=0.5\times0.05+0.5\times0.0025=0.025+0.00125=0.02625$。

在求解色盲患病率时应用了概率的加法和乘法公式，并由此得出了全概率公式，所以全概率公式并不是一个晦涩难懂的知识，也未超出高考大纲的要求，在考试中也有出现的可能。

由条件概率可得 $P(B_2A)=P(A)P(B_2|A)=P(B_2)P(A|B_2)$，此公式即为“选出的人既是男性又是色盲”即事件 B_2A 发生的概率的两种表示方法。

由已知条件可得 $P(B_1)=0.5$，$P(B_2)=0.5$，$P(A|B_1)=0.0025$，$P(A|B_2)=0.05$，$P(A)=0.02625$；本题要求的概率为 $P(B_2|A)$，将 $P(B_2)=0.5$，$P(A|B_2)=0.05$，$P(A)=0.02625$ 代入上式，即可得到 $P(B_2|A)=\dfrac{P(B_2)P(A|B_2)}{P(A)}$，因此 $P(B_2|A)=\dfrac{20}{21}$。

本题的求解过程可以认为没有用到全概率公式和贝叶斯公式，但是求解的思路就是全概率公式和贝叶斯公式的推导过程，可以认为全概率公式和贝叶斯公式是条件概率的迁移使用，是对条件概率的深入理解。通过情境 4 的分析，可以为全概率公式和贝叶斯公式的学习打下基础，也为学生利用条件概率解决实际问题拓宽了思路。情境 4 从学生在生物课中的实际情境引出问题，体现了学生的数学学习要凸显数学内容的生活化，并与学生的现实生活紧密联系，而且呈现的数学素材是现实的、有意义的，该问题情境不但以富有吸引力的方式激活学生的经验，而且通过第 4 个问题的设问，引发矛盾冲突，从而激发学生的学习兴趣及其探究欲望。

若把样本空间Ω划分为 n 个子空间 $B_i(i=1,2,\cdots,n)$，则由乘法公式 $P(AB)=P(B)P(A|B)$ 可得 $P(A)=\sum\limits_{i=1}^{n}P(B_i)P(A|B_i)$，这就是全概率公式。若把全概率公式中的 A 视为“果”、B_i 视为“因”，则全概率公式反映“由因求果”的概率问题；其中的 $P(B_i)$ 是根据以往经验得到的，所以被称为先验概率。

把 $P(A|B)$ 和 $P(B|A)$ 两个条件概率公式结合起来，并将其全概率化，可以得到 $P(B_i|A)=\dfrac{P(B_i)P(A|B_i)}{\sum\limits_{j=1}^{n}P(B_j)P(A|B_j)}$，这就是贝叶斯公式。相对地，贝叶斯公式反映“执果溯因”的概率问题，即在结果 A 已发生的情况下，寻找原因 B_i；其中的 $P(B_i|A)$ 是得到“信息”A 后求出的，所以被为后验概率。

综合来看，全概率公式与贝叶斯公式是条件概率公式和乘法公式的复杂化，是计算复杂事件概率的重要工具；先验概率与后验概率有着不可分割的联系，后验概率的计算是以先验

概率为基础的，即计算 $P(B_i|A)$要用到 $P(A)$，而计算 $P(A)$ 要用到 $P(B_i)$。如前所述，知识迁移是指将理解的知识（形成的基本技能）迁移到不同的情境中，促进新知识的学习或不同情境中问题的解决。理解了条件概率的概念和公式后，要把它应用到各种问题情境中。对此，可以通过一些相对简单的问题，引导学生提炼运用条件概率解决问题的基本模型，通过概括过程提升学生的迁移运用能力和解决问题的能力。

（三）案例分析及教学建议

下面分析北京市的高中数学考试试题是如何考查条件概率的。

案例 1:（2015 年北京卷文科类试题第 17 题）某超市随机选取 1 000 位顾客，记录了他们购买甲、乙、丙、丁 4 种商品的情况，整理成如下统计表，其中“√”表示购买，“×”表示未购买。

顾客人数	商品			
	甲	乙	丙	丁
100	√	×	√	√
217	×	√	×	√
200	√	√	√	×
300	√	×	√	×
85	√	×	×	×
98	×	√	×	×

（1）估计顾客同时购买乙和丙的概率；

（2）估计顾客在甲、乙、丙、丁中同时购买 3 种商品的概率；

（3）如果顾客购买了甲，则该顾客同时购买乙、丙、丁中哪种商品的可能性最大？

分析：本题主要考查统计表、概率等基础知识，考查学生的分析与解决问题的能力、转化能力和计算能力。第 1 问，由统计表读出顾客同时购买乙和丙的人数为 200，计算出概率；第 2 问，先由统计表读出顾客在甲、乙、丙、丁中同时购买 3 种商品的人数为 100+200，再计算出概率；第 3 问，由统计表读出顾客同时购买甲和乙的人数为 200，顾客同时购买甲和丙的人数为 100+200+300，顾客同时购买甲和丁的人数为 100，分别计算出各自的概率，再通过比较其大小得出结论。

试题解析：

（1）从统计表可以看出，在这 1 000 位顾客中，有 200 位顾客同时购买了乙和丙，所以顾客同时购买乙和丙的概率可以估计为 $\frac{200}{1\,000}=0.2$。

（2）从统计表可以看出，在这 1 000 位顾客中，有 100 位顾客同时购买了甲、丙、丁，另有200位顾客同时购买了甲、乙、丙，其他顾客最多购买了2种商品。所以顾客在甲、乙、丙、丁中同时购买3种商品的概率可以估计为$\frac{100+200}{1000}=0.3$。

（3）与（1）同理，可得：顾客同时购买甲和乙的概率可以估计为$\frac{200}{1000}=0.2$，顾客同时购买甲和丙的概率可以估计为$\frac{100+200+300}{1000}=0.6$，顾客同时购买甲和丁的概率可以估计为$\frac{100}{1000}=0.1$，所以，如果顾客购买了甲，则该顾客同时购买丙的可能性最大。

本题第3问如果利用条件概率的思想来解决，则需要计算在购买了甲的条件下购买乙、丙、丁事件的概率，设购买甲、乙、丙、丁分别为事件A、B、C、D。

由表中数据可得$P(A)=0.685$，$P(AB)=0.2$，$P(AC)=0.6$，$P(AD)=0.1$，则有

$$P(B|A)=\frac{0.2}{0.685}\approx 0.292$$
$$P(C|A)=\frac{0.6}{0.685}\approx 0.876$$
$$P(D|A)=\frac{0.1}{0.685}\approx 0.146$$

由此可得，如果顾客购买了甲，则该顾客同时购买丙的可能性最大。当然本题只需要比较大小，并不要求求出条件概率，因此学生只需理解在比较大小的过程中，考虑到都是在事件A发生的前提下，在求解条件概率时，由于分母相同，只要比较同时发生的概率大小就可以。

下面换一种方式解决本题，重新梳理表格，将表格中购买了甲的顾客标为阴影部分，接下来只要分析阴影部分购买乙、丙、丁的顾客人数即可，由表中可知人数分别为200、600、100，显然购买丙的顾客最多。这种解法也用到了条件概率求解的思路，从以上3种解法看，对条件概率的考查和应用都更关注条件概率的思想。

顾客人数	商品			
	甲	乙	丙	丁
100	√	×	√	√
217	×	√	×	√
200	√	√	√	×
300	√	×	√	×
85	√	×	×	×
98	×	√	×	×

条件概率的思想在实际生活中有更鲜活的应用实例。二战后期，美军对德国和日本法西斯展开了大规模的战略轰炸，每天都有成千架轰炸机呼啸而去，返回时往往损失惨重。美国空军对此十分头疼：如果想降低损失，就要往飞机上焊防弹钢板；但如果整个飞机都焊上钢

板，速度、航程、载弹量等都将受到影响。

怎么办？空军请来数学家亚伯拉罕·沃尔德。沃尔德的方法十分简单。他把统计表发给地勤技师，让他们把飞机上弹洞的位置报上来，然后自己铺开一张大白纸，画出飞机的轮廓，再把弹洞的位置用小窟窿一个个标上去。画完之后大家一看，飞机浑身上下几乎都布满了窟窿，只有飞行员座舱和尾翼2个地方接近空白。

沃尔德告诉大家：从数学的角度来看，这张图明显不符合概率分布的规律，而明显违反规律的地方往往就是问题的关键所在。飞行员们一看就明白了：如果座舱中弹，飞行员就完了；尾翼中弹，飞机就会失去平衡而坠落——这两处只要中弹，轰炸机多半就回不来了，难怪统计数据是一片空白。因此，结论很简单：只需要给这2个部位焊上钢板就行了。如果用条件概率的思想来解释这个原理，则不妨假设飞机各部位中弹的概率是相同的，在中弹的条件下能飞回的飞机为有弹孔的部分，空白处即表示在该处中弹的条件下飞机飞回的概率为0，显然这些部位中弹后飞机飞回的概率是最低的，这就是解决问题的关键。它用科学的方法，从实战经验中提炼出了规律，而这块代表科学思想的钢板挽救了数以万计的飞行员的生命。

案例2:（2016年北京卷理工类试题第16题）A、B、C 3个班共有100名学生，为调查他们的体育锻炼情况，通过分层抽样方法获得了部分学生一周的锻炼时间，数据如下表（单位：小时）所示。

A班	6	6.5	7	7.5	8			
B班	6	7	8	9	10	11	12	
C班	3	4.5	6	7.5	9	10.5	12	13.5

（1）试估计C班的学生人数；

（2）从A班和C班抽出的学生中，各随机选取1人，A班选出的人记为甲，C班选出的人记为乙，假设所有学生的锻炼时间相互独立，求该周甲的锻炼时间比乙的锻炼时间长的概率；

（3）再从A、B、C 3个班中各随机抽取1名学生，他们该周的锻炼时间分别是7, 9, 8.25（单位：小时）。这3个新数据与表格中的数据构成的新样本的平均数记为μ_1，表格中数据的平均数记为μ_0，试判断μ_0和μ_1的大小（结论不要求证明）。

分析：本题主要考查分层抽样、用样本估计总体、独立和互斥事件的概率计算方法及平均值的估算。本题考查事件的运算能力，即能将一事件用独立事件和互斥事件表示，再运用加法公式和乘法公式计算事件的概率。在用估算的方式比较加入3个新数据后新样本的平均数与表中平均数的大小时，因为题目不要求写出运算过程且只要求比较大小，所以在理解平均数定义的基础上可以直接进行估算。通过观察可知，新加入的3个值恰好分别为3个班级学生的平均锻炼时间，如果表中3个班的人数相同，则新数据的平均值与原数据相同，加入新数据后平均值不变。从表中数据可得，3 个班中学生锻炼时间平均值最小的班级人数最少，考虑到需要计算的平均值相当于 3 个班平均值的加权平均值，因为用时比较少的班占比较小，所以原数据的平均值大于新加入数据的平均值，即加入数据后平均值变小。本题在考查平均数的概念时不是考查平均数的计算方法，而是要考查学生对于这个概念的理解；而对统计知识点的考查则更关注学生对该概念的理解和应用统计知识进行推断的能力。

试题解析:

（1）由题意可知，在抽出的 20 名学生中，来自 C 班的学生有 8 名。根据分层抽样方法，C 班的学生人数估计为 $100\times\frac{8}{20}=40$。

（2）设事件 A_i 为“甲是现有样本中 A 班的第 i 个人”，其中 $i=1,2,\cdots,5$；事件 C_j 为“乙是现有样本中 C 班的第 j 个人”，其中 $j=1, 2, \cdots, 8$。

由题意可知：$P(A_i)=\frac{1}{5}$，其中 $i=1, 2, \cdots, 5$；$P(C_j)=\frac{1}{8}$，其中 $j=1, 2, \cdots, 8$。

$P(A_iC_j)=P(A_i)P(C_j)=\frac{1}{5}\times\frac{1}{8}=\frac{1}{40}$，其中 $i=1, 2, \cdots, 5$；$j=1, 2, \cdots, 8$。

设事件 E 为“该周甲的锻炼时间比乙的锻炼时间长”。由题意可知，$E=A_1C_1\cup A_1C_2\cup A_2C_1\cup A_2C_2\cup A_2C_3\cup A_3C_1\cup A_3C_2\cup A_3C_3\cup A_4C_1\cup A_4C_2\cup A_4C_3\cup A_5C_1\cup A_5C_2\cup A_5C_3\cup A_5C_4$。

因此 $P(E)=P(A_1C_1)+P(A_1C_2)+P(A_2C_1)+P(A_2C_2)+P(A_2C_3)+P(A_3C_1)+P(A_3C_2)+P(A_3C_3)+P(A_4C_1)+P(A_4C_2)+P(A_4C_3)+P(A_5C_1)+P(A_5C_2)+P(A_5C_3)+P(A_5C_4)=15\times\frac{1}{40}=\frac{3}{8}$。

（3）$\mu_1<\mu_0$。

案例 3:（2017 年西城区高三二模试题第 17 题）某大学为调研学生在 A、B 两家餐厅用餐的满意度，从在 A、B 两家餐厅都用过餐的学生中随机抽取了 100 人，每人分别对这两家餐厅进行评分，满分均为 60 分。通过整理评分数据，将分数以 10 为组距分成 6 组：$[0,10)$，$[10,20)$，$[20,30)$，$[30,40)$，$[40,50)$，$[50,60]$，分别得到 A 餐厅分数的频率分布直方图和 B 餐厅分数的频数分布表如下所示。

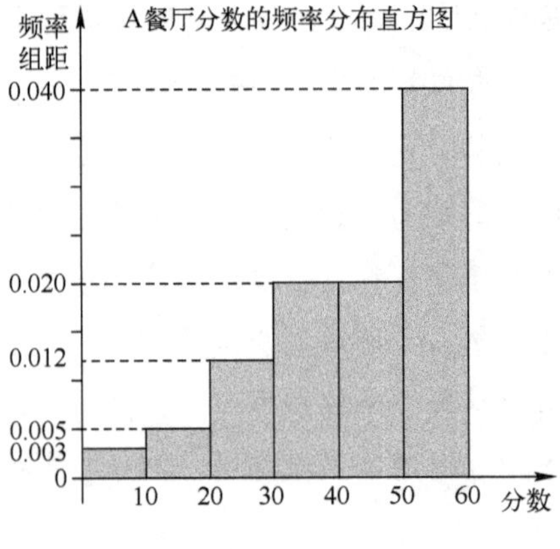

B餐厅分数的频数分布表

分数区间	频数
[0,10)	2
[10,20)	3
[20,30)	5
[30,40)	15
[40,50)	40
[50,60]	35

定义学生对餐厅评价的“满意度指数”如表所示。

分数	[0,30)	[30,50)	[50,60]
满意度指数	0	1	2

（1）在抽样的100人中，求对A餐厅评价“满意度指数”为0的人数;

（2）从该校在A、B两家餐厅都用过餐的学生中随机抽取1人进行调查，试估计其对A餐厅评价的“满意度指数”比对B餐厅评价的“满意度指数”高的概率;

（3）如果从A、B两家餐厅中选择一家用餐，你会选择哪一家？说明理由。

分析：对餐厅用餐的满意度的调查是贴近学生生活的问题，它可以体现从数据的收集到做出统计推断的整个过程。本题采用简单随机抽样方法，用频率分布直方图和频数分布表来表达数据，当样本数据比较大时，频率分布直方图可以更好地表现数据的特点，通过比较这两种数据表现形式的不同，可以更好地理解频率分布直方图的优缺点。为了更好地分析调查得到的分数所表达的信息，定义了“满意度指数”这一随机变量。

第1问要求求出对A餐厅评价“满意度指数”为0的概率，通过此问学生可以对餐厅的满意度有个初步的了解。由对A餐厅评分的频率分布直方图，可得对A餐厅评价“满意度指数”为0的频率为$(0.003+0.005+0.012)\times 10=0.2$，所以，对A餐厅评价“满意度指数”为0的人数为$100\times 0.2=20$。该计算过程是对频率分布直方图的一个还原，通过该计算，学生可以对数据的损失有一个更深的认识。

第2问解答：设“对A餐厅评价的‘满意度指数’比对B餐厅评价的‘满意度指数’高”为事件C。记“对A餐厅评价的‘满意度指数’为1”为事件A_1；“对A餐厅评价的‘满意度指数’为2”为事件A_2；“对B餐厅评价的‘满意度指数’为0”为事件B_0；“对B餐厅评价的‘满意度指数’为1”为事件B_1。

所以：$P(A_1)=(0.02+0.02)\times 10=0.4$，$P(A_2)=0.4$。

由频率估计概率可得$P(B_0)=\dfrac{2+3+5}{100}=0.1$，$P(B_1)=\dfrac{15+40}{100}=0.55$。

因为事件 A_i 与 B_j 相互独立（ $i=1, 2$； $j=0,1$ ），所以 $P(C)=P(A_1B_0+A_2B_0+A_2B_1)=P(A_1)P(B_0)+P(A_2)P(B_0)+P(A_2)P(B_1)=0.4\times0.1+0.4\times0.1+0.4\times0.55=0.3$ 。

因此该学生对A餐厅评价的“满意度指数”比对B餐厅评价的“满意度指数”高的概率为0.3。通过求对A餐厅的满意度比对B餐厅高的概率，给学生提供了一种比较两个餐厅优劣的方法。

第3问解答:该问可以通过比较A餐厅满意度高于B餐厅的概率和B餐厅满意度高于A餐厅的概率来做出统计推断，也可以利用满意度指数的数学期望来推断两个餐厅哪个更有优势，或通过方差比较来判断稳定性进而做出统计推断。该问是一个开放性问题，可以启发学生用不同的统计参数进行统计推断，概率统计最大的特点就是随机性，不能说哪种方法更好，开放性的问题可以更好地培养学生的随机思维。

下面分析用数学期望进行统计推断的方法。如果从学生对A、B两家餐厅评价的“满意度指数”的期望角度看:

A餐厅“满意度指数”X的分布列为:

X	0	1	2
P	0.2	0.4	0.4

B餐厅“满意度指数”Y的分布列为:

Y	0	1	2
P	0.1	0.55	0.35

可得:

$$E(X)=0\times0.2+1\times0.4+2\times0.4=1.2$$

$$E(Y)=0\times0.1+1\times0.55+2\times0.35=1.25$$

因此 $E(X)<E(Y)$ ，会选择B餐厅用餐。

下面分析用概率的值进行统计推断的方法。在第2问中求出了对A餐厅评价的“满意度指数”比对B餐厅评价的“满意度指数”高的概率即$P(C)$为0.3，设“A和B餐厅的‘满意度指数’相同”为事件D，“对B餐厅评价的‘满意度指数’比对A餐厅评价的‘满意度指数’高”为事件E。则:

$$\begin{aligned}P(D)&=P(A_0B_0+A_1B_1+A_2B_2)\\&=P(A_0)P(B_0)+P(A_1)P(B_1)+P(A_2)P(B_2)\\&=0.2\times0.1+0.4\times0.55+0.4\times0.35\\&=0.38\end{aligned}$$

$$P(E)=1-P(C)-P(D)=0.32$$

因为 $P(E)>P(C)$ ，所以选择B餐厅用餐。

下面分析用方差进行统计推断的方法。在数学期望的基础上进一步分析满意度指数的方差。可得：

$$D(X)=1.2^2\times0.2+0.2^2\times0.4+0.8^2\times0.4=0.56$$

$$D(Y)=1.25^2\times0.1+0.25^2\times0.55+0.75^2\times0.35=0.387\,5$$

由于$E(X)<E(Y)$，且$D(X)>D(Y)$，说明B餐厅满意度更高且稳定性更好，所以会选择B餐厅用餐。考虑到计算方差的运算量比较大，也可通过画满意度指数直方图进行直观的观察，因为B的直方图更瘦高，可以推断其方差更小。教学中要引导学生学会用数学眼光观察世界，用数学思维思考世界，用数学语言表达世界，这是数学教学非常重要的意义。

案例 4:（2020 年朝阳区高三一模试题）某科研团队研发了一款可以快速检测某种疾病的试剂盒。为了解该试剂盒检测的准确性，质检部门从某地区（人数众多）随机选取了80位患者和100位非患者，用该试剂盒分别对他们进行了检测，结果如下：

患者的检测结果	人数
阳性	76
阴性	4

非患者的检测结果	人数
阳性	1
阴性	99

（1）从该地区患者中随机选取 1 人，对其检测 1 次，估计此患者检测结果为阳性的概率。

（2）从该地区患者中随机选取3人，各检测 1 次，假设每位患者的检测结果相互独立，以X表示检测结果为阳性的患者人数，利用（1）中所得概率，求X的分布列和数学期望。

（3）假设该地区有10万人，患病率为0.01。从该地区随机选取 1 人，用该试剂盒对其检测 1 次。若检测结果为阳性，能否判断此人患该疾病的概率超过0.5？说明理由。

分析：（1）由题意知，80位患者中有76位用该试剂盒检测 1 次，结果为阳性。

所以从该地区患者中随机选取 1 位，用该试剂盒检测 1 次，结果为阳性的概率估计为$\frac{76}{80}=\frac{19}{20}$。

从这个结果来看，试剂盒的准确率还是比较高的，由该试剂盒检测后没有被查出的概率为0.05。

（2）由题意可知$X\sim B(n,p)$，其中$n=3$，$p=\frac{19}{20}$。

X的所有可能的取值为0，1，2，3。

$$P(X=0)=C_3^0\left(\frac{19}{20}\right)^0\times\left(\frac{1}{20}\right)^3=\frac{1}{8\,000}$$

$$P(X=1)=C_3^1\left(\frac{19}{20}\right)^1\times\left(\frac{1}{20}\right)^2=\frac{57}{8\,000}$$

$$P(X=2)=C_3^2\left(\frac{19}{20}\right)^2\times\left(\frac{1}{20}\right)^1=\frac{1\,083}{8\,000}$$

$$P(X=3)=\mathrm{C}_3^3\left(\frac{19}{20}\right)^3\times\left(\frac{1}{20}\right)^0=\frac{6\,859}{8\,000}$$

所以 X 的分布列为

X	0	1	2	3
P	$\frac{1}{8\,000}$	$\frac{57}{8\,000}$	$\frac{1\,083}{8\,000}$	$\frac{6\,859}{8\,000}$

故 X 的数学期望 $E(X)=np=\frac{57}{20}$。

这个概率模型为二项分布，二项分布是在每次试验相互独立的基础上进行计算的，所以对时间独立性的理解很重要。

（3）此人患该疾病的概率未超过0.5。理由如下。

由题意得，如果该地区所有人用该试剂盒检测 1 次，那么结果为阳性的人数为 $99\,000\times\frac{1}{100}+1\,000\times\frac{19}{20}=990+950=1\,940$，其中患者人数为 950。

若某人检测结果为阳性，那么他患该疾病的概率为 $\frac{950}{1\,940}<\frac{970}{1\,940}=0.5$。

所以此人患该疾病的概率未超过0.5。

在第 1 问中得到患者检测为阳性的概率为 0.95，那么检测为阳性的人群中患该病的概率为什么不超过 0.5 呢？这个问题实际上为贝叶斯公式的应用。本题考查的内容即为贝叶斯公式，下面用贝叶斯公式来解答。设“检测结果为阳性”为事件 A，“检测结果为阴性”为事件 $\overline{A}$，“此人没患病”为事件 B_1，“此人患病”为事件 B_2。

由题意得:

$$\begin{aligned}P(A)&=P(B_1)P(A|B_1)+P(B_2)P(A|B_2)\\&=0.01\times\frac{76}{80}+0.99\times\frac{1}{100}\\&=0.009\,5+0.009\,9\\&=0.019\,4\end{aligned}$$

$$\begin{aligned}P(B_2|A)&=\frac{P(B_2)P(A|B_2)}{P(A)}\\&=\frac{0.01\times0.95}{0.019\,4}\\&=\frac{0.009\,5}{0.019\,4}\\&=\frac{95}{194}\approx0.489\,7<0.5\end{aligned}$$

这说明虽然贝叶斯公式不是高考要求的内容，但是它的思想很重要，在教学中要让学生理解后验概率分析的思想，该思想对培养学生运用数学的观点看待问题、通过数据认识事物的思维品质起到关键作用。

概率统计是一门研究随机现象及其统计规律的数学学科。它在科学技术、工农业生产、医药卫生及国民经济等众多领域都有广泛的应用。与数学领域其他学科的思维方式不同，概率统计是用随机性思维理解和认识人类社会和物质世界。由于随机现象的特征是不确定性，因此，概率统计课程的学习、思维方式需要从确定性思维转变到随机性思维，使学生真正认识到随机事件广泛地存在于客观世界之中，现实中绝大部分的问题都不可能是确定的、纯粹的，并能将随机性思维用于解决实际生活中的问题。高中教育的重要目标之一是培养学生的创新能力和实践能力。打破传统的确定性思维模式，培养学生的随机性思维方式，训练学生掌握随机分析和统计分析技能，使他们在实际应用中具有分析问题、解决问题的综合能力，培养他们的创新精神、创新意识和创新能力是重要的任务。

二、如何在统计教学中引导学生感悟统计思维与确定性思维的差异

在现行的中小学数学课程标准中，统计学的内容在整个教学体系中占有相当大的比例，具体包括：抽样调查、样本估计总体（频率估计概率、样本数字特征估计总体的数字特征）、相关性分析、线性回归、列联表的独立性检验等。如果将这些内容进一步拓展，则会涵盖统计学的大部分内容。这在一方面凸显了基本的统计知识和统计思想在人的成长过程中的重要性，可以说基本的统计知识和统计思想是一个合格劳动者素质的一部分；另一方面，也给中学的数学教学提出了新的挑战和新的课题。这种挑战主要体现在对统计思想的理解和把握上，以及如何在统计教学中引导学生感悟统计思想、感悟统计推理的思维和逻辑推理的思维之间的差异等方面。

（一）教学关键问题分析

在中小学的数学课程中，确定性数学的内容占主导地位。大多数数学教师的教育背景是数学专业。新课程改革后，数学课程标准中已加进了不少统计学的知识和内容。如果以确定性数学的思维方式来看待这些统计学的内容，就会觉得这些内容比较简单，并不需要高深的数学知识和数学技巧，在教学时无非是利用公式做一些简单的算术运算或画一些图表。例如，在讲授样本数字特征时，只是简单地给出样本平均数、样本方差的计算公式，学生也只是利用公式做一些简单的算术运算，而不能很好地理解其背后的统计意义和统计思想。在其他统计学内容的教学中也普遍存在类似的问题。如果这样，就背离了课程改革的初衷，也失去了学习统计学的意义。

当今，人们生活的每一天都会看到或听到各种各样的数据，以及由数据得出各种各样的结论。如何理解数据？如何解释数据？如何理解由数据得出的统计结论？以上这些问题才是学习统计学的目的。这些问题的回答都离不开基本的统计知识和统计思想。统计方法的掌握

也许并不困难，但统计思想的培养与发展则需要一个较长的过程，这大概也是我们为什么要从小学就开始学习统计学知识的原因吧。

我们常说统计学学习的核心是统计思想的培养与发展。学生通过统计学的学习，可以初步掌握一些数据处理的方法和统计技术，但在统计教学中，更重要的是要让学生逐步领悟其中的统计思想，培养统计思维，学会用统计的思维和观点去认识问题、分析问题和解决问题。那么什么是统计思想？统计思维和确定性思维有何差异？

确定性数学强调的是逻辑推理，在一定的条件下（结合有关公理体系）推得的结果是确定的、不容置疑的。在统计学中，由数据计算出的某些量（如平均数、标准差等）是确定的，但由这些计算出的结果推得总体的某方面特征或形成的某个统计结论，却是不确定的，并非不容置疑。统计推断是由部分推断整体，是在所知的信息不完全的情况下做出的一种归纳性的推理。理解统计推断的关键是统计思想。统计思想是一种随机的思想，在看待问题时要意识到其中的不确定性，要设法把握和估计这种不确定性。具体到在处理数据时，要意识到数据有随机性和变异性，以及由数据形成的结论有不确定性。这些都与确定性数学有很大的不同。

首先要明确的是，统计学并不是数学的分支。从学科分类上讲，统计学和数学是并列的一级学科，这就清楚地表明了统计学和数学是有区别的，它们研究的问题（统计学是数据的科学，而数学强调的是逻辑体系）及处理问题的思想方法等方面都有较大的差异。

其次，要把小学、初中和高中三个学段数学课程中的统计学内容联系起来。各个学段选择的统计学知识各有侧重，对学生的统计思想的培养和发展也是循序渐进的。在小学和初中学段，统计学的内容多侧重于对数据的简单处理，如统计图表、平均数（频率也可归入平均数）等，目的是通过对数据的显示或汇总，掌握对数据的描述方法并获得数据的内在规律等，这是描述统计学的内容。到了高中学段，统计学的内容则强调了样本估计总体的统计思想。这背后隐含了样本的随机性和代表性，以及统计结论的不确定性与可靠性。这属于推断统计学的范畴。在教学中需要强调样本具有随机性，需要让学生体会和理解样本的随机性和代表性及统计结论的不确定性和可靠性。

例如，平均数是在小学、初中和高中三个学段中都包含的统计学知识。从确定性数学的角度来看，平均数是一个简单的概念，它是由一组数计算出的一个值。而在统计学中，平均数是一个非常重要的统计量。平均数是人们日常生活中听到或见到的最多的一种数据的概括量，在新闻、媒体、网络，以及各种统计报告中，平均数是出现频率很高的一个词，平均收入、平均价格、平均寿命等是人们几乎每天都能见到的字眼。平均数简单实用，但简单之中含有丰富的统计思想，对平均数背后的统计思想的感悟和理解对于统计思想的培养是很有帮助的。关于平均数在统计学中的价值和地位，下面通过摘录陈希孺院士所著的《数理统计学简史》中的一段话来说明。

“有一个说法可能是绝大多数人都能同意的：在成百上千的各种各类统计方法中，取算术平均是最为人所知、使用最广的方法，统计学家常说的一句口头禅是某事从统计观点看如何如何，这‘统计观点’，作狭义一点的解释，就是平均观点。凡事都有例外，例如吸烟有害健康，但确也有吸烟者的健康优于不吸烟者的例子。统计学家对此的回答是，‘平均说来’，不吸烟的健康优于吸烟者。如果我们从理论的角度也走一点极端，则可以说，一部数理统计学的历史，就是从纵横两个方向对算术平均进行不断深入的研究的历史，纵的方向指平均值本身。伯努利及其后众多的大数定律、棣莫弗-拉普拉斯中心极限定理、高斯的正态误差理论，这些在很大程度上可视为对算术平均的研究成果，如今成了支撑数理统计学这座大厦的支柱。从横的方向上看，是指有许多统计方法，看似与算术平均很不同，但从某种意义上看，是算术平均思想的发展。其中最重要的一项就是最小二乘法。”

小学学段对平均数的理解侧重于直观。平均数是一组数据的平均水平，是一组数据的一个代表值。例如，在一次考试后，我们首先会关注平均成绩。某班的平均分数就代表了该班的成绩。如果要比较班级之间的成绩，我们常常比较各班的平均分数。初中学段把平均数作为一种集中趋势的测度来介绍。集中趋势是指一组数据向某一中心值靠拢的倾向。平均数是最常用的集中趋势的度量指标（中位数也是一个常用的集中趋势的度量指标）。平均数是一组数据中心位置的度量，是集中趋势的一种测度。例如，用一台天平多次测量某物体的质量，得到测量结果分别为$x_1,x_2,\cdots,x_n$，这组数据的平均值$\overline{x}=\frac{1}{n}\sum\limits_{i=1}^{n}x_i$为测量结果集中趋势的中心。可以从下面意义上去理解这个“中心”。测量的目的是想得到该物体的质量a（a是未知的）。如果测量没有系统误差，那么各次测量的结果应当集中于a附近，这样各次测量的误差$\varepsilon_i=x_i-a$的平方和$\sum\limits_{i=1}^{n}(x_i-a)^2$应当非常小。把该物体的质量$a$估计为使得$\sum\limits_{i=1}^{n}(x_i-a)^2$最小的那个值是合理的。可以证明使得$\sum\limits_{i=1}^{n}(x_i-a)^2$最小的$a$就是这组测量值$x_1,x_2,\cdots,x_n$的平均数$\overline{x}$。直观地看，取平均可以使正、负误差在很大程度上得到消除，使得真正的中心a得以显现出来。这也是取平均的统计意义，即它可以有效地消除“噪声”的影响，使得隐藏在表面现象背后的规律显现出来。在高中学段，提出了样本估计总体、样本数字特征估计总体数字特征的思想和方法。这就给了平均数一个新的身份：样本平均数是总体平均数的估计。例如，为了解某地区农户的年平均收入，采取随机抽样的方法得到样本$x_1,x_2,\cdots,x_n$，可用平均数$\overline{x}=\frac{1}{n}\sum\limits_{i=1}^{n}x_i$估计该地区农户的年平均收入。显然，利用样本平均数估计总体平均数不可能准确无误，而是会有误差。因为此时只得到了 n 家农户的年收入，而其余 $N-n$（N 表示该地区农户总数）家农户的年收入则全然不知。利用这 n 家农户的年收入的平均值估计此地区农户的年平均收入是否可靠？估计的精度如何？估计的合理性表现在哪里？这些问题的回答就需要首先认识和理解样本的随机性和代表性，其次要了解这种估计方法如何在很大程度上消除了随机性的影响，从而使得估计的结果存在不确定性的同时又可以具有相当高的可靠性。这些都与确定性推理的思维与方法有很大差异，需要用到统计推理的思维与方法，要用统计的思想与方法去认识问题和解决问题，突出随机性的思想。

在现实生活中，样本数据的随机性无处不在，利用带有随机性影响的数据对所研究的问题作出判断正是统计学的研究内容。需要利用各种统计方法减少和最大程度地消除“噪声”（随机性影响）的干扰，充分提取样本中的信息，挖掘隐藏在“噪声”背后的规律，最终得到尽可能精确和可靠的结论。

（二）教学关键问题解决

统计思维与确定性思维有很大差异，在统计教学中如要更好地引导学生感悟两者的差异，则需要在统计知识模块的教学中逐步引导和展开。在教学过程中要注重统计思想的培养与发展，突出统计推理与逻辑推理的差异。可以从以下两个方面入手。

1. 统计数据的随机性和代表性

统计学是数据的科学，统计学首先面对的是数据。如何有效地获取数据，分析和解释数据，并有效地使用数据是统计学的真谛。

数据的来源有多种，有一手数据、二手数据。统计调查是获取一手数据的一种主要方式。统计调查有两种基本形式：全面调查和非全面调查。全面调查是对总体中的全部对象进行调查，普查是全面调查的一种形式。非全面调查是对总体中的部分对象进行调查，抽样调查是非全面调查的一种最常用的方式。根据样本抽取方式的不同，抽样调查可分为非概率抽样调查和概率抽样调查。一般地，抽样调查都是指概率抽样调查。概率抽样也称随机抽样，是指依据随机原则，按照某种事先设计的程序，从总体中抽取部分单元的抽样方法。由于抽样是随机的，总体中的个体能否进入样本全凭机会，进入样本有一定的概率，自然地样本就具有随机性。如果抽样方法合理，这种随机性的样本能够很好地代表总体。

为了让学生更好地体会和理解样本的随机性和代表性，在教学过程中可以设置一个情境让学生实地做抽样调查。例如，在人教 B 版高一数学教材的第五章中有一个附录为某中学 1 257 名高一学生期中考试的数学成绩。我们可以让全班同学按简单随机抽样的方法各抽取 100 名学生的数学成绩，同时计算这 100 名学生的数学成绩的平均值并画出这些学生的数学成绩的频率分布直方图，然后作对比。每个同学抽取的 100 个数据肯定会不一样，这就是随机性的体现。同时我们可以看到平均值大多相差不大，直方图的形状大体上也会差不多，这就是样本的代表性的体现。在这个例子中，总体是完全已知的，我们可以计算出总体的平均数并画出直方图，再把随机抽样得出的各个样本的平均数及直方图和总体平均数及总体的直方图作对比，从而更好地理解样本的随机性和代表性。我们还可以将这 1 257 名学生的数学成绩按分数的高低分成几层，然后用分层抽样方法进行抽样，并重复上面的工作，则可以直观地看出分层抽样的优势，从而看出在提高样本的代表性方面的具体表现。在实际问题中，总体的信息往往是未知的，上面的例子是为教学而设计的。

实验（试验）是获取第一手资料的另一种重要方式。实验的随机误差会带来数据的随机性，这种误差指在实验过程中由未加控制或无法控制，甚至不了解的因素所引起的误差。例如，为验证一种药物是否比另一种药物更有效，在医学试验中，试验结果在不同个体上会有差异，这种差异是由无法控制的各种因素引起的样本的随机性和变异性导致的，只有认识到数据的随机性才能更好地解释试验结果和理解通过试验得出的有关统计结论。再如，在工农业生产中，为寻找最佳生产条件，研制或开发新产品、新品种等，常常需要做各种实验。在对实验结果及有关结论进行解释时，需要考虑到随机性的影响。

在更一般的数据处理和分析中，数据大多是二手数据，并不是我们实地调查或由试验（实验）获取的数据。例如，从各种正式公开的统计报表或统计年鉴获得的数据，从网络上获取的数据等。对这种数据进行分析，如果只是针对这些数据进行处理，如画直方图、计算平均数等，则属于描述统计学的内容。然而，很多时候我们分析数据的目标是推断出产生这些数据的随机机制。此时就需要认识到数据有随机性，是我们在某种“机缘巧合”下看到的数据。例如，今天从网络上看到这样的数据，而明天的数据或许又会不一样。如果我们想从已有的数据预测未来的数据，就必须了解数据产生的随机机制。目前，大数据科学、机器学习、模式识别、人工智能等领域大量应用了统计学的技术和方法，而这些领域中的数据大多是二手数据，在分析数据时通常会将数据看成是受随机性影响的数据。

从实用角度上看，样本是指具体的数据，应根据研究问题的需要选用合适的统计方法分析和处理这些数据，形成统计结论或决策。但如果从理论上解释统计方法的合理性及统计结论的可靠性，则需分析和把握好样本的随机性，需要这样去理解样本：观察到的样本数据 $x_1, x_2, \cdots, x_n$ 是随机变量 $X_1, X_2, \cdots, X_n$ 的一次观察值或者说一次实现。例如，将一个骰子掷 n 次，n 次的点数分别记为 $X_1, X_2, \cdots, X_n$，这是 n 个随机变量，掷完后便得到 n 个具体的点数 $x_1, x_2, \cdots, x_n$，可将 x_i 理解为对应的随机变量 X_i 的一次观察值。这种样本具有两重性：一是指 n 个具体的数据，二是指 n 个随机变量。如果要建立随机模型，则需要把已有的数据 $(x_1, \cdots, x_n)$ 视为随机向量 $(X_1, \cdots, X_n)$ 的一次观测值，而把数据看成是受随机性影响的数据，然后针对随机向量 $(X_1, \cdots, X_n)$ 建立统计模型，基于设定的统计模型去分析和处理数据，作出推断并给出推断的可靠性的度量。

2. 统计结论的不确定性和可靠性

样本具有随机性，利用样本数据对总体作出的统计结论自然就带有不确定性，即不可能准确无误。这与确定性推理有很大差异。然而在许多场合，统计结论又可以具有相当高的准确性和可靠性，并且还可以给出可靠程度的度量。不确定性中含有“可靠性”，在理解和解释统计结论时要认识其中的不确定性和可靠性。这些都是统计思想的具体表现。

抽样调查是获取数据的一种方式，获取数据并不是目的，目的是由样本数据认识总体、对总体的目标量作出推断（如估计）。通常需要估计总体均值、总体比例或总体总数。利用从总体中随机调查的部分对象估计总体是否可靠？可靠程度如何？这是需要考虑的问题。理论上，要回答这些问题需要进一步的概率与统计的知识。下面给出几个结论。

（1）设总体中的N个单元的数量指标为$Y_1,Y_2,\cdots,Y_N$，总体均值为$\bar{Y}=\frac{1}{N}\sum_{i=1}^{N}Y_i$。从总体中用简单随机抽样方法得到的样本的数量指标记为$y_1,y_2,\cdots,y_n$，样本平均数为$\bar{y}=\frac{1}{n}\sum_{i=1}^{n}y_i$。那么$E(\bar{y})=\bar{Y}$，$D(\bar{y})=\frac{N-n}{N}\cdot\frac{S^2}{n}=\frac{1-f}{n}\cdot\frac{S^2}{n}$，其中$S^2=\frac{1}{N-1}\sum_{i=1}^{N}(Y_i-\bar{Y})^2$为总体方差，$f=\frac{n}{N}$为抽样比。

样本平均数取决于抽到的样本，而样本具有随机性，因此样本平均数也有变异性。由上面结论可以看出：样本平均数的变异性会随着样本量n的增大而减小，并稳定于总体均值$\bar{Y}$附近。这一方面说明了由样本平均数值估计总体均值的合理性与可靠性，另一方面也给出了这种估计的精度的度量。这里要注意的是，在理解上述结论时一定要把样本$y_1,y_2,\cdots,y_n$视为随机变量（前面提到了：样本具有两重性）。

（2）设总体的大小为N，总体分为L层，用h表示层的编号，则$h=1,2,\cdots,L$。用N_h表示第h层的大小，则$\sum_{h=1}^{L}N_h=N$，第h层的单元的指标值表示为$Y_{h1},Y_{h2},\cdots,Y_{hN_h}$，其均值和方差分别为

$$\bar{Y}_h=\frac{1}{N_h}\sum_{i=1}^{N_h}Y_{hi}，\quad S_h^2=\frac{1}{N_h-1}\sum_{i=1}^{N_h}(Y_{hi}-\bar{Y}_h)^2$$

总体均值为

$$\bar{Y}=\frac{1}{N}\sum_{h=1}^{L}Y_h=\frac{1}{N}\sum_{h=1}^{L}N_h\bar{Y}_h$$

从总体中用比例分层抽样方法（高中教材中的分层抽样是指比例分层抽样）抽取容量为n的样本，第h层的样本量记为n_h，第h层的样本均值$\bar{y}_h=\frac{1}{n_h}\sum_{i=1}^{n_h}y_{hi}$。作为总体均值$\bar{Y}$的估

计量 $\overline{y}_{st}=\frac{1}{n}\sum_{h=1}^{L}n_h\overline{y}_h=\frac{1}{n}\sum_{h=1}^{L}\sum_{i=1}^{n_h}y_{hi}$，有如下性质：

$$E(\overline{y}_{st})=\overline{Y}，\ D(\overline{y}_{st})\approx D(\overline{y})-\frac{1-f}{n}\sum_{h=1}^{L}\frac{N_h}{N}(\overline{Y}_h-\overline{Y})^2$$

这里 $\overline{y}$ 是用简单随机抽样方法从总体中抽取容量为 n 的样本的样本均值，$f=\frac{n}{N}$。

由这个结论，我们可以清楚地看出分层抽样的优势，各层的均值差异越大，分层抽样估计的精度就越高。

为了让学生更加直观地体会和理解随机性背后的稳定性，可以在教学中设计一些实例。以前面提到的 1 257 名高一学生期中考试的数学成绩为例，让每位同学用简单随机抽样方法抽取容量分别为 50、100、150 的样本（每次抽样都要重新来，即抽完容量为 50 的样本后，再抽容量为 100 的样本时要重新抽取，不要使用之前已抽取的 50 个数据），然后每位同学分别计算抽取的 3 个样本的平均数，最后用以下 3 种方式比较这些平均数。

（1）算出相同样本量的平均数的方差。具体地就是先计算样本量同为 50 的各个样本平均数的方差，再计算样本量同为 100 的各个样本平均数的方差，然后计算样本量同为 150 的各个样本平均数的方差。比较这 3 个方差的大小就会发现，样本量越大的平均数的变异性越小。

（2）在坐标系中画出这些平均数。把相同样本量的各个平均数画在同一坐标系中，这样可以直观地看出不同样本量的平均数的波动情况。

（3）画出相同样本量的各个平均数的频率分布直方图，也可以直观地看出不同样本量的平均数的波动情况，从直方图中还可以看出这些平均数的分布会呈现出“中间高、两端低、左右对称”的特点（接近于正态分布的特点）。

通过对该实例的讨论可以让学生对“不确定性背后又隐藏着稳定性”的统计规律有着更加直观和感性的认识，从而进一步理解统计推理的思想和方法。

一般情况下，在讨论抽样调查的作用和意义时会强调其经济性（节省人力、物力）、时效性（可以在较短时间内获得数据）和便利性，其实抽样调查还有一个优势：可以提高数据的质量从而提高统计结论的可靠性。许多人往往有一种错觉，认为抽样调查一定不如全面普查准确，其实这是一种误解。在普查中如果不注意调查质量，不注意调查人员的培训，测试手段落后或被调查者心存顾虑而不予合作，均会严重降低调查质量。与此相反，由于调查规模小，调查员比较精干，可以得到严格培训，更有条件采用更可靠的测试手段等原因，抽样调查获得的数据质量通常比普查的数据质量高，从而使其总误差更小。

对于由实验获取的数据，如果该实验是在相同条件下独立进行的，那么所得的样本被认为是独立重复的样本。具体来讲，样本 $X_1,X_2,\cdots,X_n$ 相互独立，且具有相同的分布（这里要

把 $X_1,X_2,\cdots,X_n$ 理解为 n 个随机变量)，其公共的分布就是总体（在统计学的理论中，总体就是指一个概率分布）。具体的样本值 $x_1,x_2,\cdots,x_n$ 是 $X_1,X_2,\cdots,X_n$ 的一次实现。分析数据 $x_1,x_2,\cdots,x_n$ 的目的是推断这个总体，包括估计总体分布、估计总体的某些特征（如总体的期望、方差、中位数与分位数等)，以及对总体的某些假设作检验（假设检验的内容不在高中必修课程中)。尽管样本 $X_1,X_2,\cdots,X_n$ 具有随机性，但使用合理的统计方法得到的推断结论有相当高的可靠性。例如，样本平均数 $\bar{X}=\frac{1}{n}\sum_{i=1}^{n}X_i$ 在样本量 n 较大时，其值就变得相当稳定，且大概率稳定在总体平均数附近，这也是样本平均数估计总体平均数的合理之处。理论上，有以下 3 个结论刻画了这种稳定性。

（1）样本平均数 $\bar{X}=\frac{1}{n}\sum_{i=1}^{n}X_i$ 的期望、方差分别为 $E(\bar{X})=\mu$，$D(\bar{X})=\frac{\sigma^2}{n}$，其中 μ，σ^2 分别为总体的平均数和方差。由此可以看出，当样本量 n 较大时，样本平均数 $\bar{X}$ 的方差会很小，即变异性会很小。我们常用样本方差 s^2 得到总体方差 σ^2 的估计，从而获得样本平均数的方差的估计 $\frac{s^2}{n}$，并且用 $\frac{s}{\sqrt{n}}$ 度量估计的精度。

（2）由概率论中的大数定律可得，样本平均数会在概率意义上收敛到总体平均数。这定性地说明了这种估计的合理性。

（3）由概率论中的中心极限定理可得，样本平均数 $\bar{X}$ 的分布会渐近于正态分布 $N\left(\mu,\frac{\sigma^2}{n}\right)$，这样就可以近似得到估计误差 $|\bar{X}-\mu|$ 在一定范围内的概率，或确定为控制误差所需的样本量（在具体应用中，可用样本方差 s^2 代替总体方差 σ^2）。

样本中位数、样本分位数、样本方差都会较大程度地分别稳定于总体中位数、总体分位数、总体方差。

对于二手数据，如果我们的目的是推断数据产生的随机机制，就需要把数据看成是受随机性影响的数据。具体来讲，就是将样本数据 $(x_1,x_2,\cdots,x_n)$ 看成是随机向量 $(X_1,X_2,\cdots,X_n)$ 的一次实现，而数据产生的随机机制就是指随机向量 $(X_1,X_2,\cdots,X_n)$ 的概率分布（即所谓的统计模型)。

在高中数学课程中有不少统计图的内容，如频率分布直方图、柱图、饼图、折线图、茎叶图等。统计图是非常实用和常用的统计方法和技术。根据研究问题和数据类型的不同，选择不同的图显示数据，可以达到对数据的描述性分析或揭示数据内在规律和结构的目的。如果考虑随机模型，那么在一些情形下可将获得的数据 $x_1,x_2,\cdots,x_n$ 视为独立且具有相同分布的 n 个随机变量 $X_1,X_2,\cdots,X_n$ 的实现。直方图有认识或推断总体分布密度的作用，茎叶图也有认识总体分布规律的作用，柱图或饼图则常常起到认识或推断总体分布列的作用。尽管样本具有随机性，但只要样本量较大，这些推断也可以相当可靠。

（三）案例分析及教学建议

为了在教学中更好地培养学生的统计思维，需要充分挖掘考题背景的教育价值，接下来分别用快递员的收入、垃圾分类、病毒传播、岗位招聘这 4 个案例讨论在教学中如何培养学生的统计思维。统计学的应用范围几乎覆盖了社会科学和自然科学的各个领域，其基本思想是用样本估计总体。

案例 1:（2014 年海淀区高三一模试题）为了解甲、乙两个快递公司的工作状况，假设同一个公司快递员的工作状况基本相同，现从甲、乙两公司各随机抽取一名快递员，并从两人某月（30 天）的快递件数记录结果中各随机抽取 10 天的数据，制表如下。

甲公司某员工 A												乙公司某员工 B									
3	9	6	5	8	3	3	2	0	1	3	4	4	6	6	6	7	7	4	2	2	2

每名快递员完成一件货物投递可获得的劳务费情况为：甲公司规定每件 4.5 元；乙公司规定每天 35 件以内（含 35 件）的部分每件 4 元，超出 35 件的部分每件 7 元。

（1）根据表中数据计算甲公司员工 A 在这 10 天投递的快递件数的平均数和众数；

（2）为了解乙公司员工 B 每天所得劳务费的情况，从这 10 天中随机抽取 1 天，其所得的劳务费记为 X（单位：元），求 X 的分布列和数学期望；

（3）根据表中数据估算两公司的每位员工在该月所得的劳务费。

分析：每项重要的研究成果背后都离不开好的数据，正是它们使分析成为可能。要得到好的数据，需要合理选择收集数据的方法。在高中阶段，学生学习了简单随机抽样、系统抽样和分层抽样 3 种选取样本的方法。

当需要抽取的样本较少时，一般宜采用简单随机抽样的方法。从元素个数为 N 的总体中不放回地抽取容量为 n 的样本，如果每次抽取时总体的每个个体均有相同的可能性被抽到，这种抽样方法即为简单随机抽样。常见的简单随机抽样方法有抽签法和随机数表法。

当总体由具有明显差别的几部分组成时，为了使抽取的样本更好地反映总体的情况，常采用分层抽样的方法。将总体中每个个体按某种特征分成若干个互补重叠的几部分，每一部分叫作层，在各层中按层在总体中所占的比例进行简单随机抽样或系统抽样，这种抽样方法叫作分层抽样。在分层抽样中，如果分组不当，同一组内个体相差太大，结果也会有偏差。

当收集到一些数据后，就需要通过统计图表来表达和分析数据。常见的统计图包括频率分布直方图、频率分布折线图、茎叶图、饼形图、条形图等。本题采用茎叶图来表达数据，可引导学生分析不同表达方式的优缺点。

数据的信息除了可以通过统计图表进行整理和表达，还可以通过一些统计量如：平均数、中位数、众数、级差、方差等来表达和分析。一级数据数字特征是将多个数据“加工”为一个数值，使这个数值能够反映这组数据的某些重要的整体特征。作为一组数据的特征，它们各有其优缺点，也各有其用处。要引导学生认识到这些数字特征反映信息时的优劣，如比较平均数和中位数的优劣、极差和方差的优劣等，明确它们各自的适用范围，并能选择合适的数字特征来刻画数据。

本题是海淀区高三的一道模考题，题目背景来源于生活，是非常好的教学题材，我们可以从统计教学的角度来分析这道题目。统计学是用科学方法收集、整理、描述和分析所得的数据资料，并由此进行推断或决策的学科。在高中数学课堂教学中，教会学生如何收集数据，并根据所获得的数据提取有用的信息，最终做出合理的决策是统计学习的核心价值所在。

本题教学的第 1 个切入点就是判断应采用哪种抽样方式从这 30 天中随机选取 10 天，由于这 30 天中工作日和非工作日的差别比较大，因此选用分层抽样的方式更适合。第 2 个切入点是数据的表达，本题用茎叶图表达数据，讨论这种表达方式有什么优势，若采用其他方式表达该数据可以更直接地表达哪些特点。第 3 个切入点是数据的数字特征，本题第 1 问求平均数和众数，讨论还可以求哪些数字特征，通过这些数字特征可以说明数据具有哪些特点。

通过用样本估计总体可以计算一些随机事件的概率，但要把一个随机现象研究清楚，还需要对它有更全面的了解，将随机试验的结果数量化，用随机变量表示随机试验的结果，就可以利用数学工具来研究感兴趣的随机现象，这就是引入随机变量的原因。本题第 2 问选择快递员的收入作为随机变量，通过研究不同收入的可能性，并求出快递员收入的数学期望，就可以更全面地了解这个随机事件。关于随机变量和函数，两者均表示一个集合到另一个集合的映射，其区别主要体现在映射的对象不同，前者是将随机试验的结果映射为实数，而后者是将实数映射为实数。类比教学可以从函数的定义域、值域、函数关系、关系特性、取值特性等角度进行，使学生逐步认识到随机变量概念的内涵实质。随机变量与函数之间的研究方法和内容存在着本质的差异，但具有一定的关联性，在教学中采用类比的方式，可以帮助学生充分认识随机变量的概念，掌握概念的实质。试验可能出现的结果可以用一个变量 X 来表示，并且 X 随着试验结果的不同而变化，我们将这种变量叫作随机变量。随机变量常用大写字母 X, Y 等表示，也可以用希腊字母 ξ, η 等表示。所有取值可以一一列举出来的随机变量，称为离散型随机变量。离散型随机变量的概率分布列有三种表达形式：

分布列（表格）、等式、图像，函数的表示方式有：列表、解析式、图像。随机变量和函数的关系如下表所示。

区别	随机变量是随机试验的结果到实数的对应， 函数是实数到实数的对应
联系	随机试验结果的范围相当于函数的定义域， 随机变量的取值范围相当于函数的值域

试题解析：

（1）甲公司员工 A 投递的快递件数的平均数为 36，众数为 33。

（2）设 a 为乙公司员工 B 投递的快递件数，则：当 $a=34$ 时，$X=136$ 元；当 $a>35$ 时，$X=35\times4+(a-35)\times7$ 元。

X 的可能取值为 136，147，154，189，203。

X 的分布列为

X	136	147	154	189	203
P	$\frac{1}{10}$	$\frac{3}{10}$	$\frac{2}{10}$	$\frac{3}{10}$	$\frac{1}{10}$

$$E(X)=136\times\frac{1}{10}+147\times\frac{3}{10}+154\times\frac{2}{10}+189\times\frac{3}{10}+203\times\frac{1}{10}=\frac{1\,655}{10}=165.5(\text{元})$$

（3）根据题干中表里的数据，可估算甲公司被抽取员工该月的收入为 4 860 元，乙公司被抽取员工该月的收入为 4 965 元。

统计学分为两类：描述性统计学和推断性统计学，对应的统计方法分别为描述统计方法和推断统计方法。描述统计方法是指通过图表的方式对数据进行处理显示，进而对数据进行定量的综合概括；推断统计方法是指根据样本数据去推断总体数量测度，其差异在于推断性统计学研究的数据只是总体中的一部分随机抽取到的样本。本题的第 3 问属于推断性统计学，是通过样本估计总体。通过对该问题的研究，可以培养学生用数学的思想做决策：两个公司的工资发放方式不同，可以通过统计推断分析哪种方式对快递员更有利，从而选择更适合的工作。当随机变量的选择不同时，则会得到不同的结果，可以让学生分析如果选择快递员投递的件数作为随机变量，并通过件数的数学期望来计算收入的数学期望是否合理。通过计算可以发现结果并不相同，因为收入和件数不是线性的关系，所以直接利用件数的数学期望来计算收入的数学期望是不合理的。

案例 2：近年来，某市为促进生活垃圾的分类处理，将生活垃圾分为厨余垃圾、可回收物和其他垃圾三类，并分别设置了相应的垃圾箱。为调查居民生活垃圾分类投放情况，现随机抽取了该市三类垃圾箱中总计 1 000 吨的生活垃圾，数据统计见下表（单位：吨）。

	“厨余垃圾”箱	“可回收物”箱	“其他垃圾”箱
厨余垃圾	400	100	100
可回收物	30	240	30
其他垃圾	20	20	60

（1）试估计厨余垃圾投放正确的概率；

（2）试估计生活垃圾投放错误的概率；

（3）假设厨余垃圾在“厨余垃圾”箱、“可回收物”箱、“其他垃圾”箱的投放量分别为a、b、c，其中$a>0$，$a+b+c=600$。当数据a、b、c的方差s^2最大时，写出a、b、c的值（结论不要求证明），并求此时s^2的值。

说明：$s^2=\frac{1}{n}[(x_1-\overline{x})^2+(x_2-\overline{x})^2+\cdots+(x_n-\overline{x})^2]$，其中$\overline{x}$为数据$x_1,x_2,\cdots,x_n$的平均数。

分析：本题的第3问解答如下

$$s^2=\frac{1}{3}(a^2+b^2+c^2-120\,000)=\frac{1}{3}[(a+b+c)^2-2ab-2ac-2bc-120\,000]$$

因为$a>0$，$a+b+c=600$，则

$$s^2=\frac{1}{3}(600^2-2ab-2ac-2bc-120\,000)$$
$$=\frac{1}{3}(240\,000-2ab-2ac-2bc)$$

因此当$a=600$，$b=0$，$c=0$时，有$s^2=80\,000$，为其最大值。

统计思想主要体现为把握数据的能力，养成会用数据“说事”的习惯。本题的第3问并不要求计算，只要理解方差最大的含义就可以得出正确答案。当垃圾分类意识最强时，即“厨余垃圾”全部投放在“厨余垃圾”箱时方差最大；当没有垃圾分类意识时，即“厨余垃圾”均匀地投放在三个垃圾箱中，方差最小。

案例3：（2018年海淀区高三一模试题第16题）流行性感冒多由病毒引起。据调查，当空气月平均相对湿度过大或过小时，都会有利于一些病毒的繁殖和传播。经科学测定可得，当空气月平均相对湿度大于65%或小于40%时，更有利于病毒的繁殖和传播。下表记录了某年甲、乙两地12个月的空气月平均相对湿度。

	第一季度			第二季度			第三季度			第四季度		
	1月	2月	3月	4月	5月	6月	7月	8月	9月	10月	11月	12月
甲地	54%	39%	46%	54%	56%	67%	64%	66%	78%	72%	72%	59%
乙地	38%	34%	31%	42%	54%	66%	69%	65%	62%	70%	a%	b%

（1）从上表12个月中，随机抽取出1个月，求该月甲地空气月平均相对湿度有利于病毒繁殖和传播的概率；

（2）从上表第一季度和第二季度的6个月中随机抽取2个月，将这2个月中甲、乙两地空气月平均相对湿度都有利于病毒繁殖和传播的月份的个数记为X，求X的分布列；

（3）若$a+b=108$，设乙地12个月的空气月平均相对湿度的中位数为M，求M的最大值和最小值（只需写出结论）。

分析：

概率统计除了解决生活中的问题，还可以帮助我们更好地理解自然，理解科学。病毒传播的例子可以帮助学生更好地理解各种报道，并形成自己的理性判断。题目给出的是原始数据，第1问通过求有利于病毒繁殖和传播的概率，引导学生如何理解和分析原始数据。

设事件A表示从上表12个月中随机取出1个月，该月甲地空气月平均相对湿度有利于病毒繁殖和传播，用A_i表示事件A抽取的月份为第i月，则

$$\Omega=\{A_1,A_2,A_3,A_4,A_5,A_6,A_7,A_8,A_9,A_{10},A_{11},A_{12}\}$$

共12个基本事件，

$$A=\{A_2,A_6,A_8,A_9,A_{10},A_{11}\}$$

共6个基本事件。

所以，$P(A)=\frac{6}{12}=\frac{1}{2}$。从结论中可以看到有利于病毒传播的概率还是比较高的。

第2问可以帮助学生更好地理解超几何分布，掌握一些概率模型有利于学生更好地理解一些随机事件。在高中学习的分布列主要包含两点分布、二项分布、超几何分布，本题第2问是超几何分布。在第一季度和第二季度的6个月中，甲、乙两地空气月平均相对湿度都有利于病毒繁殖和传播的月份只有2月和6月，故X所有可能的取值为0，1，2。

$$P(X=0)=\frac{C_4^2}{C_6^2}=\frac{6}{15}=\frac{2}{5}，\quad P(X=1)=\frac{C_2^1C_4^1}{C_6^2}=\frac{8}{15}，\quad P(X=2)=\frac{C_2^2}{C_6^2}=\frac{1}{15}$$

随机变量X的分布列为

X	0	1	2
P	$\frac{2}{5}$	$\frac{8}{15}$	$\frac{1}{15}$

学生可以进一步理解超几何分布和二项分布的区别和联系。

二项分布和超几何分布是两个应用广泛的概率模型，对它们的教学重点应放在模型的建立、识别和应用上，应注重通过实例引入这两个概率模型，并引导学生利用所学知识解决一些实际问题。

1. 揭示分布列之间的联系，建立模型意识

1）超几何分布与二项分布之间的联系

在超几何分布中，“任取n件”应该理解为“无放回地一次取一件，连续取n件”。如果

是有放回地抽取，就变成了 n 重伯努利试验，这时概率分布就是二项分布。所以两个分布的区别就在于是无放回地抽样，还是有放回地抽样。在摸球试验中，从直观上看，当球的个数很多，而所取的球又不多时，有放回和无放回对抽样的影响应该不大。因此，当 $N\to+\infty$ 时，超几何分布的极限就是二项分布，即有如下定理。

定理：如果当 $N\to+\infty$ 时，$\dfrac{M}{N}\to p$，那么当 $N\to+\infty$ 时（k,n 不变），则 $\dfrac{C_M^k C_{N-M}^{n-k}}{C_N^n}\to C_n^k p^k(1-p)^{n-k}$。

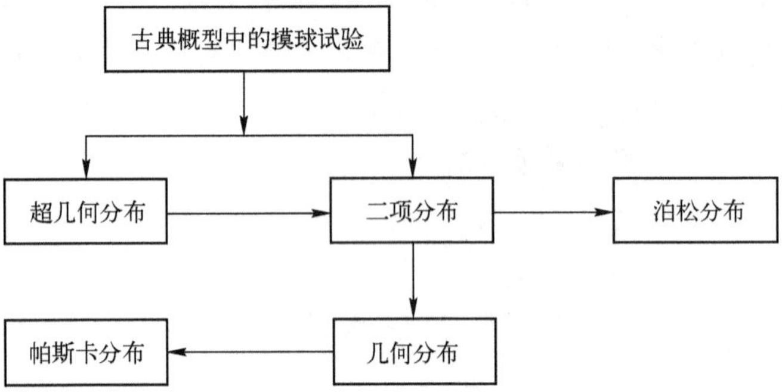

这个关系图不仅提供了简化运算的途径，而且还揭示了几种重要分布之间的联系。

2）两点分布、超几何分布和二项分布之间的联系

如果求一个比较复杂的随机变量 ξ 的均值，可以先把 ξ 拆成几个比较简单的随机变量 $\xi_1,\xi_2,\cdots,\xi_n$ 的和，再分别求 $E(\xi_1),E(\xi_2),\cdots,E(\xi_n)$，最后将它们相加，即可得到随机变量 ξ 的均值。

随机变量均值的线性性质给我们提供了一种解题途径，有时还可简化运算。

例题 1：若 $\xi\sim B(n,p)$，求证 $E(\xi)=np$。

证：令 $\xi_i=\begin{cases}1 & \text{第}i\text{次试验事件}A\text{发生}\\ 0 & \text{第}i\text{次试验事件}A\text{不发生}\end{cases}$

则 $\xi=\xi_1+\xi_2+\dots+\xi_n$，又 ξ_i 的分布列为

ξ_i	1	0
P	p	$1-p$

从而 $E(\xi_i)=p$，$i=1,2,\cdots,n$。所以，$E(\xi)=E(\xi_1+\xi_2+\cdots+\xi_n)=E(\xi_1)+E(\xi_2)+\cdots+E(\xi_n)=np$。

例题 2：求超几何分布 $P(X=k)=\dfrac{C_M^k C_{N-M}^{n-k}}{C_N^n}(k=0,1,2,\cdots,m)$ 的均值。

解：令 $\xi_i=\begin{cases}1 & \text{第}i\text{次抽得废品}\\ 0 & \text{第}i\text{次抽得正品}\end{cases}$ $(i=1,2,\cdots,n)$，则

$$P(\xi_i=1)=\frac{M}{N}$$

$$P(\xi_i=0)=1-P(\xi_i=1)=1-\frac{M}{N}$$（抽签不分先后）

由此可得随机变量的分布列为

ξ_i	1	0
P	$\frac{M}{N}$	$1-\frac{M}{N}$

从而，$E(\xi_i)=1\times\frac{M}{N}+0\times\left(1-\frac{M}{N}\right)=\frac{M}{N}$。

由于$\xi=\xi_1+\xi_2+\cdots+\xi_n$，所以$E(\xi)=E(\xi_1+\xi_2+\cdots+\xi_n)=E(\xi_1)+E(\xi_2)+\cdots+E(\xi_n)=\frac{nM}{N}$。

通过这两道例题的教学，可以使学生进一步体会两点分布、超几何分布和二项分布之间的联系。

2. 二项分布和超几何分布的期望和方差之间的联系

若X服从参数为N、M、n的超几何分布，则$E(X)=\frac{nM}{N}$，$D(X)=\frac{N-n}{N-1}\cdot n\cdot\frac{M}{N}\cdot\left(1-\frac{M}{N}\right)$；若$X$服从$B(n,p)$，则$E(X)=np$，$D(X)=np(1-p)$。

若$p=\frac{M}{N}$且$n>1$，那么总有超几何分布的方差小于二项分布的方差，从这一点看，在抽样调查中，不放回抽样往往比放回抽样效果好。另外，当n远小于N时，$\frac{N-n}{N-1}\approx 1$，此时超几何分布的方差与二项分布的方差近似相等，从这一点看，在抽样调查中，当抽取的样本容量n远小于总体中的个体总数N时，放回抽样与不放回抽样的效果相差不大。

案例3的第3问中，M的最大值为58%，最小值为54%。这个结论的得出需要学生对中位数的理解更加准确，本问相当于在原有数据的基础上增加了两个数据对中位数的影响。我们先将这组数据排序为31、34、38、42、54、62、65、66、69、70，当加入的两个数据足够小时，中位数为48，当两个数据足够大时中位数为63.5，分布在两端时中位数为58。因为$a+b=108$，所以这两个数不能同时大于63.5，或者同时小于48，将这两个数加在两端时众数为58，两个数不能同时大于54，所以众数的最大值为58，两个数也不能同时小于54，所以众数的最小值为54。

案例4:（2018年西城区高三一模试题）某企业2017年招聘员工，其中A、B、C、D、E五种岗位的应聘人数、录用人数和录用比例（精确到1%）如下表所示。

岗位	男性应聘人数	男性录用人数	男性录用比例	女性应聘人数	女性录用人数	女性录用比例
A	269	167	62%	40	24	60%
B	40	12	30%	202	62	31%
C	177	57	32%	184	59	32%

续表

岗位	男性应聘人数	男性录用人数	男性录用比例	女性应聘人数	女性录用人数	女性录用比例
D	44	26	59%	38	22	58%
E	3	2	67%	3	2	67%
总计	533	264	50%	467	169	36%

（1）从表中所有应聘人员中随机选择1人，试估计此人被录用的概率；

（2）从应聘E岗位的6人中随机选择2人，记X为这2人中被录用的人数，求X的分布列和数学期望；

（3）表中A、B、C、D、E各岗位的男性、女性录用比例都接近（二者之差的绝对值不大于5%），但男性的总录用比例却明显高于女性的总录用比例。研究发现，若只考虑其中某四种岗位，则男性、女性的总录用比例也接近，请写出这四种岗位（只需写出结论）。

分析：关于不同岗位的录取率本题给出了原始表格，通过表格数据的方法进行分析可以得到该企业的录取率。第2问通过超几何分布可以得到E岗位录取人数概率发生的特点，此处教学中可以讲解数学期望的含义。录取率产生较大差异的原因就是该岗位应聘人数有比较大的差异，为了让男性、女性的总录用比例也接近，就要选择应聘人数差异不大的岗位，因此首先选出的是C、D、E岗位。A、B岗位人数差异比较大，接下来要考虑的就是这两个岗位录取率与总体录取率的差距，差距越小则影响越小。本题中B岗位女生应聘人数较多，录取率差距偏小，所以影响比较小，故选择B、C、D、E岗位更合理。当然我们可以通过计算进一步说明选择的合理性。

（1）因为表中所有应聘人员总数为 $533+467=1000$，被该企业录用的人数为 $264+169=433$，所以从表中所有应聘人员中随机选择1人，此人被录用的概率约为 $P=\frac{433}{1000}$。

（2）X可能的取值为0，1，2。

因为应聘E岗位的6人中，被录用的有4人，未被录用的有2人，所以：

$$P(X=0)=\frac{C_2^2}{C_6^2}=\frac{1}{15}$$

$$P(X=1)=\frac{C_2^1C_4^1}{C_6^2}=\frac{8}{15}$$

$$P(X=2)=\frac{C_4^2}{C_6^2}=\frac{2}{5}$$

所以X的分布列为

X	0	1	2
P	$\frac{1}{15}$	$\frac{8}{15}$	$\frac{2}{5}$

即：

$$E(X)=0\times\frac{1}{15}+1\times\frac{8}{15}+2\times\frac{2}{5}=\frac{4}{3}$$

统计所研究的问题一般具有不确定性，例如，应用统计方法由部分推断总体具有随机性。用统计来解决的问题，其结论往往是以不完全的信息作为依据，是可犯错误的，这一点与确定性思维存在差异。经典的数学一般以演绎的方式来搭建平台，它有助于培养人们的确定性思维。而统计学的一个重要思想就是利用样本的信息来推断总体的有关信息，它以归纳的方式给人们提供了另一种有效的思维模式，即不确定性思维或统计思维。统计思维也是一种重要的思维方式，它和确定性思维一样成为人们不可缺少的思想武器。因为在自然界和实际问题中，具有严格确定性的事物十分有限，随机现象却是大量存在的。由不确定的数据进行推理是普遍而有效的方法，它能够帮助我们作出合理的决策，并能告诉我们犯错误的概率。运用数据进行推断，虽然不像逻辑推理那样有 100%的把握，但它可以使我们在利用常识不能作选择的时候作出某种决策，而且提供足够的信心。因此，学习统计的内容可以培养学生从不确定的角度来观察世界的数学内容，它能帮助人们在面对不确定性时作出决策。

第二章 数学文化视角下的教学案例

第一节 勾股定理

基本信息			
姓　　名	李然	学　　校	北京交通大学附属中学
年　　级	初二	教科书版本及章节	人教版八年级下第 17 章第 1 节
学习领域/模块	几何与代数		
单元教学设计			
单元学习主题	勾股定理		

1．勾股的发展历史

勾股定理有着悠久的历史，几乎所有文明古国（希腊、埃及、巴比伦、中国、印度等）都对它有所研究。“勾股定理”在西方被称为“毕达哥拉斯定理”，两种名称是两种不同的文化符号，它们表达着不同的文化内涵。勾股定理是世界史上的第一个里程碑[1]。

在我国最古老的数学著作——《周髀算经》的开头，记载着一段周公（西周著名的政治家，公元前 1100 年左右）向商高（周时的贤大夫）请教数学知识的对话如下。昔者周公问于商高曰：“窃闻乎大夫善数也，请问古者包牺立周天历度。夫天不可阶而升，地不可得尺寸而度，请问数安从出？”商高曰：“数之法，出于圆方，圆出于方，方出于矩……故折矩，以为勾广三，股修四，径偶五。”译文如下。从前周公问商高：“我私下听说你善于演算，请问远古者包牺氏（传说中的人物）对整个天空逐于量度之事是如何完成的，那天不能由台阶而上，地不能用尺寸来量，请问相关的数据是怎样产生的？”商高说：“……在对矩形（长方形）沿对角线对折时，会产生短边（勾）长为 3，长边（股）长为 4，斜长（弦）为 5 的直角三角形的比率。”故有人将“勾股定理”称为“商高定理”[2]。

[1] 黄尧. 勾股定理的发现及证明方法杂谈. 数学大世界：中旬刊，2017（3）.

[2] 吴中武. 勾股定理的历史与证明. 教育教学论坛. 2012（37）.

从以上的对话中可知，商高不仅知道勾股定理，还会运用勾股定理。在《周髀算经》卷上之二《陈子模型》中就有这样的记载。“侯勾六尺，即取竹，空径一寸，长八尺，捕影而视之，空正掩日，而日应空之孔。由此观之，率八十寸而得径一寸，故以勾为首，以髀为股，从髀至日下六万里而髀无影，从此以上至日，则八万里。若求邪至日者，以日下为勾，日高为股，勾股各自乘，并而开方除之，得斜至日。”陈子不仅知道并能熟练运用勾股定理，还能把勾股定理用作模型运用在天体测量之中。

在稍后的《九章算术》一书中（约在公元 50—100 年间），勾股定理得到了更加规范的一般性表达。书中的《勾股章》说：“把勾和股分别自乘，然后把它们的积加起来，再进行开方，便可以得到弦。”中国古代的数学家不仅很早就发现并应用勾股定理，而且很早就尝试对勾股定理作理论上的证明。最早对勾股定理进行证明的，是三国时期吴国的数学家赵爽。赵爽创制了一幅“勾股圆方图”，用形数结合的方法，给出了勾股定理的详细证明。他用几何图形的截、割、拼、补来证明代数式之间的恒等关系，既具严密性，又具直观性，为中国古代以形证数、形数统一、代数和几何紧密结合、互不可分的证明风格树立了典范。以后的数学家大多继承并发展了这一风格，只是具体图形的分合移补略有不同而已。例如，魏晋时期的刘徽在证明勾股定理时也是用了以形证数的方法。中国古代数学家们对于勾股定理的发现和证明，在世界数学史上具有独特的贡献和地位。尤其是其中体现出来的“形数统一”的思想方法，更具有科学创新的重大意义。

美国哥伦比亚大学图书馆内收藏着一块编号为“普林顿 322”的古巴比伦泥板，上面就记载了很多勾股数据。据猜测，约在公元前 3000 年的古巴比伦人就知道和应用勾股定理，他们还知道许多勾股数组。古埃及人在建筑宏伟的金字塔和测量尼罗河泛滥后的土地时，也应用过勾股定理。在公元前 2600 年前的古印度经文里，描述了如何通过构造直角三角形的斜边做出一个大正方形，其面积是这两个小正方形的和。

公元前 5 世纪，古希腊的著名数学家毕达哥拉斯提出和证明了勾股定理，所以在西方，勾股定理被称为“毕达哥拉斯定理”。相传，毕达哥拉斯到朋友家作客，受朋友家地板图案的启发，发现并证明了“直角三角形的两条直角边的平方和等于斜边的平方”。当时，毕达哥拉斯从平淡无奇的方形地砖密铺的地板图案中，发现了“等腰直角三角形的两条直角边的平方和等于斜边的平方”的奥秘，继而思考一般的直角三角形是否也具有类似的性质。通过探究，毕达哥拉斯想出了一种非常简洁的证明方法：设小直角三角形的两条直角边长分别为 a、b，斜边长为 c，拼成的两个大正方形面积相等，各去掉四个全等的直角三角形，剩余部分的面积相等，即可得到直角三角形的直角边长 a、b 和斜边长 c 满足 $a^2+b^2=c^2$，即“直角三角形的两条直角边的平方和等于斜边的平方”。这种证明方法在数学上还被称为“无字证明”[3]。据说，为了庆祝这一定理的证明，毕达哥拉斯学派宰杀了一百头牛来庆祝，所以这个定理也被称为百牛定理。

公元前4世纪，希腊数学家欧几里得在《几何原本》（第I卷，命题47）中给出了一个证明。欧几里得在写几何原本的时候经过推理，证明了一整套几何定理，而证明毕达哥拉斯定理则是整个第一卷推理的压轴。这也是目前资料里最早记录的最为严谨完整的几何证明方法。

此后，勾股定理的证明便成为很多人热衷思考的问题。1876年4月1日，加菲尔德在《新英格兰教育日志》上发表了他对勾股定理的一个证法。后来加菲尔德成为美国总统，所以这种证明方法也被称为总统证法。

1940年，《毕达哥拉斯命题》出版，此时已对勾股定理收集了近400种不同的证法，而人们对勾股定理和勾股定理证明的探究却并未停止。

在勾股定理的众多证明中，最富文化个性的是古希腊的欧几里得证法和古中国的赵爽证法。它们的过人之处在于各自独特的目标取向、逻辑起点、思想方法及其构图方式，而这些方面的特征代表着关于数学理性的两种不同的价值追求和表达方式。如果将两种证明思想相互融合、互为补充，则可使那些关于勾股定理证明的古老方法迸发出新的火花。

2. 勾股定理的数学文化价值

1）勾股定理的科学价值

勾股定理是联系代数与几何的桥梁，是数形结合的原始定理，无论是在数学的学习中还是在数学的研究发展中，都具有重要的科学价值。

勾股定理是第一个把几何与代数联系起来的定理，人们用图形去研究数、用数去研究图形。在勾股定理的内容上，数形结合被真正地体现。在勾股定理的证明与问题解决上，数形结合思想也被充分地应用。这些也是我们学习勾股定理的重点。

在数学的研究发展中，勾股定理的含义与方法被进一步分析，从不同角度进行了更深一步的拓展，这使得数学本质的研究更加深入，方法更加丰富。在对有理数的认知基础上，结合勾股定理的内容，就产生了无理数，建立了实数理论，这大大加深了我们对数的理解。勾股定理的证明方法大多是从几何图形构造与几何语言逻辑推理的角度出发，可以说勾股定理的证明是论证几何的发端，这对我们学习和应用勾股定理做几何问题的论证提供了重要逻辑语言。从方程的角度来看勾股定理，它提供了由已知两边求第三边的等量关系。同

[3] 张伟俊. 勾股定理史话. 初中生世界：八年级. 2015（12）.

时，勾股定理的公式$a^2+b^2=c^2$也是一个a、b、c为未知数的不定方程，它是历史上第一个给出了完全解答的不定方程，它一方面可引导到各式各样的不定方程，另一方面，也为不定方程的解题程序树立了一个范式[4]。在解决此类数学问题的拓展中，涉及了数学研究的多个分支，从解析几何延续到了代数几何。这些充分体现了勾股定理的探究在数学研究中的奠基作用，为多角度的学科分支研究与提出新的数学观点积累了科学文化基础。

2）勾股定理的人文价值

勾股定理被公认为数学最美的定理之一。由于它既可以用来计算边长，也可以用来确定角度和规划面积，因此在生产生活发展的过程中，勾股定理的应用始终发挥着重要的作用。古人用它量土地、测距离，设计祭坛和各种建筑。它的数学性质还被用来解决困扰着数学家的两个千古难题——推算圆周率和计算曲线长度。再后来，随着坐标系的出现，勾股定理直接渗透到人们对空间的理解中，在更多的学科知识中都能找到它的身影，从而大大推动了人们科技创新、生产生活的发展。

勾股定理是世界上证法最多的定理，它的证明方法多达400多种。发现这些证明的人不仅仅有数学家，还有文艺复兴时期的达芬奇，后来成为美国总统的加菲尔德，以及很多数学爱好者，其中还有几位中学生，这也成为了数学界乃至人类发展史中的一个传奇。它吸引了各行各业热爱探究问题的爱好者，也开拓了人们的思考与眼界，推动了人们对知识的渴望与创新。

勾股定理是一颗光彩夺目的明珠，在高等数学和其他科学领域也有着广泛的应用。1971年5月15日，尼加拉瓜发行了一套题为“改变世界面貌的十个数学公式”邮票，这十个数学公式是由著名数学家选出的，勾股定理是其中之首[5]。这无不体现出它在社会发展中的重要人文价值。

3. 教学设计中的数学文化渗透

勾股定理内容本身并不复杂，学生了解和记忆定理内容本身也并不困难。而勾股定理又是富含深刻数学文化、对代数与几何的研究有着重要基础和延伸发展意义的一个定理，那么是否渗透与如何渗透勾股定理数学文化则需要结合课程的要求及当下学生的发展情况。

《课程标准》强调：要在课堂中适当融入数学史。参考关注学生知识能力的发展也关注学生核心素养的发展理念，勾股定理的学习势必要融入丰富的文化背景，以使学生更有趣地参与学习，更深刻地理解知识的内涵，更灵活地应用所学的知识，从而具备更强的分

[4] 曹道民. 从勾股定理到费尔马大定理. 北京科普之窗，2000.

[5] 黄家礼. 几何明珠. 3版. 北京：国家行政学院出版社，2014.

析问题和解决问题的能力。

如何将数学文化融入教学、真正实现文化的渗透，是老师应当思考和学习的。

1）查阅数学文化史料，丰富知识背景，梳理与分享文化史料

通过课前布置学生查阅勾股定理的起源文化与证明发展等历史资料的任务，调动学生对所学知识的了解与喜爱，发散学生的思维；通过了解中西方勾股定理数学文化，让学生感受中西方数学思想的联系及知识的发展过程，理解各国之间应相互学习、相互促进，同时提升民族自豪感；通过搜索、阅读、思考、梳理、交流的学习过程，自主与合作的学习方式，更深入地拓展学生的学习能力。

2）采取从特殊到一般问题的探究策略，体会数学家的思维之路

建构主义认为，学生的知识构建过程要与学生已有的知识和经验联系在一起，不能简单地把数学知识重新组合，然后应用于实际生活中。在学习勾股定理时，宜从学习认知特点和学生的学习现状着手，该观念有很好的理论依据，考虑到学生的认知结构与历史相似性，应将理论与实践相结合进行分析，采取一定的教学策略与方法。

例如，在勾股定理引入的环节中，在学生分享勾股定理的文化背景后，我们仍需从毕达哥拉斯的瓷砖发现说起，从特殊的等腰直角三角形中勾股定理的证明，结合学生的已有知识，一步步去拓展证明。从边长是整数的等腰直角三角形，到边长是整数的一般直角三角形，再到边长为任意实数的直角三角形，证明方法逐渐一般化。这和数学家发现这一定理与证明该定理的过程是一样的，需要在课堂中让学生感受与渗透。

3）选讲经典证明方法，体会数形结合的数学思想方法

勾股定理的证明方法有几百种，应结合学生的知识理解水平，同时结合不同证明方法体现的代数几何思维方法，加强学生素养能力的培养，让学生充分体会数学思想方法，促进学生情感与文化的交流。下面在课本的基础上，拓展增补几种勾股定理的证明方法。

首先，基于课本，第一个学习探究的证明方法是我国古代数学家赵爽的证明。赵爽（公元 3 世纪）是我国第一个给出勾股定理证明方法的数学家，他利用弦图构图的方法，直观清晰地证明了勾股定理。这个证明方法的学习探究也将充分带动同学们的中国数学文化学习，增强学生的民族自豪感。

第二个学习探究的证明方法是毕达哥拉斯证明法。毕达哥拉斯是西方国家公认的最早发现勾股定理的数学家，了解他对该定理的发现与证明过程很有意义。在教学设计中，可以将他发现勾股定理的情境引入，从特殊到一般，引出勾股定理及其证明方法。据说，毕达哥拉斯对勾股定理一般情况的完整严谨证明丢失了，当前的毕达哥拉斯证明方法是后人进行推测的。毕达哥拉斯所用的证明方法是重排证明法，即将 8 个全等的直角三角形进行

了两种方式的拼接摆放，而两种拼接方式里蕴含着等量关系，所以这个证明方法侧重于代数计算的角度，这也是希望让学生充分体会的在勾股定理证明方法中的代数思维与方程思想。

和侧重代数的证明方法相对应，另一个值得拓展学习的证明方法，是欧几里得在《几何原本》中对勾股定理的证明，称为欧几里得证明方法。这种方法是完全从几何演绎的角度出发的，通过添加辅助线，构造全等三角形，再将 2 个小正方形等积变换为大正方形的面积。这个方法可让学生充分领略用几何方法进行证明的严谨与魅力。

除了以上三个典型方法，教学中还应补充 1876 年美国总统加菲尔德的证明方法与我国的两种现代证明方法。一方面，学生可以深刻体会到勾股定理的代数与几何特征，梳理学习分析问题与解决问题的过程；另一方面，也可激发学生对问题的探究欲，知悉人人都可以去思考勾股定理的证明。

4）拓展数学问题，深刻体会知识的应用与外延

加强课堂知识的落实，补充具有拓展意义的数学问题，可以增加学生进一步对数学文化知识的挖掘能力，激发其学习探究欲，使其更深地体会知识的应用，能解决更丰富更有趣的数学问题。

4. 学习者分析

开始本章学习前，学生已具备了三角形、二次根式等几何证明与代数计算的知识基础，有推理与运算的学习经验。同时，学生对几何图形的观察及分析推理已具备一定能力。部分学生的解题思维水平比较高，能够准确归纳所学知识，并能灵活应对数形结合的相关问题。

八年级学生大部分热爱思考，乐于交流，部分学生对拓展类问题研究有兴趣，也有部分学生对数学几何的学习逐渐产生畏难的情绪。为了更好地保持和调动学生学习的兴趣，本单元希望多布置一些能激发学生探究、增强学生知识的检索和查阅任务，再利用小组合作、课堂展示来加强同学间的互动交流分享，渗透数学文化的内容。

5. 单元学习目标与重点、难点

学习目标：

（1）通过查阅数学文化资料，了解和探索勾股定理的发展过程，体会勾股定理的证明方法。

（2）通过了解勾股定理及其逆定理的探索过程，理解这两个定理的联系和区别，能用这两个定理解决一些简单的实际问题。

（3）初步认识勾股定理及其逆定理的重要意义，会用这两个定理解决一些几何问题。

（4）通过具体实例，了解逆命题、逆定理的概念，会识别两个互逆的命题，认识到原命题成立时逆命题不一定成立。

（5）通过对我国古代研究勾股定理的成就的学习，渗透数学文化，培养民族自豪感；通过对勾股定理的探索和交流，培养数学学习的自信心。

重点：数学文化背景下勾股定理及其逆定理的理解与应用。

难点：勾股定理及其逆定理的实际应用，数形结合、问题转化思维方法的体会与应用。

6．单元整体教学思路

本单元学习的勾股定理，是直角三角形非常重要的性质，有极其丰富的内涵与广泛的应用。勾股定理不仅在平面几何中是重要的定理，而且在三角学、解析几何学及微积分学中都是理论的基础，对现代数学的发展也产生了重要而深远的影响。

因此，在学习这一章时，应基于课本知识，同时拓展学生对勾股定理数学文化背景知识的学习，以及对勾股定理及其逆定理的证明与应用的探索。具体内容可划分为 7 课时，在教师拓展学习任务、引导指导的情境下，学生在知识技能掌握的基础上拓展学习，分享交流，积累数学文化素养。进而对基本知识有更深刻的理解，同时渗透和体会数形结合、问题转化、方程思想等方面的数学思想，为后续的数学学习播种兴趣，奠定基础，并渗透思想方法。单元整体教学思路结构图如下。

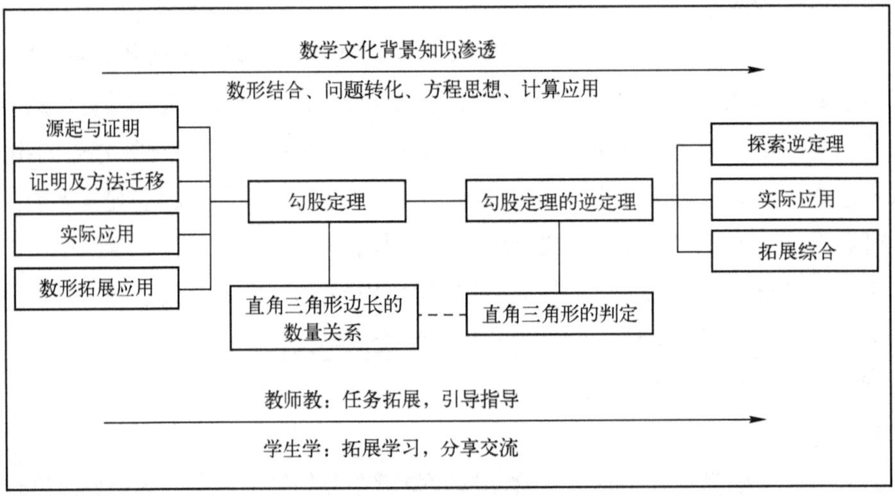

课时教学设计	
课题	**勾股定理的源起与证明**
课型	**新授课 ☑** 章/单元复习课□ 专题复习课□ 习题/试卷讲评课□ 学科实践活动课□ 其他□

1．教学内容分析

勾股定理指出了直角三角形三边之间的数量关系，这就搭建起了几何图形和数量关系之间的一座桥梁，从而发挥了重要的作用。

了解勾股定理的发现与探究过程，可以激发学生对数学文化的学习兴趣。勾股定理内涵丰富，证明方法多样，用以解决的问题也很灵活，有的贴近生活，有的拓展了综合三角形证明、二次根式等其他代数或几何知识，对这些内容和问题的探究过程有利于培养学生的计算能力、推理能力、问题解决能力与实际应用能力。

2. 学习者分析

知识基础：学生学习了三角形、全等三角形章节中的几何知识，也学习了整式乘除、二次根式章节中的代数知识。

能力水平：学生具备了用图形语言和符号语言表达几何的逻辑推理能力，同时，具备了实数与整式计算，以及用完全平方公式推导计算等运算能力。

可能遇到的困难：勾股定理的代数含义与几何含义间的转化与应用。

3. 学习目标设计

（1）通过课前检索、查阅，了解勾股定理的起源历史、文化发展，体验勾股定理及其证明的探索过程，渗透数学文化。

（2）分享交流勾股定理不同的证明方法，总结并体会勾股定理证明方法中蕴含的代数几何方法，进一步理解勾股定理内容的代数几何性质。

（3）梳理直角三角形三边的关系，能利用勾股定理解决一些代数问题与几何问题，积累解决问题的经验。

4. 学习重点、难点

重点：理解勾股定理的内涵与证明。

难点：代数与几何问题转化及数形结合思想的应用。

5. 学习评价设计

本节课的评价分为以下三个方面。

设置课堂分享任务：根据学生在分享活动中展示出的文字、语言表达，评价学生对本节课知识背景的了解情况；通过证明方法的讲解分享，了解学生是否已具备新知证明的推理能力。

课堂提问与观察：观察学生对概念的解读情况、解决问题的反应速度和灵活性，评价他们对于本节核心概念的理解掌握情况与数形结合方法的体会掌握程度。

作业反馈：通过课后作业的完成情况，检测学生对于本节知识与方法的掌握情况。

6．学习活动设计

教师活动	学生活动
环节一：勾股定理引入及数学文化渗透	
教师活动 1	**学生活动 1**
1）课前布置检索查阅任务 课前给学生布置查阅勾股定理的起源、文化发展、证明方法等任务。	学生通过网络检索或查找书籍期刊，阅读探寻勾股定理的内容与历史发展的过程。
2）课前指导学生整理资源 指导学生将查询到的资料进行梳理，制作演示 ppt，以便和同学们交流。	学生以小组为单位，每个小组选择一个任务主题，合作完成交流内容的 ppt。
3）课上多媒体分享展示 **教师**：今天我们进行勾股定理的学习，这是一个有着丰富数学文化的定理。它的内容不复杂但很神奇，它是如何被发现的？它有怎样的历史发展过程？让我们来看看同学们搜集到的信息。	三个小组依次展示： ① 勾股定理的内容与起源； ② 勾股定理在东西方文化中的发展与意义； ③ 勾股定理发现过程中有趣的故事。
4）以学生讲到的起源故事为开端，引导勾股定理的证明 	相传有一次数学家毕达哥拉斯应邀参加一位富有的政要的晚餐会，这位主人宫殿般豪华的餐厅铺着美丽的正方形大理石地砖，善于观察和思考的毕达哥拉斯凝视着脚下这些排列规则的方形磁砖，但他不是在欣赏磁砖的美丽，而是想到了它们和“数”之间的关系。于是他拿了画笔，蹲在地板上，选了一块磁砖，以它的对角线 AB 为边画了一个正方形，他发现这个正方形的面积恰好等于两块磁砖的面积之和。他很好奇，于是再以两块磁砖拼成的矩形的对角线为边画了另一个正方形，他发现这个正方形的面积等于 5 块磁砖的面积之和，也就是以两股为边

	所作正方形的面积之和。至此，毕达哥拉斯作了一个大胆的假设：任何直角三角形，其斜边的平方恰好等于另两边的平方之和。
特殊的等腰直角三角形三边之间存在数量关系，利用网格计算面积进行验证。 **一般的直角三角形有同样的结论吗？** 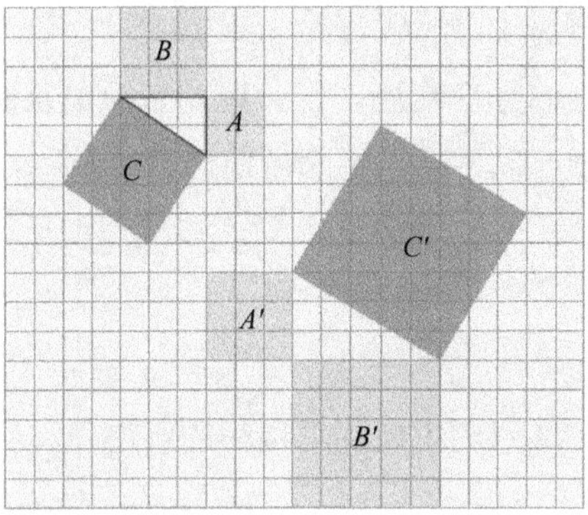	**利用网格来计算面积，可以验证勾股定理的内容成立。** 用割补法求倾斜的正方形面积，仍可利用背景网格证明勾股定理的内容成立。
参考背景网格，引导学生进行计算证明（割补法求面积）。	思考，回答。
教师提问：如果直角三角形没有嵌入背景网格中，你有什么方法证明吗？ **教师一方面总结可利用面积证明，另一方面引出更一般的直角三角形勾股定理的其他证明方法，以铺垫第二环节。**	思考，感知，体会。

设计意图：

这一环节具体体现三点细节：课前查阅任务的布置与指导；课上文化分享的交流引导；勾股定理从特殊到一般的发现及推导。前两点意在打破学生对课本知识的局限，结合信息化手段，培养学生自主学习探究的习惯，使其更深入广泛地了解数学知识的本源与内涵。第三点意在让学生明确勾股定理的具体含义与发现证明的具体逻辑。

本环节中，每位同学都可以去搜索他想了解的与勾股定理相关的知识，可能有的同学搜集到了定理的来源，有的同学搜集了定理的证明方法，还有的同学发现了东西方对勾股定理的争论，也有的同学了解到勾股定理还引发了数学史上的一次危机。这些都是拓展学生知识能力的重要机会，也为课堂展示做足了准备。同时，这也将带来课上分享的一点困扰，就是资料间的逻辑性如何体现，而这就是教师给予学生指导的重要意义。

关于本环节的第三点应特别说明，希望学生不要只关注在分享交流中的热闹，而要以数学发现的眼光和数学思考的视角，明确勾股定理的内涵，为进一步探究证明做好准备。

环节二：勾股定理证明方法交流

1）小组成果展示

每个小组学习一种证明勾股定理的方法，并进行讲解，分享给同学们（根据学生的知识背景，安排了 6 种典型的勾股定理证明方法，由 6 个小组分别学习，再讲解分享）。

（1）赵爽弦图证明方法。

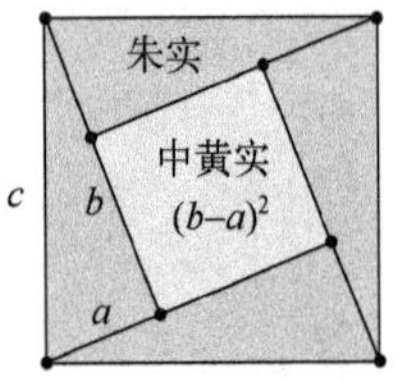

（2）毕达哥拉斯证明方法。

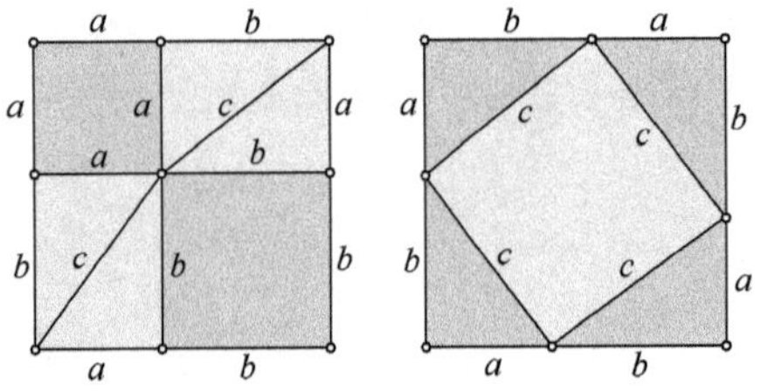

（3）欧几里得证明方法。

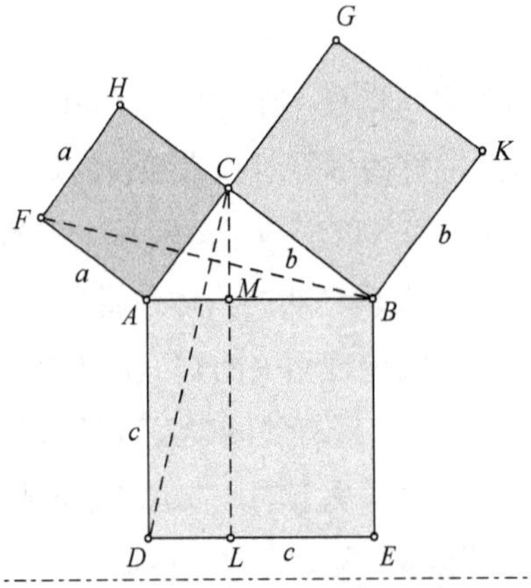

学生活动 2

在学习理解后，进行小组交流，课前共同制作讲解题目的 ppt 或文本，课上与同学们分享交流。部分证明可提前录制小视频，以备课上更顺畅地进行展示。

展示历史人物与讲解证明过程。

画图、拼图与证明方式相结合。

画图、做辅助线，讲解证明。

做三个边长分别为 a、b、c 的正方形，将它们拼成如左图所示的形状，使 H、C、B 三点在一条直线上，连接 BF、CD。过 C 作 $CL\perp DE$，交 AB 于点 M，交 DE 于点 L。

$\because$ $AF=AC$，$AB=AD$，

$\angle FAB=\angle CAD$，

$\therefore \triangle FAB\cong\triangle CAD$，

$\because \triangle FAB$ 的面积等于 $\frac{1}{2}a^2$，

$\triangle CAD$的面积等于矩形$ADLM$的面积的一半，

$\therefore$矩形$ADLM$的面积$=a^2$。

同理可证，矩形$MLEB$的面积$=b^2$。

$\because$正方形$ADEB$的面积

$=$矩形$ADLM$的面积$+$矩形$MLEB$的面积，

$\therefore c^2=a^2+b^2$，即$a^2+b^2=c^2$。

（4）1876 年美国总统加菲尔德证明方法。

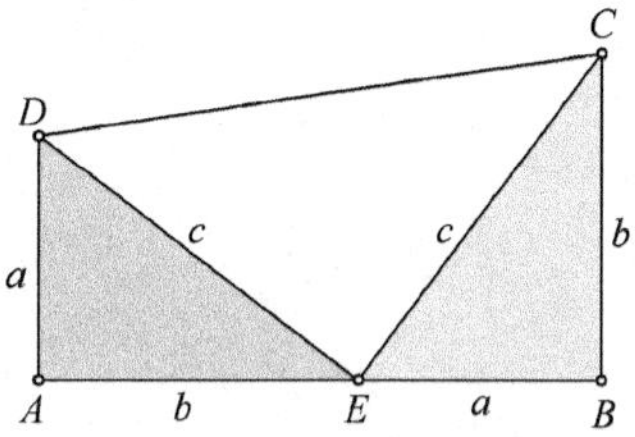

ppt 分享讲解。

（5）邹元治证明方法。

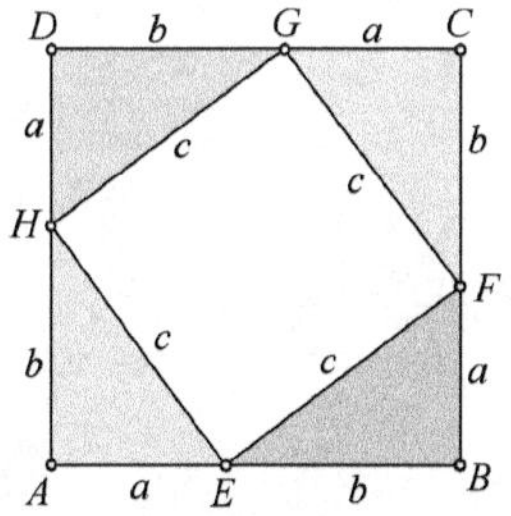

ppt 分享讲解。

（6）梅文鼎证明方法。

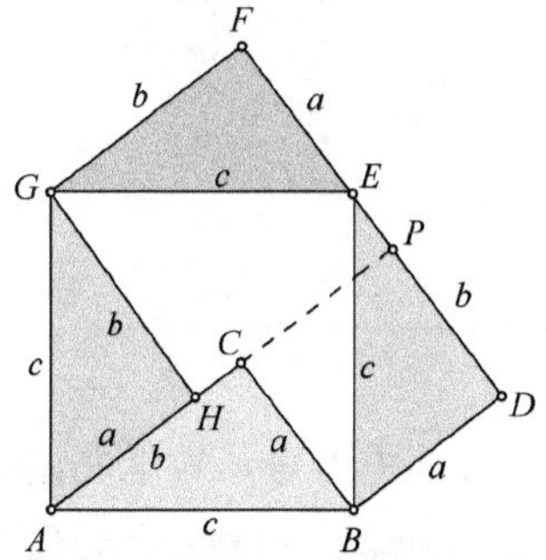

ppt 分享讲解。

2）方法总结与启示

（1）三类方法：

① 构图计算（代数方法）；

② 辅助线证明（几何方法）；

③ 变形转化（数形结合）。

倾听，表达，体会。

（2）由要证明的结论 $a^2+b^2=c^2$ 得到两点启示：

① 想到完全平方公式（代数）；

② 想到图形面积（几何）。

对以下图形有更深刻的理解。

3）勾股定理的三种语言

（1）文字语言。

如果直角三角形的两条直角边长分别为 a、b，斜边长为 c，那么 $a^2+b^2=c^2$ 。

理解，记笔记。

（2）图形语言。

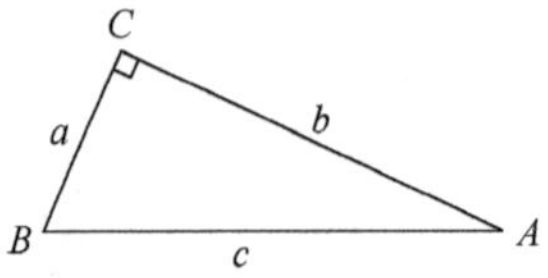

（3）符号语言。

Rt△ACB 中，$\angle C=90°$，

$\therefore a^2+b^2=c^2$ 。

设计意图：

学生以小组为单位学习并分享勾股定理的证明方法，一方面可从数学文化的角度加深对定理形成的认识，另一方面，可从构图等多种证明方法中总结归类，并体会勾股定理的代数几何特征，体会数形结合思想，为后续勾股定理的应用起到方法和思想上的指引作用，为解决相关问题提供经验参考。

通过让学生经历勾股定理的探索和证明过程，有助于丰富学生的数学活动经验，探究图形的基本元素之间的关系，多角度探究几何结构，经历空间推理过程；有助于学生获得更多的数学工具去探索和了解我们生存的空间；有助于发展学生的推理能力，理解证明的意义和过程，体会推理和证明的力量。

环节三：习题拓展与总结

教师活动 3	**学生活动 3**
1）运用勾股定理解决问题 （1）设直角三角形两条直角边长分别为 a 和 b，斜边长为 c。 ① 若 $c=10$，$b=9$，求 a； ② 若 $a:b=3:4$，$c=20$，求 a 和 b； ③ 若 $c-a=4$，$b=16$ ，求 a 和 c。	回答，求解，分享。
（2）已知直角三角形中，两边长分别为 $a=6$ 和 $b=8$，求第三边 c。	**学生 1：**（思维惯性）回答答案为 10；
（3）如下图所示，图中所有的三角形都是直角三角形，四边形都是正方形。已知正方形 A、B、C、D 的边长分别是 12、16、9、12，求最大正方形 E 的面积。 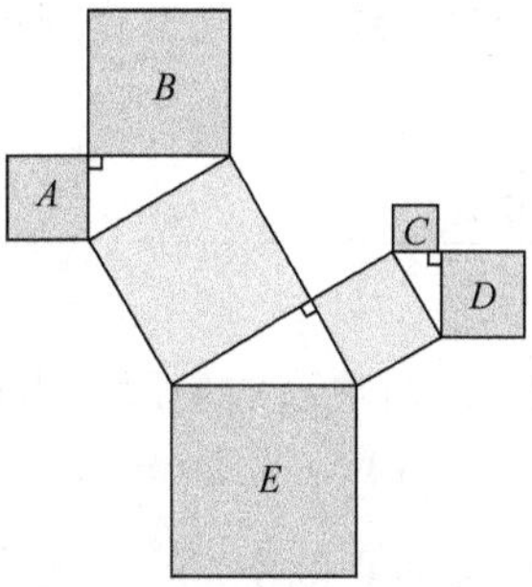 	**学生 2：**考虑到已知两边，但并未说明斜边是哪一条边，所以分情况讨论，求解。 在前面证明方法的铺垫下，学生很快反映出几个正方形面积间的关系，并利用勾股定理进行推理、计算。
2）拓展分享勾股树 结合以上问题的解决，拓展分享勾股树，让学生观察和研究图形的组成特点，可鼓励学生在课下继续研究，并分享自己的发现。	观察勾股树的特点，发现其是基本图形的迭代。 课后收集勾股树的相关资料，并与同学分享。
3）小结 让学生谈谈这节课的收获。	学生分享收获，感受不同文化背景下对知识的理解，同时，体会证明方法中渗透出

体会勾股定理中如何从代数与几何两个角度思考问题。	的几何代数综合思想，积累解决问题的经验。

设计意图：

通过问题，巩固勾股定理的理解与应用，实现数形结合的灵活转化。

问题 1 以问题串的形式，意在共同图形的背景下，通过等式计算或借助方程计算使学生能够灵活利用勾股定理中三边的等量关系；问题 2 打破学生对字母的惯性认识，使其能够根据题意，准确分析图形中各边的关系，有分情况讨论的意识；问题 3 意在考察学生数形结合计算的意识，也考察其对课上勾股定理的发现与证明方法的理解与总结，体会勾股定理等式本身包含的代数几何关系。

最后在此环节下补充了勾股树的分享，并对本节课进行了小结，希望学生感受到文化的熏陶与知识逻辑的建立。

7．板书设计

8．作业与拓展学习设计

（1）书 28 页/习题 17.1：1、7、8 题。

（2）寻找或设计生活中利用勾股定理解决的问题。

（3）继续探索思考与勾股定理相关的问题（如勾股树），整理研究报告或小论文。

9．特色学习资源分析、技术手段应用说明

利用 ppt 分享互动，利用小视频分享问题的讲解过程。

10．教学反思

本节课希望渗透勾股定理数学文化，丰富数学知识，同时通过对勾股定理证明方法的学习和总结，加深和拓展对勾股定理内涵的理解，既希望收获学生的喜爱，又希望收获学生数学逻辑的建立与数形结合、转化思想、方程思想等能力的提升。希望本节课带给学生的不只是丰富有趣的知识，还是分析问题与解决问题的重要方法和思想，更是创新意识培养的实验。

通过课上几个环节学生的表现，初步达到了设定的学习目标。在环节一的知识分享与问题解决中，同学们进一步熟悉和理解了勾股定理；环节二在定理证明的方法交流中，有同学很快总结出了数形结合的思想方法；在环节三的第 3 个问题上，学生的反应也比较快，说明前面的讲解目标得到了落实，在拓展阶段，一位同学提出的勾股树，充分表现了同学们对勾股定理的探究热情。

在小结环节及课后的沟通交流中，同学们表达了对这节课不一样的感受，觉得自己不只了解了勾股定理，还了解了勾股定理的历史和很多有趣的故事。还有的同学表示，在沿着历史发展的顺序研究勾股定理的证明过程中，充分感受到了数形结合的思想，对众多的勾股定理证明方法不只觉得神奇，也培养了他们总结和归类的能力，这也是本节课，以及本单元希望同学们收获和感受的。

本节课大胆设计，开放思维，拓展了学生知识，也积累了一点感悟：数学文化史的加入不只是为了将课上得漂亮，更重要的是要帮助学生更好地认识到数学知识的本质和内涵。另外，也感受到需进一步思考和解决的问题：在课程设计上，既想给学生更多的展示机会，又想让学生更清晰全面地理解知识，展、讲、练如何配合，时间上如何安排仍是课上课下需统筹的重要问题。

第二节　曲线与方程

<table>
<tr><th colspan="4">基本信息</th></tr>
<tr><td>姓　　名</td><td>李剑</td><td>学　　校</td><td>北京交通大学附属中学</td></tr>
<tr><td>年　　级</td><td>高二</td><td>教科书版本及章节</td><td>人教版选修一第 2 章</td></tr>
<tr><td>学习领域/模块</td><td colspan="3">几何与代数</td></tr>
<tr><th colspan="4">单元教学设计</th></tr>
<tr><td>单元学习主题</td><td colspan="3">平面解析几何</td></tr>
</table>

1．解析几何的发展历史

16 世纪以后，由于生产和科学技术的发展，天文、力学、航海等方面都对几何学提出了新的要求。例如，开普勒发现行星是绕着太阳沿着椭圆轨道运行的，太阳处在这个椭圆的一个焦点上；意大利科学家伽利略发现投掷物体是沿着抛物线运动的。这些发现都涉及到圆锥曲线（高考必考的重要内容），要研究这类比较复杂的曲线，之前的那套纯几何方法显然已经不适用了，这就导致了解析几何的出现。

科学的需要和对方法论的兴趣，推动了法国数学家费马和笛卡儿对坐标几何（解析几何）的研究。费马关于曲线的工作，是从研究古希腊几何学家，特别是阿波罗尼开始的。当时阿波罗尼的《论平面轨迹》一书久已失传，而费马是将它重新写出来的人之一。他用代数来研究曲线，并打算发起一个关于轨迹的一般研究，而这种研究是古希腊人没做到的。1629 年，他写了《平面与立体轨迹引论》一书，书中说，他找到了一个研究有关曲线问题的普遍方法。

费马的发现比后文提到的笛卡儿发现解析几何的基本原理还早 7 年。费马在书中还对一般直线和圆的方程，以及双曲线、椭圆、抛物线进行了讨论。在 1643 年的一封信里，费马也谈到了他的解析几何思想，指出："两个未知量决定的一个方程式，对应着一条轨迹，可以描绘出一条平面直线或曲线。"费马也领悟到坐标轴可以平移和旋转，从而给出了一些较复杂的二次方程，并指出它们可以简化到的简单形式（高中数学中复杂的方程表示图形往往可以通过坐标轴平移变为简单方程，但图形形状是不变的）。他肯定地得到如下结论：一个联系着两个变量的方程，如果是一次的就代表直线，如果是二次的就代表圆锥曲线。

笛卡儿对当时几何和代数的研究方法进行了分析和比较，他认为，没有任何东西比几何图形更容易印入人的脑际了，因此用几何这种方式表达事物是非常有益的。但他对欧几里得几何中的每一个证明都要求某种新的且往往是奇巧的想法这一点深感不安（在学习几何时，往往有这样的体会，有的几何证明方法实在是太精妙了，以至于都无法想象是怎么想出来的）。他同时强调代数的一般性及其将程序机械化和减小解题工作量的价值（用代数程序机械化的计算方法来解决几何问题比那些奇思妙想的几何作图更能让人接受）。他看到代数具有作为一门普遍的科学方法的潜力，同时也对当时通行的代数加以批评，认为它完全受公式和法则的控制，不像一门改进思想的科学。因此他主张采取代数和几何中一切最好的东西，互相以长补短，他所作的工作就是将代数用到几何上去。在这里，他对方法的普遍兴趣和对代数的专门知识，就组成了联合力量，于是就写出了《几何学》一书。

1637 年，笛卡儿发表了他的著作《方法论》，这本书的后面有三篇附录，其中一篇叫《几何学》，其中心思想是建立起一种"普遍"的数学，把算术、代数、几何统一起来。他设想，将任何数学问题化为一个代数问题，再将任何代数问题归结为求解方程式问题。为了实现上述设想，笛卡儿从天文和地理的经纬度出发，指出平面上的点和实数对（x,y）的对应关系，（x,y）的不同数值可以确定平面上许多不同的点，这样就可以用代数的方法研究曲线的性质。这就是解析几何的基本思想。

具体地说，平面解析几何的基本思想有两个要点：第一，在平面上建立坐标系，某点的坐标与一组有序的实数对相对应；第二，在平面上建立坐标系后，平面上的一条曲线就可由一个带两个变量的代数方程来表示了。可以看到，运用坐标法不仅可以通过代数的方法解决几何问题，而且还将变量、函数、数和形等重要概念密切联系了起来。

解析几何刚出现时却被大众冷落。费马和笛卡儿都分别研究了坐标几何，但因种种原因，使坐标几何的思想——用代数方程表示并研究曲线的思想，在当时没有很快地被数学家们热情地接受并利用（在科学史上，很多先进的思想和方法在刚出现时都有这样的待遇）。一个原因是因为费马的书《平面与立体轨迹引论》到 1679 年才出版，而笛卡儿的《几何学》中对几何作图题的强调，遮蔽了方程和曲线的主要思想。事实上，许多和他同时代的人，都认为坐标几何主要是解决作图问题的工具，甚至莱布尼茨说笛卡儿的工作退回到了古代。虽然笛卡儿本人确实知道，他的贡献远远不限于提供一个解决作图问题的工具，他在《几何学》的引言中说："我在第二卷中所作的关于曲线性质的讨论，以及考察这些性质的方法，根据我看远远超出了普通几何的论述。"但他利用曲线方程之处，确实被他的作图问题所掩盖。

坐标几何传播速度缓慢的另一个原因，是笛卡儿的书《几何学》写得晦涩难懂。书中许多模糊不清之处，是他故意造成的。他说欧洲几乎没有一个数学家能读懂他的著作，他只约略指出作图法和证法，而留给别人去填入细节。他在一封信中将他的工作比作建筑师的工作，只是定出计划，指明什么是应该做的，而将手工操作留给木工和瓦工。他还说：

"我没有做过任何不经心的删节，但我预见到，对于那些自命无所不知的人，我如果写的使他们能充分理解，他们将不失机会地说我写的都是他们已经知道的东西。"另外，他在《几何学》中指出，他不愿意夺去读者们自己进行加工的乐趣。的确，他的思想必须从其书中许多解出的例题里去推测，他表示，他之所以删去绝大多数定理的证明，是因为如果有人不嫌麻烦且系统地考察这些例题，一般定理的证明就变得显而易见了，而且依这种途径进行学习是更为有益的。影响坐标几何被迅速接收的原因，还有一个是许多数学家反对将代数和几何结合起来，认为数量运算和几何量的运算要加以区别，不能混淆。坐标几何传播被阻的最后一个原因是当时代数被认为是缺乏严密性的。上述种种原因，虽然阻碍了对费马和笛卡儿的贡献的进一步了解，但随着十六七世纪物理学、天文学和光学的快速发展，对几何学的要求越来越高，慢慢地很多人逐渐采用并扩展了坐标几何（数学推广最后还需落实到实际应用），使得解析几何得到了长足的发展。

2．解析几何的数学文化价值

解析几何的创立在数学发展史上具有划时代的意义，数学史和思想史对解析几何的数学结构及哲学观、方法论等做了诸多研究。解析几何的创立开拓了数学发展的一个新领域，正是由于这一新的数学理论的产生，近代科学、近代哲学理性认识论才最终得以形成。

解析几何充分体现了数学的简约美与和谐美。为了研究曲线，笛卡儿首先研究方程，再通过方程讨论曲线，这是数学思维方法中典型的化归原则。化归原则的核心内容就是转化和简化。笛卡儿将几何问题等价变换为代数问题，切入点是引入单位线段概念，解决问题的相应技术手段也就从几何的综合演绎方法中摆脱出来，而代之以代数的符号化和方程的方法。解析几何引入了变量的思想，使静态的代数方程与几何图形实现了动态的和谐统一。用代数方法研究几何问题揭示了数学发展的本质特征和必然趋势，这体现了数学的部分与整体的和谐统一。曲线与方程是解析几何的核心概念。曲线是宇宙空间形式的客观反映，方程是人类智慧的创造发明。曲线与方程统一在一个概念中，这体现了客观世界与主观世界的高度和谐统一。宇宙的空间结构复杂而多变，但是解析几何用几个简单的方程就能描述复杂而多变的曲线，这不仅是对无限丰富和永恒发展着的自然界和谐秩序的一个概括，而且使人类认识了一个新的曲线世界，也使认识新的宇宙空间变得更加清晰和容易。

近代数学的显著标志是将变量和函数引入数学，这是由常量数学过渡到变量数学的转折点。笛卡儿把坐标观念真正有意识地引入数学，把点动成线的观点具体应用到建立曲线的方程上，使得用方程来描述曲线成为可能。笛卡儿真正有意识地建立起了代数与几何的本质联系。他站在方程的高度，认为方程既是未知数与已知数的关系式，同时更是两个变量间的关系式，他将方程与曲线等量齐观。笛卡儿也使数学方法论取得了突破性的发展。

他提出了数学演绎法，将数学看作方法的科学，并将数学方法当作演绎推理的工具，将代数推理方法和逻辑相结合，使之成为普遍的科学工具。

通过解析几何的学习，学生应掌握用坐标法研究几何图形，进一步理解代数与几何的关系，通过对方程与曲线的研究，学会从“数”与“形”的角度去理解数学，认识世界，同时为后续课程的学习奠定基础。解析几何研究问题的基本思路是，基于所研究图形的几何特性，建立恰当的坐标系，代数化地表示几何图形，然后借助代数运算、变形等手段，分析图形的代数表征，获得并解释代数结论，最后分析几何图形的性质并解决问题。其思维基础是“数”与“形”的联系，一是几何要素，二是几何位置，三是关系推理。平面解析几何研究在“数”与“形”之间架起了一座桥梁，其蕴含的数学思想就是数形结合，在思维中只有数形协同，才能相得益彰。

3. 教学设计中的数学文化渗透

有关平面解析几何的学习应侧重于回答以下几个问题：①是什么？即平面解析几何是一门怎样的学科？②为何学？即为什么要学习平面解析几何？③怎么学？怎样才能学好平面解析几何？在数学史上，曾经有这样几位数学家，他们雄心勃勃，想创造一种能解决世界上一切问题的方法，笛卡儿就是其中一位。他们的设想是这样的：“任何问题—数学问题—代数问题—方程问题—求解方程—得到结论。”笛卡儿的数学思想是一个整体文化系统，具有广泛而深刻的文化内涵。解析几何思想的数学结构由核心概念、基本方法、数学原理三个层次构成。核心概念是曲线与方程，基本方法是几何问题代数化和代数问题几何化，数学原理是映射原理（或化归原则）。解析几何思想的数学结构是其整体文化系统的核心。在教学设计中应突出核心概念，落实基本方法，阐述数学原理。

环节一：核心概念统领教学。就是以曲线与方程概念为核心，总体统领解析几何知识结构，开展教学。布鲁纳认为，学科的基本概念、基本原理及其相互之间的关联性，知识的整体性和事务的普遍联系是学科的基本结构。无论教哪种学科，务必使学生理解该学科的基本结构。这种基本结构是学生必须掌握的科学因素，应该成为教学过程的核心。学生如果掌握了学科知识的基本结构，就可以独立地面对并深入新的知识领域，从而不断地、独立地认识新问题，增加新知识。同样的观点也在奥苏伯尔的意义学习理论中体现。奥苏伯尔认为，学生的学习，如果要有价值的话，应该尽可能地有意义，即意义学习。意义学习的先决条件之一就是要尽可能先传授学科中具有包摄性、概括性和最有说服力的概念与原理，以便学生能对学习内容加以组织和综合。曲线与方程概念是对解析几何内容广泛起作用的最基本的概念，也是解析几何知识结构中具有包摄性、概括性和最有说服力的概念。显然，以曲线与方程概念为核心的核心概念统领策略，正符合布鲁纳关于学科基本结构的教育原理，也符合奥苏伯尔关于意义学习的理论。

环节二：双向模式进行转换。首先，观察代数问题（或几何问题）的外部结构是否具有几何特征（或代数特征）；然后，根据代数问题（或几何问题）的几何特征（或代数特征）探索代数模式与几何模式之间的内在联系；最后，根据其内在联系构造解决问题的几何模式或代数模式。这里，最重要的是对代数模式和几何模式的辨认和识别，模式识别是知识迁移的前提。目前高中解析几何教学更多地侧重于几何问题代数化这单一的方面，忽视或忽略对代数结果的几何含义的分析，因而代数问题几何化方法没有得到充分体现，这也直接导致学生对数形结合思想理解的缺失。通过将代数模式转化为几何结构，可以强化代数直观；借助坐标系并利用几何性质对几何结构做代数解析，可以强化几何直观。因此，在高中解析几何教学中，应强化双向模式的转换，这不仅是让学生完整地学习解析几何思想方法的课程目标的需要，也可以培养学生逆向思维、直觉思维和抽象思维等能力，提升学生的模型意识和数学化分析、解决问题的能力。强调几何问题代数化后，要对代数结果做几何意义上的分析。以此反映客观世界的三方面特征——运动变化性，普遍联系性，永恒统一性；呈现三个方法层次——具体化的数学方法，一般化的科学方法，普适化的哲学方法。

4. 学习者分析

学生在初中阶段已经熟悉直线、圆等几何图形，并用综合法对其性质进行了研究，直线与圆是学生熟悉的图形。“椭圆、双曲线、抛物线”对学生来说是陌生的、未知的图形。用坐标法研究几何图形更是一种“崭新”的方法。

5. 单元学习目标与重点、难点

学习目标：

（1）通过对熟悉图形的再认识，打开研究几何问题的新视野，理解坐标法的含义，初步掌握用坐标法研究图形的基本思路；掌握图形性质，体会数形结合思想。

（2）通过对未知图形的研究，理解坐标法及其研究问题的基本思路，掌握图形的方程与性质，认识坐标法在研究几何图形中的价值，形成用坐标法研究几何图形的系统化经验。

（3）感悟数形结合思想，培养数学抽象、直观想象、数学运算、逻辑推理等数学素养。

重点：在平面直角坐标系中，认识直线、圆、椭圆、抛物线、双曲线的几何特征，建立它们的标准方程。

难点：运用代数方法进一步认识圆锥曲线的性质及其位置关系，运用平面解析几何方法解决数学问题和实际问题。

6. 单元整体教学思路

“平面解析几何”主题单元的教学思路：“平面解析几何”的主要内容是对直线、圆、椭圆、双曲线、抛物线这五种曲线的研究，每一种曲线的研究思路基本一致，由“问题情境—曲线方程—几何性质—位置关系”几个环节组成。因此，我们把本主题的教学结构确定为“纵向大单元，横向小单元”，整体呈现采取“总—分—总”的形式。纵向大单元，就是依据学生的认知基础和主题学习内容的相关性与独立性，分成若干个子主题单元，子主题单元又可以分成若干个微主题单元。这些子主题就构成了一个大的纵向的主题。

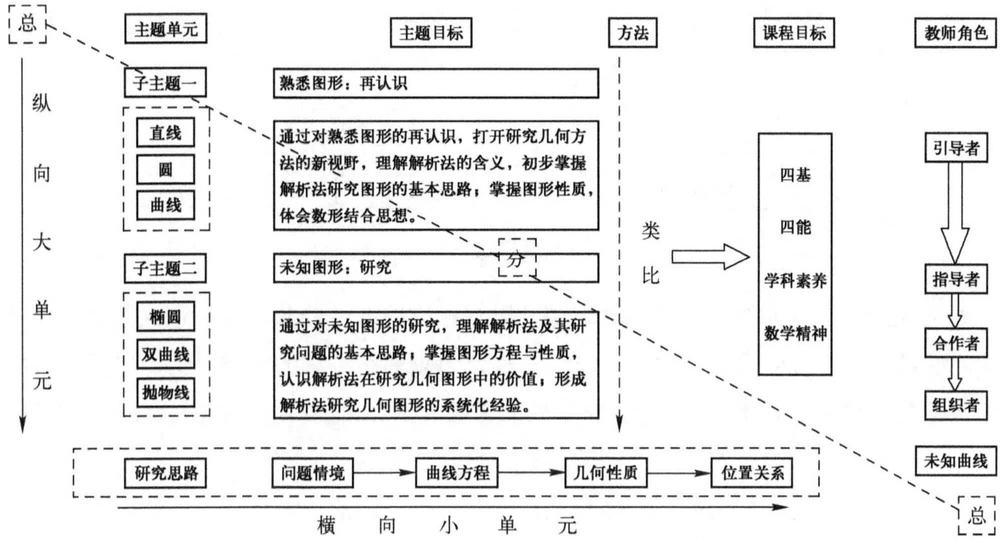

课程	课时安排
坐标法	1课时
直线及其方程	7课时
圆及其方程	5课时
曲线与方程	2课时
椭圆及其方程	4课时
双曲线及其方程	4课时
抛物线及其方程	4课时
直线与圆锥曲线的位置关系	2课时
单元复习课	5课时

课时教学设计

课题	**曲线与方程复习课**
课型	新授课☐　**章/单元复习课 ☑**　专题复习课☐ 习题/试卷讲评课☐　学科实践活动课☐　其他☐

1. 教学内容分析

解析几何是通过坐标法，运用代数工具研究几何问题的一门学科，它把数学的两个基本对象——“形”与“数”有机地联系起来。

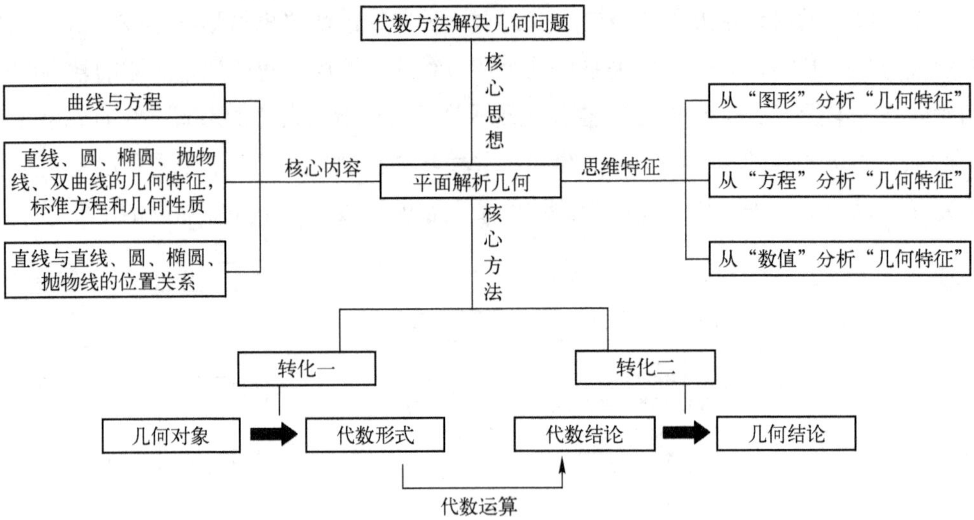

本节课的主题是曲线与方程的复习课，以与抛物线有关的曲线和方程为载体，求轨迹方程，通过曲线方程研究曲线性质。环节一是复习求曲线方程的方法：①定义法；②根据几何特征直接求曲线方程；③用坐标法求曲线方程。环节二是利用曲线方程研究曲线性质。本节课既是对前面学习过的核心内容的回顾，使学生掌握平面解析几何的核心方法和思维特征，同时提高学生的思维品质，体会数形结合的数学思想。

2．学习者分析

知识基础：学生已经学习了圆锥曲线等基础知识，了解了曲线与方程的概念，初步掌握了求曲线方程和由曲线方程研究曲线性质的方法，同时经历了坐标法和解析几何的思想，能够解决一些简单的问题。

能力水平：学生已具备一定的数学抽象、数学运算、直观想象的素养，具有一定的自主学习能力。

可能遇到的困难：在不化简方程的情况下，指出曲线的形状。

3．学习目标设计

（1）能够选择适当的方法解决曲线与方程的综合问题。

（2）体会数形结合和方程思想，提高直观想象、数学运算和数学抽象的核心素养。

（3）体验数学探究活动的过程，提高探索精神和创新意识。通过小组探究、讨论，增强合作意识。

4．学习重点、难点

重点：求曲线的方程，根据方程研究曲线的性质。

难点：根据方程指出曲线形状，化简方程。

5．学习评价设计

本节课的评价分为以下三个方面：

观察法：教学过程中，根据学生在探究活动中的表现来评价他们对于本节知识的掌握情况。

课堂提问：通过课堂提问，检测学生对于本节知识与方法的掌握情况。

作业反馈：通过课后作业的完成情况，检测学生对于本节知识与方法的掌握情况。

6．学习活动设计

教师活动	学生活动
环节一：创设情境，归纳方法	
教师活动 1 **问题 1：** **在平面直角坐标系中，**动点 M 到点 F（2, 0）的距离与到 l:x=−2 的距离相等，求 M 的轨迹方程，并说明理由。 通过具体例子对抛物线的定义进行补充：定点不在定直线上。 例子：动点 M 到点 $F(2,0)$ 的距离与到 l:x=2 的距离相等，轨迹是 x 轴。 **问题 2：** **在平面直角坐标系中，**动点 M 到点 F（2, 0）的距离比它到直线 l:x=−4 的距离小 2，求 M 的轨迹方程，并说明理由。 画出点和直线，分析几何特征，进行分类讨论，得到曲线方程。 还有什么方法？	**学生活动 1** 学生回答： 根据抛物线的定义，到定点距离等于定长的点的轨迹是抛物线。 抛物线方程为 $y^2=8x$，如下图所示。 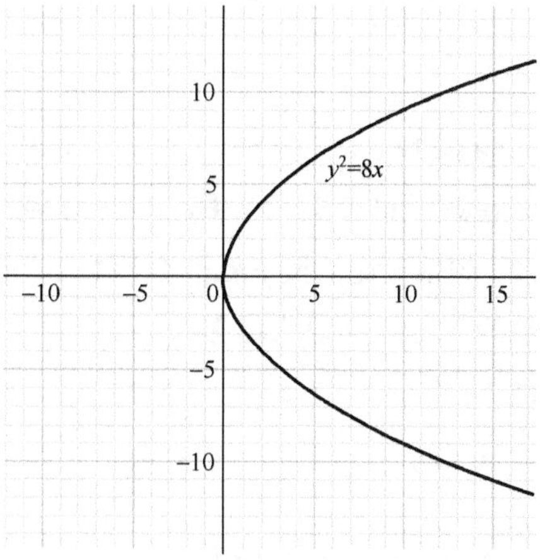 根据几何特征进行分析。 学生回答： 还可以通过坐标法求出曲线方程。

求动点 M 轨迹方程的一般步骤是什么？

学生回答：

（1）设动点M的坐标为(x,y)（如果没有平面直角坐标系，则需要先建立坐标系）。

（2）写出M要满足的几何条件，将几何条件用坐标法表示出来。

（3）化简并检验所得方程是否为M的轨迹方程。

学生板书：

设点$M(x,y)$，则

$\sqrt{(x-2)^2+y^2}=|x+4|-2$。

（1）当$x \geqslant -4$时，$y^2=8x$；

（2）当$x<-4$时，方程无解。

所以轨迹是抛物线，如下图所示。

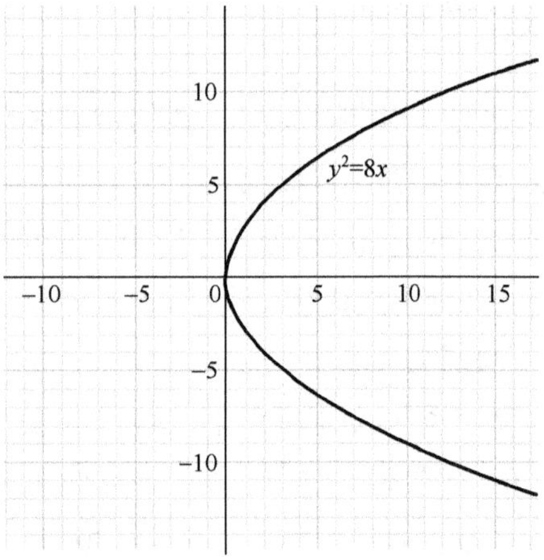

。

问题 3：

在平面直角坐标系中，动点M到点$F(2,0)$的距离比它到y轴的距离大2，求M的轨迹方程，并说明理由。

通过分析几何特征求方程。

用坐标法求曲线方程。

学生回答：

仍然是抛物线（正确答案：并不是抛物线，而是射线和抛物线的拼接图形）。

求轨迹方程的过程如下。

方程为$\sqrt{(x-2)^2+y^2}=|x|+2$。

小结：结合问题1～3，总结求曲线方程的方法有哪些？哪个方法好？好在哪里？

（1）当$x<0$时，$y=0$；

（2）当$x\geqslant 0$时，$y^2=8x$。

M的轨迹是抛物线和射线的组合，如下图所示。

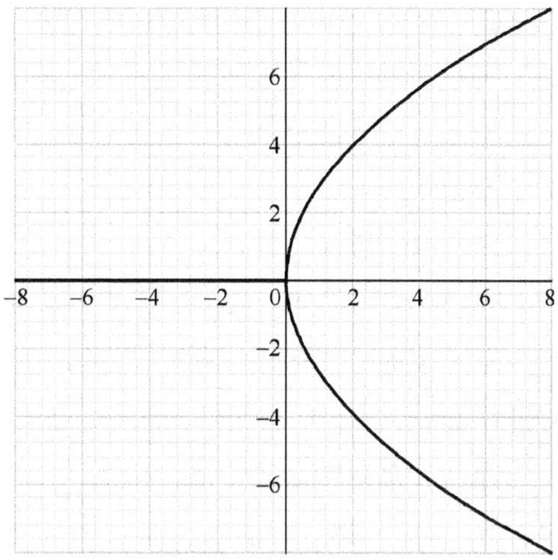

求曲线方程的方法如下。

① 定义法：直接写出方程；定义要准确。

② 几何法：分析几何特征写出方程；速度快。

③ 代数法：用代数等式表示几何条件；比较严谨。

设计意图：

核心概念统领教学。以曲线与方程概念为核心，总体统领解析几何知识结构，开展教学。曲线与方程概念是数形结合思想方法的内核，也是直线方程、圆方程、椭圆方程、双曲线方程、抛物线方程的上位概念。以核心概念统领解析几何教学，加深对解析几何课程的深入理解和整体把握，使学生获得普遍的认知迁移，使学科基本观念在记忆中得到巩固，为学生深刻理解解析几何的基本思想搭建平台。

数学文化教育离不开数学美的熏陶，教学中如果能让学生由衷地感受到数学之美妙，对其产生的影响将是无法估量的。深挖知识内涵，打通知识联系，将一些内在的规律用和谐统一的形式展示出来，将会给学生强烈的震撼，美感也就会随之而来。问题1

从学生熟悉的问题入手，复习抛物线的定义，用定义法求曲线方程，要求准确掌握定义内容。通过问题2和问题3与问题1的对比进行小结，总结求曲线方程的方法和步骤。本环节通过比较各种解决方法的优劣，几何直观，代数严谨，渗透数形结合的思想。从问题解决的基本环节落实本节课的重点，体会数形结合的思想方法，培养科学严谨的思维品质。环节一通过创设情境，唤醒学生对于已学相关知识的记忆，并进一步归纳、梳理，培养学生的抽象概括和语言表达能力，为后续的学习活动开展做铺垫。

环节二：合作探究，解决问题

问题4：

曲线 C 的方程为：$\sqrt{(x-2)^2+y^2}+|x+2|=5$。根据曲线方程，研究曲线C的性质，并根据性质作出轨迹曲线，化简方程进行检验。

曲线C是平面内到定点 F（2，0）和定直线 l:x=−2 的距离之和等于5的点的轨迹，求轨迹方程，在不化简方程的情况下，作出轨迹曲线。化简方程进行检验。

$$\sqrt{(x-2)^2+y^2}+|x+2|=5$$

（刚才研究距离之差，现在研究距离之和）

探究活动：

关于曲线 C，你还可以提出哪些问题？请小组合作，提出问题，解决问题。

学生活动2

$\sqrt{(x-2)^2+y^2}+|x+2|=5$ 方程是抛物线吗？

根据方程分析几何性质。

1）根据几何性质画出草图

2）严谨画图

求解方程，发现是拼接的抛物线。

（1）当$x\geqslant-2$时，$y^2=-2x+5=-2\left(x-\frac{5}{2}\right)$；

（2）当$x<-2$时，$y^2=18x+45=18\left(x+\frac{5}{2}\right)$。

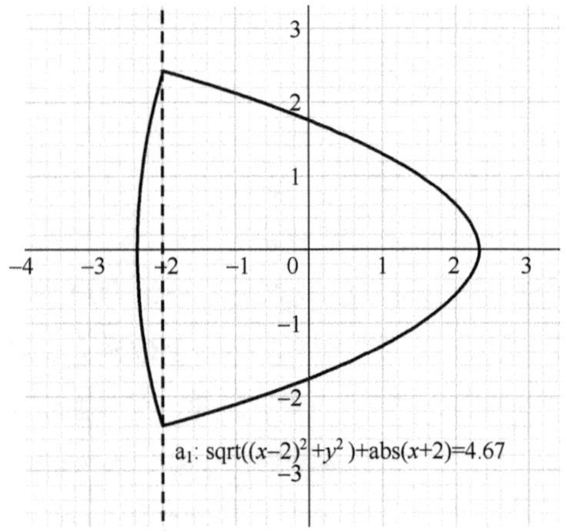

可能的答案如下。

（1）对称性。

（2）特殊点。

（3）范围：

x、y 的范围。

曲线到原点距离的范围。

顶点在曲线顶点构成的四边形面积。

三角形面积最大值：两个顶点在轴上，另一个顶点在曲线上。

PF 的范围。

（4）与某圆是否有公共点。

（5）曲线的面积（微积分）。

（6）共焦点。

学生通过小组合作进行学习，互相启发，发现问题、提出问题、解决问题，展示成果。

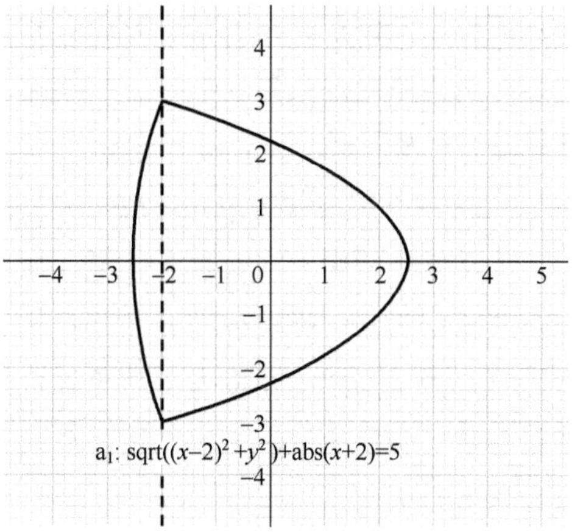

两个开口相对的抛物线的拼接。

设计意图：

从宏观上看，解析几何中的数学模式包括代数模式和几何模式，并直接体现在数形结合思想上。通过代数模式转化为几何结构，可以强化代数直观；借助坐标系并利用几何性质对几何结构做代数解析，可以强化几何直观。环节二是根据方程研究曲线的性质。可以先做出曲线的草图，通过化简方程进行检验。数学语言是数学思维的载体，是数学理论的基本构成成分，所以数学文化教育离不开数学语言的感悟。

本环节设计了开放性探究活动，还可以研究曲线的哪些性质？学生分组、讨论、探究，发现问题、提出问题，并且能够分析问题、解决问题。学生体验合作探究学习的过程；体会几何特征可以优化代数运算，同时代数方法又可以帮助几何推导，要在具体的情境下，选择合适的方法来解决问题；体会几何问题的代数化和代数问题的几何化。在教学过程中，通过渗透平面解析几何的文化及数形结合的思想，培养学生的数学抽象和数学运算核心素养；同时，通过对问题的深度剖析，培养学生的探索精神和创新意识；通过小组探究、讨论，培养学生的合作精神。

环节三：课堂小结，作业布置

教师活动 3

1）课堂小结

总结本节课的学习内容。

学生活动 3

学生分享本节课的收获（解决问题的思路、感受）。

① 几何问题代数化。

② 代数运算的几何意义。

2）作业布置

拓展：

通过改变定点、定直线、差或者和的大小，试问曲线变化情况如何，利用图形计算器进行演示。

$$\sqrt{(x-b)^2+y^2}=|x-c|+a$$

为了便于研究，我们控制变量，如只改变差 a 的大小。你能说明 a 引起变化的原因吗？请从不同的角度做出解释。可以在课后进行小组研究，得出结论，形成一篇数学小论文。

③ 图形计算器的使用感受。

学生课下完成作业。

a、b、c 共同决定曲线，a、b、c 共同决定焦点，c 决定临界线。

当$a<-2$时，无曲线。

当$a=-2$时，为 x 轴正半轴的射线。

当$-2<a<2$时，为抛物线。

当$a=2$时，为抛物线和x轴负半轴射线的拼接。

当$a>2$时，为开口向外的两个抛物线的拼接。

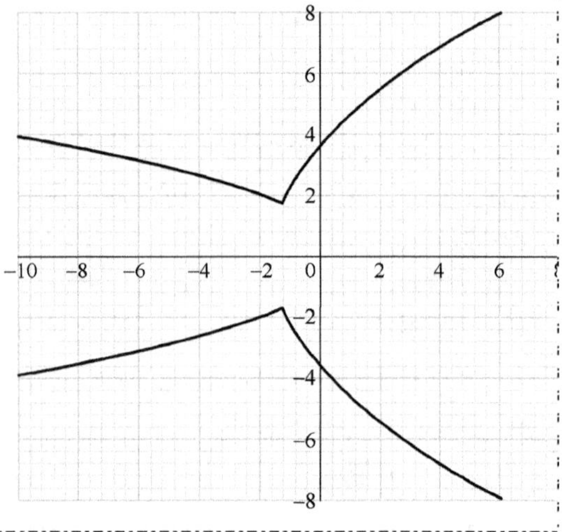

设计意图：数学文化的教育还应包括介绍所学知识内容的价值，让学生消除“学了有什么用”的疑问，依据知识内容的特点从多个维度阐述学习的意义，特别是其在实践中的应用价值。本环节师生共同梳理本节课探讨的曲线与方程问题。解析几何是几何学的一个分支，是通过坐标法运用代数工具研究几何问题的一门学科，它将形与数有机地结合起来：一方面，将几何问题代数化——用代数的语言描述几何要素及其关系，进而将几何问题转化为代数问题；另一方面，将代数问题几何化——分析代数语言的几何含义，使代数语言具有直观形象的几何解释。另外，还可以利用信息技术发现问题、规律及解决问题的方向，但仍将回归到数学本质，利用学习过的知识进行计算或推理证明。在作业布置中，通过改变定点，定直线和大小关系，利用图形计算器演示，还可以得到新的曲线。本环节紧扣本节主题，巩固学习目标，引导学生深入思考，继续探讨曲线与方程的相关问题。

7．板书设计

曲线问题探究	
问题 1　问题 2 （解答过程略）	问题 3　问题 4 （解答过程略）

8．作业与拓展学习设计

根据本节课的研究思路，研究曲线与方程问题。

9．特色学习资源分析、技术手段应用说明

本节课在环节三借助了图形计算器的函数作图和图像分析功能，可以实现数形结合，同时，可以直观地绘制各种图形，并通过改变参数进行动态演示跟踪轨迹。学生利用图形计算器的作图功能可以更方便地发现参数变化时曲线的变化规律，然后再用代数运算进行解释说明，使学生领悟几何问题代数化和代数问题几何化的思想。

10．教学反思

数学课程是高中阶段的重要内容，在课堂教学活动中融合数学文化，有助于开阔学生的知识视野，并促进学生数学素质的不断提升。只有让数学核心素养在课堂上落地生根，才能让学生学会用数学眼光观察世界，学会用数学思维分析世界，学会用数学语言表达世界。本节课是一节单元复习课，以圆锥曲线的核心知识作为载体，复习解决曲线与方程问题的一般方法。亮点是通过问题串的形式进行单元复习，比较解决问题的各种方法的优劣。几何直观，代数严谨，渗透数形结合的思想，突破重点难点，突出核心知识学习和关键问题解决，学生在课堂上参与感强烈，课堂生动，通过小组合作解决了较复杂的综合性问题，对解决实际问题具有借鉴意义。不足之处：由于时间的关系，小组讨论后没有让更多的同学进行展示。改进措施：教师是课堂的设计者，应增加教师的引领作用，将更多的时间留给学生去表达。

第三节 坐 标 法

基本信息			
姓　　名	陈蕾	学　　校	北京交通大学附属中学
年　　级	高二	教科书版本及章节	人教 B 版选择性必修一 第 2 章第 1 节
学习领域/模块	几何与代数		
单元教学设计			
单元学习主题	平面解析几何		

1．坐标系的形成与发展

坐标的产生源于位置参考的需要。为了说明质点的位置、运动的快慢、方向等，必须选取其坐标系。坐标系的产生最早可以追溯到公元前 1 世纪，古希腊天文学家喜帕恰斯运用经度和纬度标出了天空中各点的位置，这样相当于以天空为背景画出网格，以此可以标记并快速找到各类天体。

后来古希腊数学家将这种网格坐标进行了改进，他们在网格所在的平面底部画出一条水平线，在左侧画出一条垂直线（也可以是倾斜的），这样平面内任意一点的位置便可通过该点到水平线和垂直线之间的距离来确定。关于这一方法被何人首先引入目前已无法考证，但之后阿波罗尼斯的成果将几何带到了现代坐标系的面前，今天使用的椭圆、抛物线和双曲线的定义就是他在著作《圆锥曲线论》中给出的。在阿波罗尼斯建立的坐标系中，水平线称为“直径”，在圆锥图形中，将过顶点到该“直径”的直线距离称为“拓展”，而这里的“直径”“顶点”“拓展”就是后来的“x 轴”“坐标原点”“y 轴”。右图就是阿波罗尼斯在《伟大的几何》中的插图，从中可以明显看到一些现代坐标系的影子，但从外形上可以看出，坐标轴只是一条直线，并没有方向，也没有负半轴，相当于现代坐标系中的第一象限。

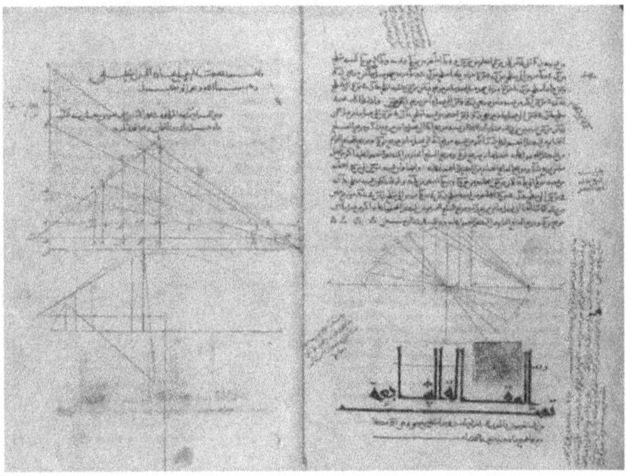

继《圆锥曲线论》之后，几何学在很长时间内都没有实质性的进步，相应地，坐标系

的发展也陷入了瓶颈，直到 17 世纪费马和笛卡儿带来他们的成果。1629 年以前，费马便着手重写阿波罗尼斯失传的《平面轨迹》一书，并撰写了论文《平面与立体轨迹引论》，其中指出："两个未知量决定的一个方程式，对应着一条轨迹，可以描绘出一条直线或曲线。"费马的发现比笛卡儿发现解析几何的基本原理还早 7 年。费马在书中还对一般直线和圆的方程，以及双曲线、椭圆、抛物线进行了讨论。右图就是费马用坐标图形表达的曲线方程，他利用坐标系表示了代数方程。

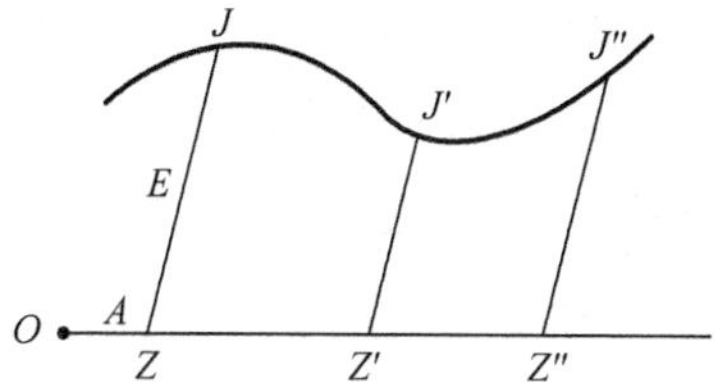

同一时期，笛卡儿在生病卧床时，看到屋顶墙角落的一只蜘蛛，拉着丝垂下来，又顺着丝爬上去，这一现象也让他一直百思不得其解的问题有了突破。他一直在思考如何能将直观的几何图像与抽象的代数方程结合起来，看到蜘蛛结网的画面后，他便想：可以将蜘蛛看作一个点，它可以在房间里上下左右移动，每个位置可以由一组数据确定，如果将地面上的墙角作为起点，将它引出的 3 条线作为 3 个数轴，那么空间中任意一点的位置都可以在这 3 个数轴上依次用 3 个数字表示。反之，如果任意给定一组 3 个有序数，可以在空间中找到一个点与之对应。同样，平面上的点可以用一组数（x，y）来表示，平面上的点也可以用有序数组（x，y）来表示。

右图就是笛卡儿使用的坐标系，他设定一条直线作为基线（现在叫 x 轴），然后设定另一条与基线相交且呈固定角度的直线（现在叫 y 轴，但当时还没有明确的 y 轴，直到 100 年后一个叫克莱姆的瑞士人才正式引入 y 轴）。他没有要求 x 轴和 y 轴互相垂直。但他将点与有序数组一一对应了起来。

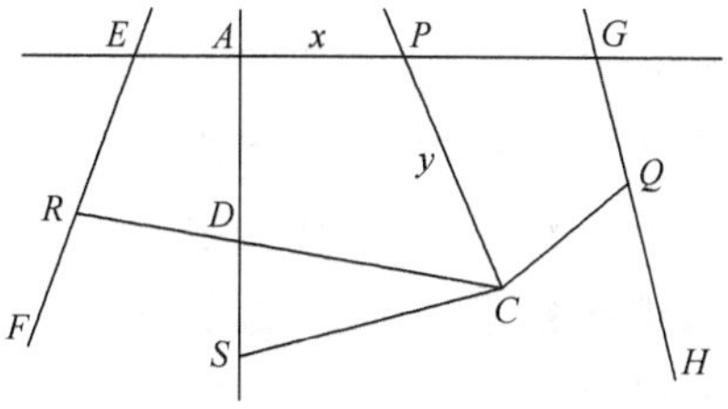

然而，笛卡儿、费马等人对坐标系的研究，依然没有引入负半轴，直到沃利斯的出现。沃利斯是一位英国牧师和数学家，高中数学中的∞符号就是沿用了他的发明，他在坐标系上的贡献就在于引入了坐标负半轴，使得解析几何的研究由第一象限推广到 4 个象限。笛卡儿当初用的坐标系并非现在用的坐标系，只是在第一象限。笛卡儿也没有使用过"横坐标"和"纵坐标"的名称。"纵坐标"是莱布尼茨在 1694 年正式使用的，而"横坐标"则被沃尔夫等人在 18 世纪才引入。至于"坐标"这个词，也由莱布尼茨于 1692 年首先使用。虽然今天的直角坐标系是经过后人的不断完善才形成的，但是由于笛卡儿迈出的第一步是决定性的，所以人们还是将后来的直角坐标系叫作笛卡儿直角坐标系。

可以看到，在 17—18 世纪，坐标系的标准是一个 x 轴，以及一个与 x 轴垂直或成某一角度的 y 轴。还有一些根据其他标准建立的坐标系，例如，牛顿采用固定点和通过该点的直线作为标准（类似于极坐标），他还采用了双极坐标，即点的位置决定于该点到 2 个固定点的距离。不过，牛顿的这些成果大约形成于 1671 年，却到 1736 年才得以出版。而雅各布（1654—1705）于 1691 年就在《教师学报》上发表了有关极坐标的成果，因此通常认为是雅各布首先发明了极坐标。

17 世纪中后期，拉伊尔（1640—1718）、约翰（1667—1748）、帕朗（1666—1716）、欧拉（1707—1783）等人的工作，又将平面坐标系发展成为空间三维坐标系。

经过上述发展，目前所用的坐标系有笛卡儿直角坐标系与笛卡儿斜角坐标系，根据所表示的维度不同，又分为平面直角坐标系与空间直角坐标系。除此之外，还有平面极坐标系、柱坐标系和球坐标系。之所以没有将坐标系统一为某一固定种类，则是因为很多人在实践中发现，在不同的场景下，使用不同的坐标系统更加方便。

2．坐标系的数学文化价值

《课程标准》中指出：数学文化是指数学的思想、精神、语言、方法、观点，以及它们的形成和发展；还包括数学在人类生活、科学技术、社会发展中的贡献和意义，以及与数学相关的人文活动。坐标系的发展历史，是数学史上重要的内容，将数学史融入高中数学具备其应有的意义。数学课程有很多板块及章节，《课程标准》将高中数学分为“函数”“几何与代数”“概率与统计”等板块，在学习的过程中，学生经常感到各章节之间联系不够紧密。数学史的引入，则可以在一些章节的衔接处进行知识铺垫，遵循了学生的认知规律。将数学史引入高中教学具有以下意义。

第一，提升学生的学习兴趣和人文素养。在教学中介绍相关数学史，可以让学生了解知识点的历史，深入数学的本质，看到该知识点背后的故事，学习数学名家们的精神，提高学习的兴趣与主动性。

第二，有利于培养学生的数学核心素养。通过数学文化的介绍，可以帮助学生了解数学思想的起源，拉近数学与实际生活之间的距离，帮助学生在数学的视角下发现、分析问题，从更广泛、跨界的背景中观察对象，形成更加全面而深刻的认知与见解。

第三，有利于数学教学的有效性。将数学史融入高中数学教学，通过激发学生的学习兴趣，可促进学科核心素养及科学的数学价值观的有效形成，从而提升学生学习的质量与效率，教学的有效性也将随之得到稳步提升。

另外，数学史的多元文化因素能够激发教师对数学的兴趣，深化教师的数学理解，有助于教师建立数学教学的科学信念。教师在深入挖掘教材中蕴含的数学文化时，其对教材的理解将愈发深入，教学的能力也会随之不断提升，教学的有效性亦随之得到提升。

对应到本节课的教学中，坐标系的数学文化价值具体表现为以下三点。

坐标系的形成与发展，体现了数学语言的拓展与关联，是符号语言与图形语言的有机结合，并逐渐由知识版块串联形成知识网络。这也提示我们在日常学习中，要善于观察，善于总结与联系。这一演变历程，将复杂化为简洁，从而便于人们学习与应用，其中无一不体现了长期以来科学家们的钻研精神，为后人的学习给予了精神上的鼓舞。

坐标系的应用，体现了数学中转化与化归的思想，即将几何问题转化为代数问题，使之借助代数的方法得以解决。这正是坐标系在整个解析几何中发挥的巨大作用，也是解析几何的意义所在，它将“数”与“形”对应起来，在代数与几何的研究领域中交相辉映，也为一些难题的解决提供了思路。

另外，坐标系的应用并不止于此，其在天文、物理中的应用也十分广泛，这种学科之间的互相启发与交叉应用在现在的研究中也十分重要。例如，金融中的相关问题为数学的应用提供了素材，而数学的研究与发展也不断为实际问题的解决提供新方法。一方面，数学中的很多问题源于实际应用，另一方面，数学又可以解决很多实际问题，这便从历史的发展中回答了学生们常常存有的疑问：“为什么会有数学？学数学有什么用？”当有更多的学生了解到这些后，学生学习数学的兴趣与动力将会得到极大提高。

3. 教学设计中的数学文化渗透

下面以第一课时“坐标法”为例介绍在各环节如何进行数学文化渗透。

引入环节：在课堂开始简单介绍坐标系的形成与发展历程，从力学、天文学、数学多个角度让学生感受到建立坐标系的意义，以及在坐标系还没有建立时这些学科是如何发展和演绎的。学生学习的坐标系看似简单，但其形成的过程却十分漫长。通过对这段历史的学习，一方面，可以让学生了解古代天文学家、数学家的艰苦创造经历，学习他们身上坚忍不拔的品质、对科学的好奇心与探索精神；另一方面，也可以让学生感受到数学的简洁之美。

知识生成环节：学生经历从一维到二维的学习过程，这是无论在学习还是在研究中都常用到的思路，在这一过程中，学生也要思考如何将一个新知识进行推广，以及能否推广诸如此类的问题，从简单的教学环节中形成对学习的设问，并培养数学思维，反之，在遇到复杂问题时，要学会将其拆解，也就是数学中的降维。

知识应用环节：用两道例题分别说明方法的总结与方法的应用都要符合科学发展的规律，这同样是“为什么学数学”与“学数学有什么用”这两个问题在课堂中的微观体现。虽然这一问题的情境本源仍是数学，但这一应用可以让学生感受到数学不同知识板块之间是有通道的，它们可以通过合适的方法联系起来，并感受到数学知识体系的和谐统一之美。另外，在这里也可以提示学生，所谓“有用”并非都能立即感受到实在的用处，它可以是一种积累，也可以是学科内部的互动，但这种积累与互动将会在之后的学习或实际应用中发挥作用，正如“无用之用，方为大用”。在数学课堂中，同样充满着哲学之思，这也将对我们日常的生活有启示作用。

课堂总结环节：《礼记》中有言“博学之，审问之，慎思之，明辨之，笃行之”，突出了在学习知识时，广泛涉猎仅仅是学习的开始，后续的学习更需要周全的思考与针对性的设问，这一环节就是帮助学生践行这句话。通过设问与总结，辨析学习的重点，抽丝剥茧抓住核心，并加以深度思考，通过“外部世界的表达”加上“在行为层面的落地”的总结方式，帮助学生“学问思辨、身体力行”。而只有将这一观点渗透在每一节课堂中，才能在数学课堂中培养学生的思考习惯，锻炼学生的思维深度，让他们真正走进数学，并感受到我们常说的“用数学的眼光看世界”的美妙之处。

4．学习者分析

（1）知识基础：学生在初中阶段已经学习了一次函数、反比例函数、二次函数的解析式，能做出函数图象；在高中阶段已经学习了平面向量，能将向量与坐标对应起来。

（2）能力水平：经过初中的学习，能将直线、双曲线、抛物线与函数解析式对应起来，有了几何对象与代数表达的初步认识；能理解向量与坐标之间的联系，感受到向量是连接几何与代数的工具。

（3）可能存在的问题：对于高二普通班的学生，他们对知识点的掌握往往是割裂的，没有形成网络，在解决问题时不能进行灵活应用，进而在遇到思维链长的问题时，缺乏解决问题的思路。

5．单元学习目标与重点、难点

（1）构建《平面解析几何》知识框架，明确本单元的关键知识；

（2）总结解题的思路，体会解析几何的基本思想：用代数方法解决几何问题；

（3）提升直观想象、数学运算、数学建模、逻辑推理和数学抽象素养，体会转化和划归的数学思想方法。

6．单元整体教学思路

1）整体大单元

《课程标准》在本单元的教学提示中指出：本主题的研究对象是几何图形，所用的方法是代数方法。应引导学生经历以下过程：首先，通过实例了解几何图形的背景，进而结合情境描述图形的几何特征与问题，再结合具体问题合理建立坐标系，用代数语言描述这些特征与问题，最后借助几何图形特点，形成解决问题的思路，通过直观想象和代数运算得到结果，并给出几何解释，解决问题。即学生需经历发现问题—描述问题—解决问题这样一个完整的数学建模过程，从数学学习的角度，可以提升学生的直观想象、数学运算、数学建模、逻辑推理和数学抽象素养；从认识世界的角度，学生可以感受到数学在实际应用中发挥的巨大作用，对数学学科的认识也更全面，会用数学的眼光来认识世界，研究事物。

单元设计在整体上应贯彻落实这一过程，并将这一过程的重要环节与方法在恰当的时候，予以总结强调。

首先介绍坐标法，工具先行，从内容上回顾一维、二维中常用的量（中点，两点间的距离公式），介绍坐标法的一般步骤；从方法上，引入坐标系和坐标法，开启用代数手段解决几何问题这一研究方向，将数与形统一起来。接下来，通过两个在初中数学中已经接触过的几何对象——直线与圆，进行用坐标法研究几何问题的实践，这比较符合学生学习的最近发展区，在实践中尝试梳理用代数方法解决几何问题的一般思路，并在“曲线与方程”一节中进行总结，从内容上系统介绍曲线的方程与方程的曲线等概念，巩固采用坐标法求曲线方程的步骤，并通过方程探究曲线性质，归纳一般思路，此阶段发挥着承上启下的作用。最后，以重要曲线——椭圆、双曲线、抛物线等为载体，学习坐标法及方程与曲线相关研究方法的综合应用，用坐标法求曲线方程，借助方程研究曲线性质，更准确地对应坐标系中的曲线，实现数与形的有机结合。教材的编写采用了从特殊到一般，再到具体应用的思路，这符合我们认识事物、探索事物的认知规律，更容易被学生学习与掌握。

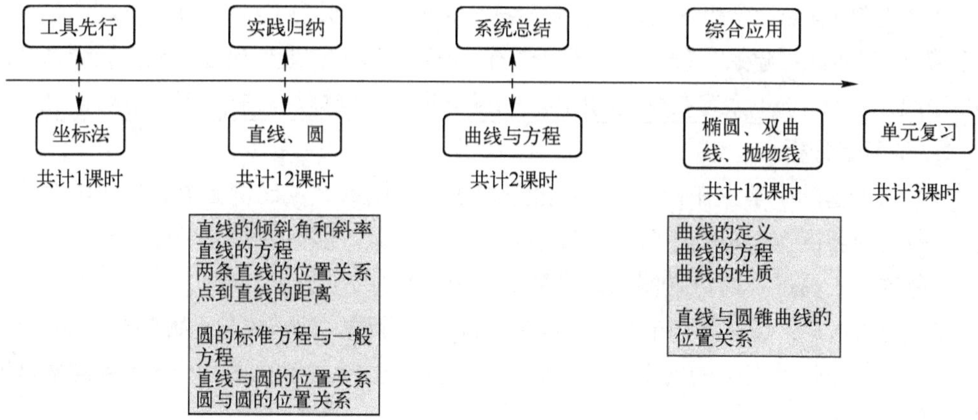

2）微单元

微单元安排示例如下。

平面解析几何单元复习		
课时安排	教与学活动规划	学习价值
第一课时	✓ 梳理和完善知识框图 ✓ 典型例题分析与总结 ✓ 课堂检测与评价	✓ 总结知识与方法，构建单元知识网络 ✓ 了解学生的掌握情况，同时协助学生明确自身的学习情况
第二课时	✓ 围绕中点与弦长这两个基本要素，一题多解	✓ 总结体会解析几何问题在转化与运算中的基本思想方法
第三课时	✓ 探究卡西尼卵形线的方程与性质	✓ 经历解析几何完整的研究过程 ✓ 体会解析几何的思想方法与数学魅力

课时教学设计

课题	**坐标法**
课型	**新授课** ☑　章/单元复习课□　专题复习课□　习题/试卷讲评课□ 学科实践活动课□　其他□

1．教学内容分析

本节课从数轴上两点之间的距离公式和中点坐标公式开始，引导学生探索平面直角坐标系中两点之间的距离公式和中点坐标公式，从一维过渡到二维，使知识间的联系更紧密。通过例题的设置，首先让学生了解建立直角坐标系证明几何问题的思路，并总结利用坐标法证明问题的一般步骤：建系、设点、列式、化简、证明。其次，通过例题的梯度设置，利用一个初中平面几何知识不太容易解决的问题，引导学生应用坐标法，进一步体会坐标法的精髓。

2．学习者分析

（1）知识基础：学生在初中阶段已经学习了一次函数、反比例函数、二次函数的解析式，能做出函数图像；在高中阶段已经学习了平面向量，能将向量与坐标对应起来，并能借助向量这一工具推导两点之间的距离公式与中点坐标公式。

（2）能力水平：经过初中的学习，能将直线、双曲线、抛物线与函数解析式对应起来，有了几何对象与代数表达的初步认识；能理解向量与坐标之间的联系，感受到向量是连接几何与代数的工具。

（3）可能遇到的困难：在面对几何问题时，难以建立恰当的坐标系，借助代数手段解决问题，并将代数运算的结果给出合理的几何解释。

3．学习目标设计

（1）初步了解坐标法的步骤，复习平面中两点间的距离公式与中点坐标公式；

（2）体会把几何问题转化为代数问题、通过代数运算研究几何图形性质的思想方法。

4. 学习重点、难点

坐标法所要用到的基本公式，以及应用坐标法解决几何问题的步骤。

5. 学习评价设计

1）评价内容

（1）每日巩固练习题。

（2）周练习：设计 A、B 卷，A 卷为基础巩固类，B 卷是能力提升类。

2）评价方式

（1）教师评价：通过批改每日作业，了解不同学生的学习状态，并进行打分。

（2）自我评价：设计自我评价等级，分为不合格、合格与优秀 3 个等级，每一等级设计相应问题，学生进行自我追问，明确自己的阶段学习情况。

6. 学习活动设计

教师活动	学生活动
环节一：引入新知	
教师活动 1 引入：在解析几何创立以前，几何与代数是彼此独立的两个分支。公元前 3 世纪，欧几里得在《几何原本》呈现了具有完整演绎体系的欧式几何，但这都是静态几何，既没有把曲线看作一种动点轨迹，也没有给它一般的表示方法。 17 世纪，笛卡儿以两个观念建立了解析几何学，一是坐标观念，二是将有互相关联的两个未知数的任意代数方程看作平面上的一条曲线的观念。笛卡儿对曲线建立方程主要有三个步骤：给定符号，引出式子，建立方程，由此就有了曲线的代数形式。在这里，笛卡儿将以往对立着的两个研究对象“数”与“形”统一了起来。	**学生活动 1**
问题 1　以给定了原点、单位长度与正方向的直线为数轴，则数轴上的点与实数一一对应。	**回答 1** （1）数轴上点的坐标为 $A(x_1), B(x_2)$ 。 （2）数轴上两点之间的距离公式为

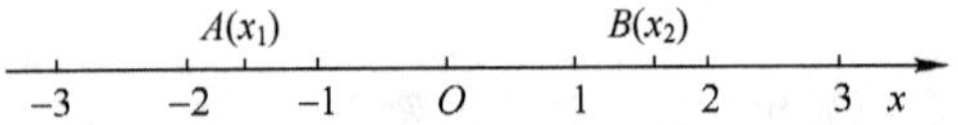

回忆数轴上的点坐标表示，以及两点间距离和中点的坐标表示。

$$|AB|=|\overrightarrow{AB}|=|x_1-x_2|$$

（3）数轴上的中点坐标公式为 $M\left(\dfrac{x_1+x_2}{2}\right)$。

问题 2

给定一个平面，选定原点 O、单位长度，以及 x、y 轴的正方向，可以建立平面直角坐标系 xOy，此时平面中的点与有序实数对一一对应。

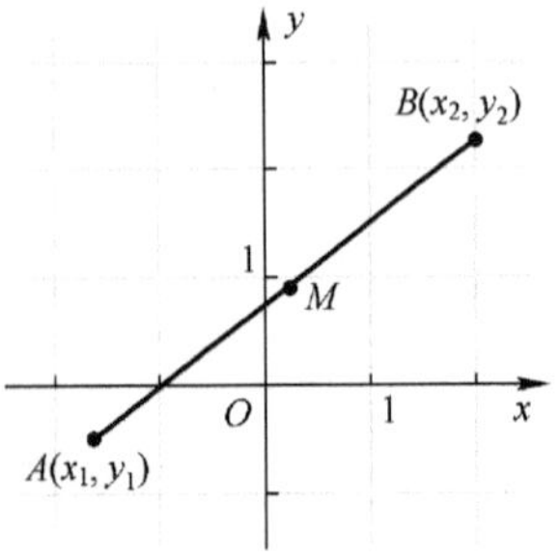

回答 2

（1）平面直角坐标系点的坐标为

$$A(x_1,y_1),B(x_2,y_2)$$

（2）平面直角坐标系中两点之间的距离公式为

$$|AB|=|\overrightarrow{AB}|=\sqrt{(x_2-x_1)^2+(y_2-y_1)^2}$$

（3）平面直角坐标系中的中点坐标公式为

$$M\left(\frac{x_1+x_2}{2},\frac{y_1+y_2}{2}\right)$$

例 1 已知 $A(1,2)$，$B(3,4)$，$C(5,0)$是$\triangle ABC$ 的三个顶点，

（1）求这个三角形 AB 边上中线的长；

（2）判断这个三角形的形状；

（3）求这个三角形的重心坐标。

解：（1）设 AB 中点为 $M(x,y)$，则

$$x=\frac{1+3}{2}=2,y=\frac{2+4}{2}=3$$

从而可知中线长为

$$|CM|=\sqrt{(2-5)^2+(3-0)^2}=3\sqrt{2}$$

向量法：$\overrightarrow{CA}=(-4,2),\overrightarrow{CB}=(-2,4),\overrightarrow{CM}=\dfrac{1}{2}(\overrightarrow{CA}+\overrightarrow{CB})=(-3,3)$，$|CM|=|\overrightarrow{CM}|=3\sqrt{2}$。

（2）$|AB|=\sqrt{(1-3)^2+(2-4)^2}=2\sqrt{2}$

$$|AC|=\sqrt{(1-5)^2+(2-0)^2}=2\sqrt{5}$$

$$|BC|=\sqrt{(3-5)^2+(4-0)^2}=2\sqrt{5}$$

所以$\triangle ABC$ 是等腰三角形。

（3）设$\triangle ABC$ 的重心为 $G(t,s)$，则

$$\overrightarrow{CG}=\frac{2}{3}\overrightarrow{CM}=\frac{1}{3}(\overrightarrow{CA}+\overrightarrow{CB})=(-2,2)$$

$$\overrightarrow{OG}=\overrightarrow{OC}+\overrightarrow{CG}=(5,0)+(-2,2)=(3,2)$$

所以重心坐标为 $G(3,2)$。

重心坐标公式为

$$G\left(\frac{x_1+x_2+x_3}{3},\frac{y_1+y_2+y_3}{3}\right)$$

活动意图说明：

在知识上，本环节的两个问题回顾总结了一维、二维坐标中的基本公式，并赋予了新的理解，说明坐标可以帮助我们对几何对象进行代数描述，即把几何元素与坐标联系起来，并以平面直角坐标系中不共线的三个点为例，通过坐标运算解决三角形中的中线、重心坐标和判断三角形形状等这些平面几何问题，这样既可以描述问题，又可以解决问题，突出坐标系是联系、贯通几何与代数的桥梁。

在价值上，首先显示了对于学科学习的意义。从一维到二维的学习过程，是无论学习还是研究都常用到的思路，学生要在这一经历中思考诸如在学到一个新知识后如何将其推广，能否将其推广之类的问题，从简单的教学环节中形成对学习的设问，培养从数学角度思考的习惯；反之，在遇到复杂问题时，要学会将其拆解，此即数学中的降维。

其次显示了学科教育对于品德教育的意义。我们常说课堂是教育的主阵地，在课堂上即开始简单介绍坐标系的形成与发展历程，从力学、天文学、数学等多角度让学生感受到坐标系存在的意义，以及如果没有坐标系这些学科将会如何发展和演绎，在学生时期学习的坐标系看似简单，但其形成却是十分漫长的过程。通过对这段历史的了解，一方面可以让学生看到古代天文学家、数学家的艰苦创造经历，学习他们身上坚忍不拔的品质、对科学无尽的好奇心与探索精神；另一方面，也让学生感受数学的简洁之美。

环节二：坐标法的应用

教师活动 2

例 2　已知 $ABCD$ 是一个长方形，且 M 是 $ABCD$ 所在平面上任意一个点，求证：$AM^2+CM^2=BM^2+DM^2$。

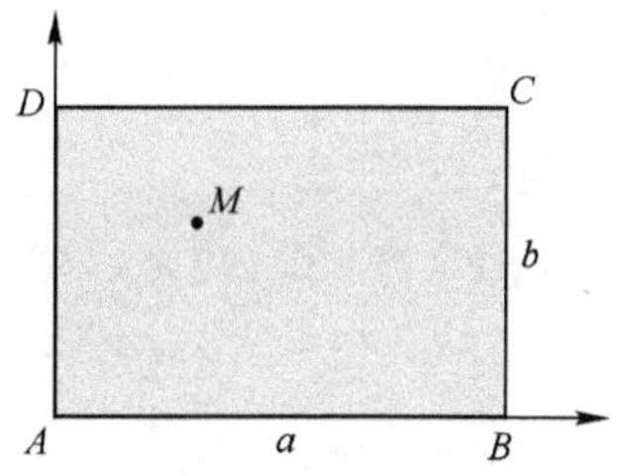

学生活动 2

证明：以 A 为原点，AB 所在直线为 x 轴，如图建立平面直角坐标系，则各点坐标分别为 $A(0,0)$，$B(a,0)$，$C(a,\ b)$，$D(0,b)$。设 $M(x,y)$，则 $|AM|^2=x^2+y^2$，$|CM|^2=(a-x)^2+(b-y)^2$，$|BM|^2=(a-x)^2+(0-y)^2$，$|DM|^2=(0-x)^2+(b-y)^2$。显然，$AM^2+CM^2=BM^2+DM^2$。

坐标法：通过建立平面直角坐标系，将几何问题转化为代数问题，然后通过代数运算等解决问题，这种解决问题的方法称为坐标法。

例 3 已知$\triangle ABC$中，$AB=3, AC=2BC$,求$\triangle ABC$的面积的最大值。

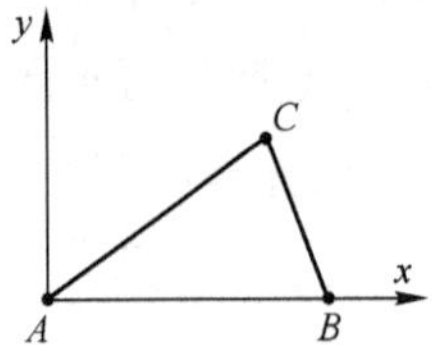

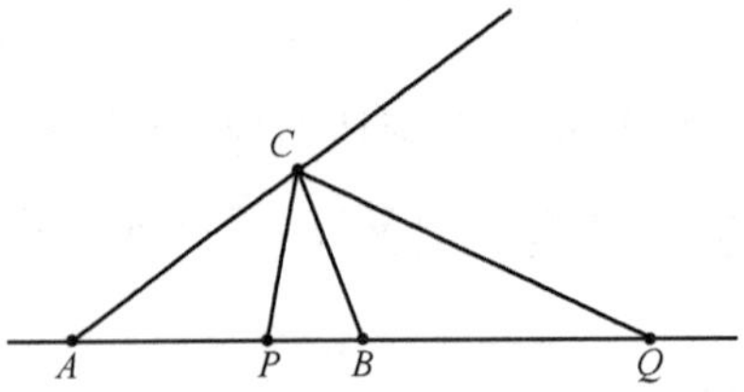

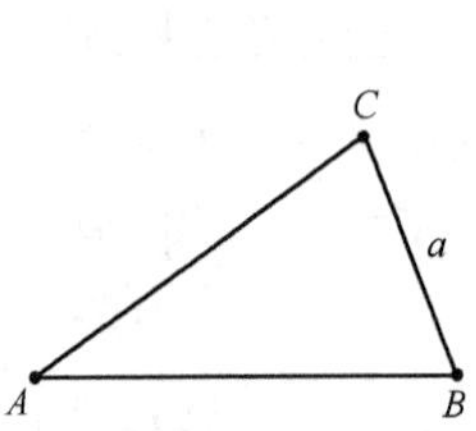

我们称之为阿波罗尼斯圆。阿波罗尼斯也是一位伟大的数学家，其著作《圆

解：

方法一 坐标法

以A为原点，AB所在直线为x轴，如图建立平面直角坐标系，则$A(0,0), B(3,0)$。

设$C(x,y)$，则

$$S_{\triangle ABC}=\frac{1}{2}\times 3\times|y|=\frac{3}{2}|y|$$

$$|AC|=\sqrt{(0-x)^2+(0-y)^2}=\sqrt{x^2+y^2}$$

$$|BC|=\sqrt{(3-x)^2+(0-y)^2}=\sqrt{(3-x)^2+y^2}$$

由$AC=2BC$有

$$\sqrt{x^2+y^2}=2\sqrt{(3-x)^2+y^2}$$

$$x^2+y^2=4[(3-x)^2+y^2]\Rightarrow x^2+y^2-8x+12=0$$

思路 1

$$\Rightarrow(x-4)^2+y^2=4\Rightarrow y^2\leqslant 4\Rightarrow|y|\leqslant 2$$

$$S_{\triangle ABC}=\frac{1}{2}\times 3\times|y|=\frac{3}{2}|y|\leqslant 2\times\frac{3}{2}=3$$

所以$\triangle ABC$的面积最大值为 3，此时$C(4,2)$。

几何解释：点C的轨迹是圆心为（4，0）、半径为 2 的圆，点C到x轴距离的最大值为半径。

思路 2 讨论函数$f(x)=-x^2+8x-12$在给定范围的最大值。

首先确定x的范围：

$$-x^2+8x-12>0\Rightarrow 2<x<6$$

$$f(x)=-x^2+8x-12=-(x-4)^2+4\leqslant 4$$

所以$|y|\leqslant 2$，$\triangle ABC$的面积最大值为3，此

锥曲线论》几乎包括了圆锥曲线的全部性质。

时 $C(4,2)$。

方法二　几何法

思路 1　用几何方法讨论点 C 的轨迹。

应用内、外角分线定理，判断角 C 为 $90°$。

极端值法：线段 AB 的内、外定比分点 P、Q，则 $\frac{AC}{BC}=\frac{AP}{BP}=2,\frac{AC}{BC}=\frac{AQ}{BQ}=2$。所以 CP、CQ 分别为 $\angle ACB$ 的内、外角平分线，因此 $\angle ACB\equiv\frac{\pi}{2}$，即点 C 在以线段 PQ 为直径的圆上。

因为线段 $|PQ|=4$，半径为 2，点 C 到 AB 距离最大值为 2，所以 $\triangle ABC$ 的面积最大值为 3。

思路 2　用余弦定理和正弦定理解三角形。

设边长 $BC=a$，则 $AC=2a$，

$$\cos C=\frac{(2a)^2+a^2-9}{2\times 2a\times a}=\frac{5a^2-9}{4a^2}$$

$$\sin C=\frac{\sqrt{-9a^4+90a^2-81}}{4a^2}$$

$$S_{\triangle ABC}=\frac{1}{2}\times a\times 2\times\sin C=\frac{3}{4}\sqrt{-a^4+10a^2-9}$$

下面讨论函数 $g(a)=-a^4+10a^2-9$ 在一定范围中的最大值。

边长 a 的取值范围：$1<a<3,1<a^2<9$。

$$g(a)=-a^4+10a^2-9=-(a^2-5)^2+16\leqslant 16$$

所以 $S_{\triangle ABC}\leqslant 3$，即 $\triangle ABC$ 的面积最大值为 3。

活动意图说明：

例 2 通过问题引入坐标法，总结坐标法的步骤，引导学生在问题意识下开展新概念的学习，激发学生的主观能动性，感受坐标法在解决平面几何问题时的作用与优势。例 3 应用坐标法解决几何问题，通过这一方法将几何问题转化为代数问题，

并且借助代数运算研究几何图形的性质。例 3 的问题背景也来源于阿波罗尼斯，在此追问三角形顶点的轨迹，为后面的学习做铺垫，同时也进一步介绍阿波罗尼斯的成就。

本节课目标设定为方法学习与应用，本环节是课堂核心，两个例题分别体现方法总结与方法应用，符合科学发展规律，同样是对“为什么学数学与学数学有什么用”这个问题在课堂中的微观体现。虽然这一问题情境本源仍是数学，但这一应用，也让学生感受到数学不同知识板块之间是有通道的，它们可以通过合适的方法得以联系，感受数学知识体系的和谐统一之美。另外，在这里也需提示学生，所谓“有用”并不一定能立即感受到实在的用处，它不拘泥于某一个具体实际的应用，它可以是一种积累，可以是学科内部的互动，但这样的积累与互动也将会在之后的学习或实际应用中发挥作用，正如“无用之用，方为大用”。数学课堂中，同样充满着哲学之思，这些对未来的发展与选择将有启示作用。

环节三　课堂小结

教师活动	**学生活动**
问题 3　用自己的话概括本节课主要学习了什么内容？有什么意义？	**回答 3** 预设 1 学习了轴上及平面中两点之间的距离公式与中点坐标公式。

活动设计意图：

回顾本节课所有的知识与方法，让学生用自己的话概括与复述。一方面，通过设问，帮助学生回顾本节课的内容，并且在诸多问题中筛选出本节课的重点，如果与老师或其他同学有偏差，及时进行调整。另一方面，通过概括与复述，强化本节课的内容，在课堂中完成本节课的第一次复习，符合学生的记忆规律。

这一环节的问题设置采用了“外部世界的表达+在行为层面的落地”的总结方式，能帮助学生“学问思辨、身体力行”，只有将这一观点渗透在每一节课堂中，才能在数学课堂中培养学生的思考习惯，锻炼学生的思维深度，让他们真正走进数学。

7. 作业及拓展学习任务设计

（1）课后延伸探究：充分发挥信息技术的应用，借助 GGB 或者几何画板，初步尝试用轨迹交点法做出阿波罗尼斯圆，并且通过滑动条的设置，动态观察方程中参数变化对曲线形状的影响。

（2）学习任务设计：教材课后练习。

8. 教学反思与改进

（1）亮点分析：本节课在整个单元中是贯穿始终的工具，因此在第一节中，重点在于落实基本知识点，难点在于理解坐标法这一工具的具体步骤与常用代数方法。本节课教学环节的设计，能够很好地突出重点，突破难点，通过对三角形、圆这些学生初中常见几何图形的研究，逐渐接受坐标法在解决几何问题中的作用。

（2）课后反思与改进：第一环节总结一维、二维坐标中的基本公式时，可以让学生来组织讲解，能更好地突出重点，让学生参与其中，使其更有收获；在对阿波罗尼斯圆的探究中，通过课堂实践发现，只能完成对坐标法的探究，为了更好地突出坐标法的意义并引出在用坐标法时常常用到的代数方法，可以放慢速度，留给学生更多的思考时间，为今后使用坐标法解决几何问题做好铺垫。因此，几何法需要安排在课后讨论中，并且该方法需要以内角分线、外角分线作为基础，不妨将其作为拓展内容，为学有余力的同学提供可能性。

第四节　椭圆的标准方程

<table>
<tr><th colspan="4">基本信息</th></tr>
<tr><td>姓　　名</td><td>邹宏运</td><td>学　　校</td><td>北京交通大学附属中学</td></tr>
<tr><td>年　　级</td><td>高二</td><td>教科书版本及章节</td><td>人教B版选修第一册第2章第2节</td></tr>
<tr><td>学习领域/模块</td><td colspan="3">几何与代数</td></tr>
<tr><th colspan="4">单元教学设计</th></tr>
<tr><td>单元学习主题</td><td colspan="3">平面解析几何</td></tr>
</table>

1．单元教学设计说明

1）圆锥曲线的发展历史

关于圆锥曲线的历史起源，在数学发展史上是比较模糊的，但从历史资料和相关研究中可以肯定的是，圆锥曲线的产生与古希腊三大著名几何问题之一的倍立方体问题有关。

倍立方体问题是指求作一个立方体，使得它的体积等于已知立方体的两倍。这个问题源于埃拉托塞尼的一则记载，其内容是一位古希腊诗人讲述的故事：神话中的米诺斯王嫌别人为他建造的坟墓太小，命令将其扩大一倍，并说只要将每边扩大一倍就行，这当然是错误的[1]。这个问题引起了古希腊众多数学家们的研究兴趣，但是由于当时科学技术的限制，作图工具只有圆规和不带刻度的直尺，而恰恰是这些困难使得这个问题更加富有魅力。

倍立方体问题取得的关键进展就是希波克拉底对这一问题进行了简化，他将倍立方体问题转化为了求一线段与它的二倍长线段之间的双重比例中项问题。之后，一些古希腊数学家开始在这个基础之上进行研究，其中最大的成就就是柏拉图学派的梅内赫莫斯，他在借助特殊曲线研究这个问题时，发现了圆锥曲线，他将比例关系中项转化为了两条抛物线的交点、一条抛物线与一条双曲线的交点问题。但当时梅内赫莫斯并没有这些圆锥曲线的名称，也不知道坐标的概念，他的办法是用垂直于圆锥锥面一母线的平面与锥面相截，当圆锥顶角分别为直角、锐角与钝角时，就相应得到了我

[1] 李文林. 数学史概论. 北京：高等教育出版社，2011.

们现在所说的抛物线、椭圆和双曲线，这些可以称之为圆锥曲线的“雏形”，如下图所示。

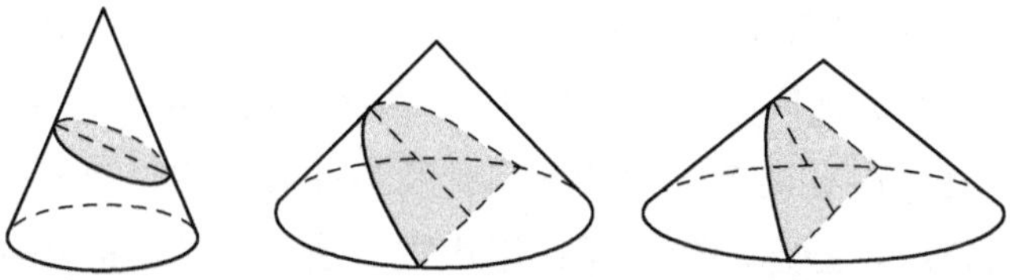

圆锥曲线经过漫长的发展，终于在亚历山大时期数学家阿波罗尼奥斯的研究中有了重大突破和质的飞跃。阿波罗尼奥斯在前人研究的基础上创立了非常完美的圆锥曲线理论，并撰写了传世之作《圆锥曲线论》，阿波罗尼奥斯创造性地提出了从一个对顶圆锥截得所有的圆锥曲线，并给它们进行了正式的命名，即为现在通用的椭圆（ellipse）、双曲线（hyperbola）和抛物线（parabola）。在《圆锥曲线论》中，阿波罗尼奥斯用统一的方式引出了圆锥曲线，接下来系统地阐述了圆锥曲线的性质，如椭圆上任意一点的焦半径之和为定值、直径、共轭直径、切线、双曲线的渐近线等，但全书中未提及抛物线的焦点。

在阿波罗尼奥斯的研究中，圆锥曲线虽由平面截取对顶圆锥得到，但其定义已经摆脱了圆锥的束缚，表示为了一种平面轨迹[2]。阿波罗尼奥斯的《圆锥曲线论》可以说是希腊演绎几何的最高成就与巅峰之作。在其之后，希腊数学家对圆锥曲线的研究没有出现其他的突出成就。直到公元 4 世纪，亚历山大最后一位重要的数学家帕普斯在《数学汇编》中统一了圆锥曲线的定义，并用几何方法证明了平面内到定点和定直线的距离之比等于常数的动点轨迹为圆锥曲线，在常数大于 1 时轨迹是双曲线，等于 1 时是抛物线，小于 1 时是椭圆。

《数学汇编》中的“三线轨迹”和“四线轨迹”等问题还刺激了近代解析几何的发展。17 世纪初期，笛卡儿和费马创造了平面解析几何，圆锥曲线的研究也在长时间的低迷之后进入了一个崭新的时期。解析几何出现之后，数学家们开始从代数的角度，运用坐标法研究圆锥曲线的定义和几何性质，并发表了大量的著作，且内容丰富、多样，为后人的研究提供了宝贵的资源。

圆锥曲线从产生一直发展到现在，经历了不同的研究阶段，从几何法研究到解析法研究，各有其鲜明的特点，内容在不断充实和完善，方法也一直在发生变化。在教学中，当强调解析法的同时，也要回归其几何性，关注用几何法研究圆锥曲线。

[2] 陈慧，邹佳晨. 圆锥曲线之起源与发展简史. 数学教学，2016(5)：39-41.

2）圆锥曲线的数学文化价值

解析几何是数学学科的一个重要分支，是数学发展过程中的标志性成果，同时，也是微积分创立的基础，其产生对促进现实生活和推动科学发展都具有重要意义。

圆锥曲线是平面解析几何的主要研究内容，是高中数学考查的重点和难点。本主题将学习解析几何，重点内容是圆锥曲线的定义及其性质，通过建立坐标系，借助直线与圆锥曲线的几何特征，导出相应方程；用代数方法研究它们的几何性质，体现数与形的结合。

圆锥曲线的定义和研究方法反映了其几何学的发展历程，从欧氏几何的演绎推理到解析几何的坐标法，从定性研究到定量研究，可以说圆锥曲线不仅是解析几何教学的重要载体，更是欧氏几何和解析几何完美融合的代表，在教学中具有重要的研究价值。欧氏几何和解析几何框架下的圆锥曲线定义变化如下图所示[3]。

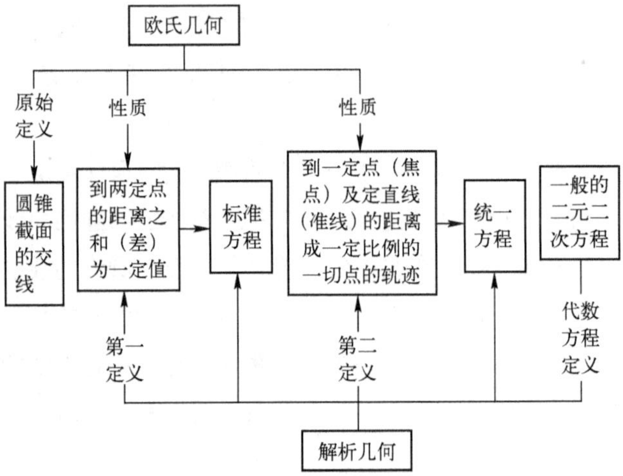

解析几何实际上是以欧氏几何演绎推理为基础的，通过坐标法将几何问题代数化，进行求解，再将代数结论反馈到图形的几何性质。解析几何的这部分内容，从知识本身和历史发展角度来看，有着重要的教学价值和人文科学价值。

在教学上，关于本单元的学习，学生可以在平面直角坐标系中，认识直线、圆、椭圆、抛物线、双曲线的几何特征，建立标准方程；运用代数方法进一步认识圆锥曲线的性质及其位置关系；运用解析几何方法解决简单的数学问题和实际问题，感悟解析几何中蕴含的数学思想；提升数学抽象、直观想象和数学运算素养。同时，在圆锥曲线部分的教学中，

[3] 王海青. 谈 Dandelin 双球模型的构建及其教学价值. 数学通报，2020(1)：10-18.

除了解析方法，也要适度回归到这些曲线的几何性质上去，从几何角度关注它们的定义和性质，尤其是定义。与几何性质相比，从几何角度认识定义的难度更低，学生更容易接受。在数学教学中应让学生多角度、全方位地认识圆锥曲线的定义，而不是狭隘地限制在解析几何的范围之内，这与圆锥曲线的起源也是相一致的。从欧氏几何的角度研究圆锥曲线，对于培养学生的逻辑推理与直观想象的数学素养有着不可忽视的作用。

在科学上，通过追溯历史可知，圆锥曲线的发展、研究方法的革新，渗透了由繁至简、以简驭繁的数学思想，尤其在解析几何创立之后，借助平面直角坐标系这个桥梁，利用坐标法，将圆锥曲线问题代数化，进而去进一步研究圆锥曲线问题，这突破了古希腊欧氏几何依据公理进行定性研究的思维模式，开始着力于对空间位置及其形式的精确量化表达。在教学中融入圆锥曲线的发展历史，可使学生感受圆锥曲线定义表述的变化，感悟数学语言表达的简洁性、科学性，了解数学问题解决方法的发展变化历程，会将几何问题代数化，感悟数形结合、化归等数学思想的魅力。

在人文上，圆锥曲线的发展经历了一个漫长而曲折的过程，一代又一代的数学家们不断摸索，攻克种种困难，最终从多个角度透彻地研究了圆锥曲线的定义和几何性质，这个过程淋漓尽致地反映了数学家们不断追求真理、锲而不舍的精神。在学生的学习过程中，引导学生查阅圆锥曲线形成和发展的历史资料，追寻数学家们的足迹，探究研究圆锥曲线的方法，感悟数学魅力及数学对人类文明的重要贡献；同时，了解数学家们曲折的研究过程，也会增加学生学习数学的信心，培养坚持不懈、勇于探索的科学精神。

3）教学设计中的数学文化渗透

作为一门基础学科，数学是历史性和累积性很强的学科，因此数学教学应关注数学知识的产生与发展过程，不能脱离知识产生的源头。著名数学家陈省身说过“了解历史的变化是了解这门学科的一个步骤”，不了解数学史，就不可能全面了解数学学科。在教学中融入数学史和数学文化，不是仅仅简单介绍知识点产生的源头，更应关注在数学发展史上对这一知识点是如何展开研究的，关注其研究方法的变化，感受数学知识研究方法的多样性和特点。圆锥曲线的产生和发展就是其中的典型代表，是在教学中融入数学文化不可忽略的重要部分。

本教学案例将以《椭圆的标准方程》为例，展开说明在圆锥曲线部分的教学是如何融合数学文化的。本节课是解析几何中圆锥曲线部分的起始课，对后面学习其他圆锥曲线有很好的促进作用，本节课在教学设计中融合了圆锥曲线的起源和旦德林的双球模型。

关于圆锥曲线的发展，最早是希腊数学家梅内赫莫斯用垂直于圆锥锥面一母线的平面与三个顶角分别为钝角、直角、锐角的锥面相截，得到了三种圆锥曲线；到亚历山大时期，数学家阿波罗尼奥斯在其《圆锥曲线论》著作中提出了从一个对顶圆锥截得所有的圆锥曲线，并研究了圆锥曲线的性质，用多个命题导出了椭圆的焦半径的性质，椭圆上的点到两个焦点的距离之和为常数；17 世纪，荷兰数学家舒腾利用椭圆焦半径的性质，给出了椭圆的画法；1822 年，比利时数学家旦德林利用双球模型总结出了椭圆的第一定义[4]。

结合圆锥曲线的发展历程，宜采用多元的方式融入数学文化，重构式地将数学发展史上研究圆锥曲线问题的历程与困境引入课题，学习活动设计应契合学生的“最近发展区”。首先，借助现实生活中的一些建筑图形和行星运行轨道，直观感受椭圆曲线，引出概念；然后，采用 17 世纪荷兰数学家舒腾的画法绘制椭圆；接下来，采用笛卡儿解析几何中研究几何问题的方法，将几何问题代数化，建立平面直角坐标系，推导椭圆的标准方程；最后，让学生观察平面截圆锥（截取出来为椭圆的情况）所得到图形和装有液体的试管倾斜一点后液面的轮廓，通过猜测及证明的过程，形成认知冲突，激发学生的探索欲望。在此问题中，结合比利时数学家旦德林双球模型，回归到椭圆的几何特性上来，用几何法证明所截得的曲线是椭圆；在证明之后，教师介绍圆锥曲线的起源与发展，让学生了解数学知识的产生与发展过程。

数学是人类文化的重要组成部分，承载着重要的文化教育功能。数学有其独特的魅力，它代表了一种勇于探索的精神，这种不断追求真理和高度精确、可靠知识的精神，推动着人类文明的发展，丰富着人类文化的内涵。数学教学应充分挖掘数学的文化教育功能，具体在本教学案例中，应充分渗透数学文化，赋予知识以活力，使学生多角度地认识椭圆，了解椭圆定义的内涵与外延，充分研究椭圆，关注几何的“解析性”，也关注代数的“几何性”，将数与形完美结合起来。旦德林双球模型的融入，也更加凸显了数学文化的魅力，旦德林双球模型实现了从梅内赫莫斯的“用平面截圆锥所得曲线”的初始定义向阿波罗尼奥斯的“到两定点距离之和等于常数”的平面轨迹定义的自然过渡，用几何法巧妙地证明了椭圆第一定义，并将空间问题转化为了平面问题，将三维转化为二维，在平面内探究圆锥曲线的性质，体现了数学化归思想。圆锥曲线的定义和研究方法的改变，很好地反映了几何学的发展变化过程，也完美呈现了数学思想的变化，因此在这部分的教学中融入数学文化较为贴切，可以更好地辅助数学教学，帮助学生进一步理解数学知识。

[4] 吴宝莹. 旦德林双球模型定义后的“椭圆标准方程”的教学. 中学数学：高中版. 2015：69-71.

2. 学习者分析

（1）知识储备

学生在初中时已经学习了圆、抛物线（二次函数）等知识，有一定的代数知识储备，能通过向量、坐标法解决简单的几何问题；同时，也学习了坐标系中的基本运算，有一定的运算基础。

（2）能力水平

学生有较高的学习数学的兴趣，乐于探索新知，勇于解决数学问题，数学抽象、数学运算、逻辑推理等核心素养仍需要进一步提高。

（3）可能遇到的困难

学生虽然学习了一些坐标运算，有一定的知识储备和运算基础，但对学生来说，研究椭圆、双曲线、抛物线还存在一定的困难，尤其是在学习直线与圆锥曲线的位置关系时，有较大的运算量。

3. 单元学习目标与重点难点

本单元内容包括：直线与方程、圆与方程、圆锥曲线与方程[5]等。

（1）直线与方程

① 在平面直角坐标系中，结合具体图形，探索确定直线位置的几何要素。

② 理解直线的倾斜角和斜率的概念，经历用代数方法刻画直线斜率的过程，掌握过两点的直线斜率的计算公式。

③ 能根据斜率判定两条直线的位置关系（平行或垂直）。

④ 根据确定直线位置的几何要素，探索并掌握直线方程的几种形式（点斜式、两点式及一般式）。

⑤ 能用解方程组的方法求两直线的交点坐标。

⑥ 探索并掌握两点间的距离公式、点到直线的距离公式，会求两条平行直线间的距离。

（2）圆与方程

① 回顾确定圆的几何要素，在平面直角坐标系中，探索并掌握圆的标准方程与一般方程。

② 能根据给定直线、圆的方程，判断直线与圆、圆与圆的位置关系。

③ 能用直线和圆的方程解决一些简单的问题。

[5] 中华人民共和国教育部. 普通高中数学课程标准：2020年修订. 北京：人民教育出版社，2020.

（3）圆锥曲线与方程

① 了解圆锥曲线的实际背景，感受圆锥曲线在刻画现实世界和解决实际问题中的作用。

② 经历从具体情境中抽象出椭圆的过程，掌握椭圆的定义、标准方程及简单几何性质。

③ 了解抛物线、双曲线的定义、几何图形和标准方程，以及它们的简单几何性质。

④ 通过圆锥曲线与方程的学习，进一步体会数形结合的思想。

⑤ 了解椭圆、抛物线的简单应用。

（4）解析几何的形成与发展

收集解析几何形成与发展的历史资料，撰写论文，论述解析几何发展的过程、重要结果、主要人物、关键事件及其对人类文明的贡献。

4．单元整体教学思路

本单元教学设计以《课程标准》为指导，以“深度学习”理论为依据，遵循“促进深度学习，发展核心素养”的理念，以问题探究为主线，能力发展为目标，设计挑战性学习任务，进行小组合作探究学习；通过营造问题情境，激发学生的探索欲望，根据学生已有知识储备进行单元整体设计，融合数学文化，注重知识的形成过程，实现学生对知识的主动建构；以坐标法为主，几何法为辅，研究直线、圆锥曲线的性质，培养学生发现和提出问题、分析和解决问题的能力；鼓励学生收集解析几何形成与发展的历史资料，撰写论文，论述解析几何发展的过程、重要结果、主要人物、关键事件及其对人类文明的贡献，感受数学魅力。

在本单元的教学中，通过实例使学生了解几何图形的背景，例如，通过行星运行轨道、抛物运动轨迹、探照灯的镜面，使学生了解圆锥曲线的背景与应用；结合情境清晰地描述图形的几何特征与问题，例如，两点决定一条直线，椭圆是到两个定点的距离之和为定长的点的轨迹等；建立坐标系，用代数的语言描述这些特征与问题；借助几何图形，通过直观想象和代数运算解决问题，并给出几何解释；充分发挥现代教育技术的作用，通过一些软件向学生演示方程中参数的变化对方程所表示的曲线的影响，使学生进一步理解曲线与方程的关系。

本单元的教学逻辑如下：

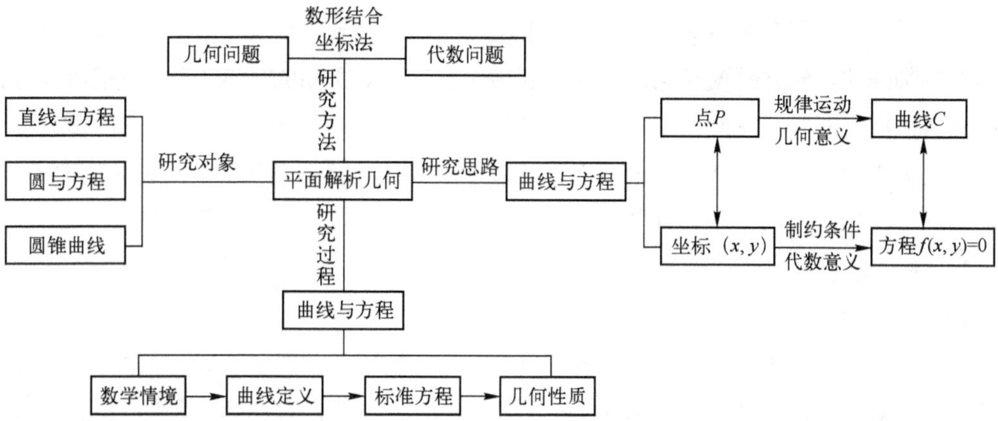

本单元课时安排如下：

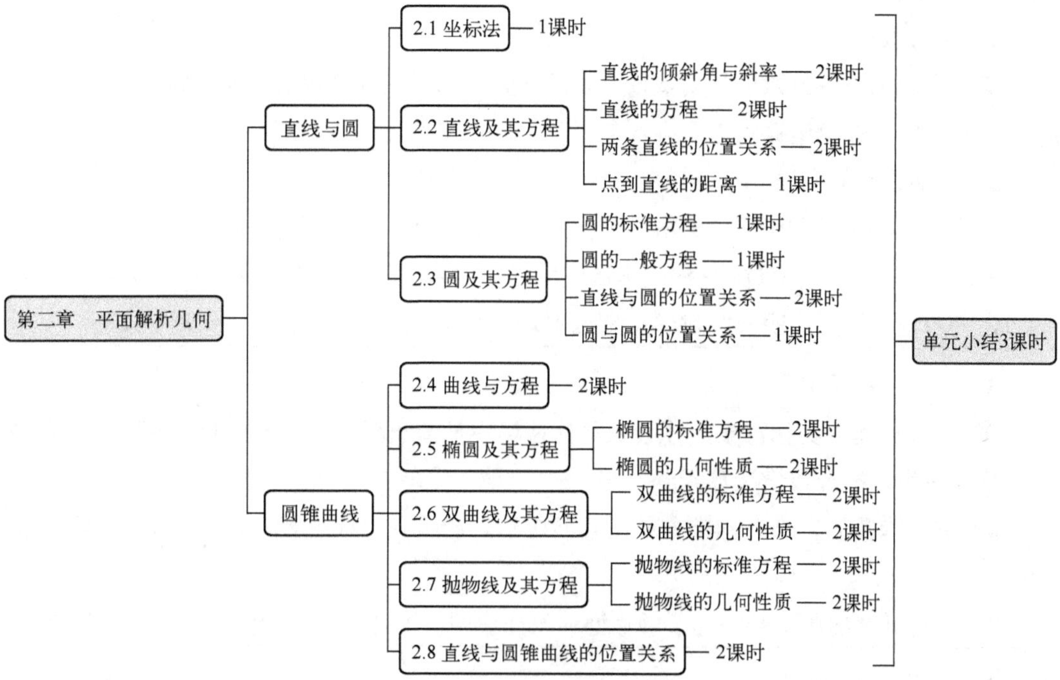

课时教学设计

课题	**椭圆的标准方程**
课型	**新授课 ☑**　章/单元复习课□　专题复习课□ 习题/试卷讲评课□　学科实践活动课□　其他□

1．教学内容分析

本节课的主要内容是椭圆的标准方程，是学习完直线与圆的方程之后的内容，安排课时为 2 课时。本节课首先从具体实例引出椭圆，并给出椭圆的定义；然后采用荷兰数学家舒腾的椭圆画法，建立平面直角坐标系，利用坐标法推导椭圆的标准方程，并简单研究椭圆的几何性质；同时，在教学中，回归椭圆的几何特征，关注其历史起源，引入圆柱面的旦德林双球模型，利用几何法说明平面截取圆锥的截线是椭圆。在圆锥曲线的教学中，旦德林双球模型的引入有助于将代数化的性质直观化，反映其原有的几何特征。

2. 学习者分析

1）知识储备

在本节课之前，学生已经学习了直线及其方程、圆及其方程，以及曲线与方程，初步掌握了研究解析几何问题的主要方法，会利用坐标法求动点轨迹方程，能够完成一些简单的代数化简运算。

2）能力水平

学生有较为浓厚的数学学习热情，乐于探索新知，在解决解析几何问题中，善于数形结合，有一定的数学运算能力。

3）可能遇到的困难

学生虽然基本掌握了研究解析几何问题的一般方法，熟悉研究圆的一般过程，但椭圆是一般的二次曲线，研究过程相对于圆更为复杂，对数学运算和逻辑推理素养要求也更高，同时，利用双球模型证明椭圆对学生来说也是一个挑战。

3. 学习目标确定

① 了解椭圆的实际背景，体会从具体情境中抽象出椭圆的过程、椭圆标准方程的推导与化简过程，提升数学运算素养。

② 掌握椭圆的定义、标准方程及几何图形，会将几何问题代数化，领悟数形结合的思想。

③ 了解椭圆的历史起源，了解旦德林双球模型，提升逻辑推理素养，感受数学魅力。

4. 学习重点、难点

掌握椭圆的定义、标准方程及几何图形，会将几何问题代数化，领悟数形结合的思想。

5. 学习评价设计

本单元的学习评价以本单元的教学目标、教学内容为依据，评价不仅应关注学生对知识技能的掌握和学生的学习态度、方法和习惯，更应关注学生核心素养水平的达成。

1）评价目标

评价目标是准确、全面地考查学生的学习效果，反应教师的教学成效。通过评价和诊断学生的知识掌握情况、素养的发展水平，进而诊断教师在教学过程中的优势与不足，并针对学生学习目标的达成情况，及时调整教学。

2）评价内容

评价内容包括课堂表现、知识技能的掌握情况、学习态度及数学核心素养的达成水平。

3）评价方式

评价方式包括课堂观察、口头测验、开放性活动中的表现、课内作业及书面测试。

4）评价结果

评价结果的呈现针对不同评价方式给出，如对于课堂观察、口头测验、开放性活动中的表现这些评价方式，其评价结果以教师的及时回应、积极反馈为主；对于课内作业、书面测试，则以教师的批改呈现。

在评价中，数学作业是比较关键的，它是数学教学活动的重要组成部分，是课堂教学的延续和有效补充。作业设计应基于单元整体进行设计，与教学相统一，引导学生落实、理解基础知识，掌握基本技能，感悟数学基本思想，积累基本活动经验，促进学生数学学科核心素养的不断提升。

作业形式：书面作业、探究性作业（搜集圆锥曲线的起源与发展历史并在小组间进行交流）。

6. 学习活动设计

教师活动	学生活动
环节一：创设情境，引出概念	
教师活动 1 **问题 1.1** 	**学生活动 1** 学生思考，回答问题。 观察图片，进行思考。

观察上述图片，我们知道图中的形状都是椭圆，我们也知道圆是平面内到定点的距离等于定长的点的轨迹，那么什么椭圆？椭圆上的任意一点有什么特征？

从具体的情境引出椭圆，生活中椭圆随处可见，只不过学生还不知道椭圆的定义。

让学生感受到数学来源于生活，又应用于生活。

问题 1.2

取一条定长的细线，将它的两端都固定在图板上的同一点，套上铅笔，拉紧绳子，移动笔尖，这时笔尖（动点）画出的轨迹是一个圆。如果把细绳的两端拉开一段距离，分别固定在图板上的两点 F_1，F_2，套上铅笔，拉紧绳子，移动笔尖，画出的轨迹是什么曲线？在这一过程中，移动的笔尖（动点）P 满足的几何条件是什么？

学生通过小组合作进行动手操作，得到椭圆图形。

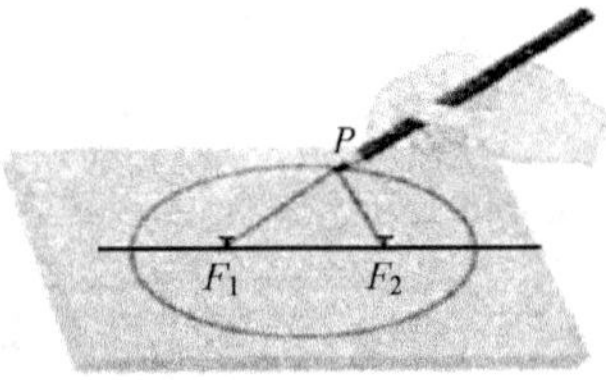

椭圆定义：

如果 F_1，F_2 是平面内的两个定点，a 是一个常数，且 $2a>|F_1F_2|$，则平面内满足 $|PF_1|+|PF_2|=2a$ 的动点 P 的轨迹称为椭圆，其中，两个定点 F_1、F_2 称为椭圆的焦点，两个焦点之间的距离 $|F_1F_2|$ 称为椭圆的焦距。

直接给出椭圆的定义，再进行辨析。

<table>
<tr><td>提问：定值为什么必须大于两定点的距离？如果不是，那么动点的轨迹存在吗？若存在，是什么图形？</td><td>学生思考，小组讨论，解决问题。
（1）当距离的和等于$|F_1F_2|$时，点的轨迹是线段。
（2）当距离的和小于$|F_1F_2|$时，点的轨迹不存在。</td></tr>
<tr><td colspan="2">活动意图说明：
在本环节的教学中，从现实的建筑图形和行星运行轨道出发，创设适切的情境，激发学生的学习热情和探索新知的欲望，学生通过图片直观感受曲线特点，自然引出椭圆的概念，让学生从感性认识逐步上升到理性认识，培养学生的数学抽象素养。本环节融入了 17 世纪荷兰数学家舒腾的画法，这也是教材中采用的，学生通过两人合作进行动手操作，画出椭圆，可以直观地看到平面内到两个定点距离之和为定值（大于两个定点间的距离）的点的轨迹。融入数学家舒腾的画法，了解数学家们研究数学问题的历程，不仅可以激发学生探索的兴趣，更能激发学生思考的深度，探索知识本质。给出椭圆的第一定义之后，设计贴近学生“最近发展区”的问题，对定义进行深入探究，重点关注距离之和这个定值要大于两个定点间的距离，创造认知冲突，引发学生深入思考，理解椭圆的定义及其中各量的大小关系。可以看出在本环节的教学中并未完全遵从椭圆的产生和发展历史，而是重构历史，以符合学生认知发展规律的顺序进行教学，数学文化的融入不应是死板的，而是赋予知识活力，帮助学生触及数学知识的本质。</td></tr>
<tr><td colspan="2">环节二：椭圆标准方程的推导</td></tr>
<tr><td>教师活动 2
问题 2.1
上一环节中我们操作验证了符合条件的点是存在的，并且有无数个，那么如何来证明？可利用坐标法进行证明。请思考如何建立坐标系会更加便于证明。</td><td>学生活动 2
引发学生思考，引导学生利用坐标法推导椭圆的标准方程。
根据椭圆的定义可知
$\sqrt{(x+c)^2+y^2}+\sqrt{(x-c)^2+y^2}=2a$ （1）
化简方程（1），得</td></tr>
</table>

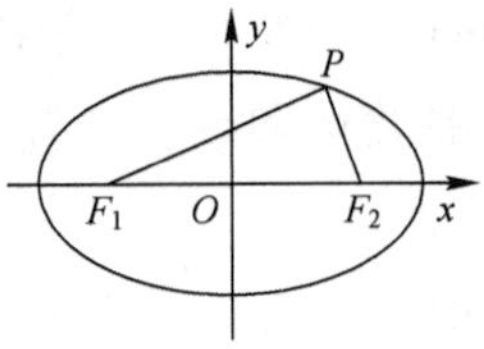

$$\sqrt{(x+c)^2+y^2}=2a-\sqrt{(x-c)^2+y^2} \quad (2)$$

对方程（2）两边平方，得

$(x+c)^2+y^2=4a^2-4a\sqrt{(x-c)^2+y^2}+(x-c)^2+y^2$

整理得

$$a^2-cx=a\sqrt{(x-c)^2+y^2} \quad (3)$$

对方程（3）两边平方，得

$a^4-2a^2cx+c^2x^2=a^2x^2-2a^2cx+a^2c^2+a^2y^2$

整理得

$$(a^2-c^2)x^2+a^2y^2=a^2(a^2-c^2) \quad (4)$$

教师巡视，观察学生的运算和化简过程。

将方程（4）两边同除以 $a^2(a^2-c^2)$，得

$$\frac{x^2}{a^2}+\frac{y^2}{a^2-c^2}=1 \quad (5)$$

提问：化简到 $\frac{x^2}{a^2}+\frac{y^2}{a^2-c^2}=1$ 这一步之后，该如何操作，才能使得证明过程更简洁、更能体现数学美呢？

由椭圆的定义可知 $2a>2c>0$，即 $a>c>0$，所以 $a^2-c^2>0$。

令 $b=\sqrt{a^2-c^2}$，则方程（5）即为

$$\frac{x^2}{a^2}+\frac{y^2}{b^2}=1(a>b>0) \quad (6)$$

我们将方程（6）称为焦点在 x 轴上的椭圆方程。

问题 2.2

如果椭圆的焦点在 y 轴上，那么椭圆的标准方程是什么？

答：标准方程为 $\frac{y^2}{a^2}+\frac{x^2}{b^2}=1(a>b>0)$。

问题 2.3 这里的 b 是我们为了方便而令出来的，那么它有没有什么几何意义？在下图中，我们能够找到 b 吗？ 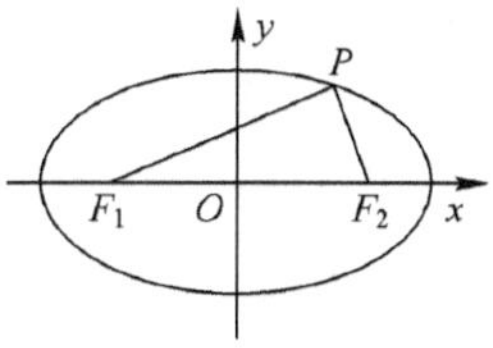 **答：** 椭圆的上、下顶点。	学生思考，解决问题。
例 1 求适合下列条件的椭圆的标准方程。 （1）两个焦点的坐标分别是$(-3,0)$，$(3,0)$，椭圆上的点 P 到两焦点的距离之和为 8。 （2）焦点在 y 轴上，且经过两个点$(0,2)$和$(1,0)$。 （3）两个焦点的坐标分别是$(0,-2)$，$(0,2)$，并且椭圆经过点$\left(-\frac{3}{2},\frac{5}{2}\right)$。 （4）经过点 $P\left(\frac{1}{3},\frac{1}{3}\right)$，$Q\left(0,-\frac{1}{2}\right)$。	学生思考，解决问题。

活动意图说明

本环节在环节一学生理解椭圆定义的基础上，建立恰当的平面直角坐标系，并利用坐标法推导椭圆的标准方程，提升学生数学运算核心素养。在椭圆标准方程的推导过程中，重点关注了参数 b 的引出合理性，学生明白其引入的目的，同时，也能在图形上找到对应的几何量，感受数学的严谨性和简洁美。

本环节采用的研究方法是笛卡儿和费马建立的平面解析几何的核心方法，是圆锥曲线发展史上的第二阶段，此阶段是一个崭新的阶段，开始从定性研究到定量研究，突破了原有欧几里得几何研究方式的禁锢，利用坐标法，将几何问题代数化。数学文化的渗透，不仅仅是指数学发展史的融入，更是数学思想方法的渗透，这是数学学科的精髓。在本环节中，以椭圆标准方程的推导为契机，师生、生生之间展开深度交流，激发学生深层次的思考，有意识地提炼和关注数学思想方法，以数解形，以形助数，充分体会数形结合思想的奥妙，最后，学生领悟研究椭圆的基本过程，为后续学习其他圆锥曲线提供基础。

环节三：课堂小结

教师活动 3	学生活动 3
问题 3.1 观察下面的图形，它们是什么曲线？ 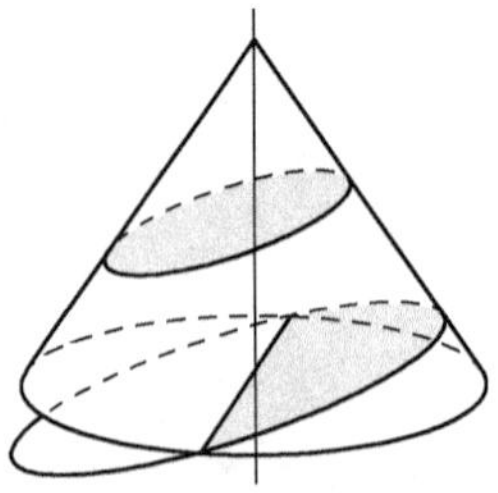 平面截圆锥的轮廓 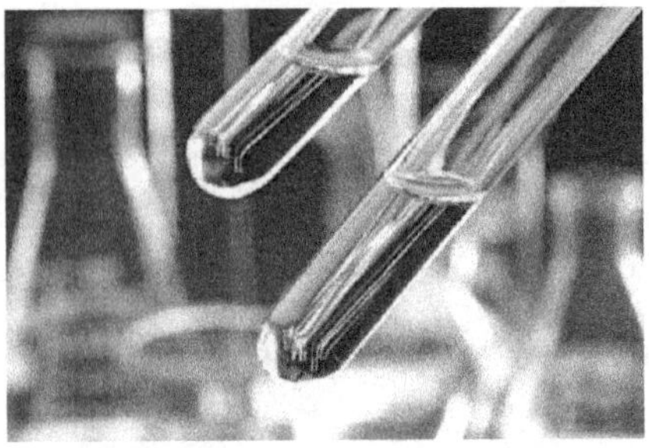 装有水的水杯（或试管）稍微倾斜时，水面的轮廓	学生观察，并大胆猜测，然后小组讨论证明。
提问：如果猜测是椭圆，能不能利用所学知识进行证明？	学生猜测是椭圆。

这个问题，对学生来说有一定的难度，教师引出圆柱面的旦德林双球模型如下图所示。

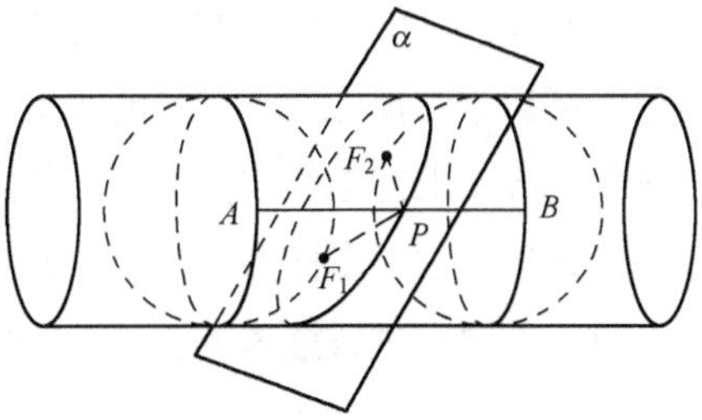

引发学生思考，并讨论如何解决　问题。

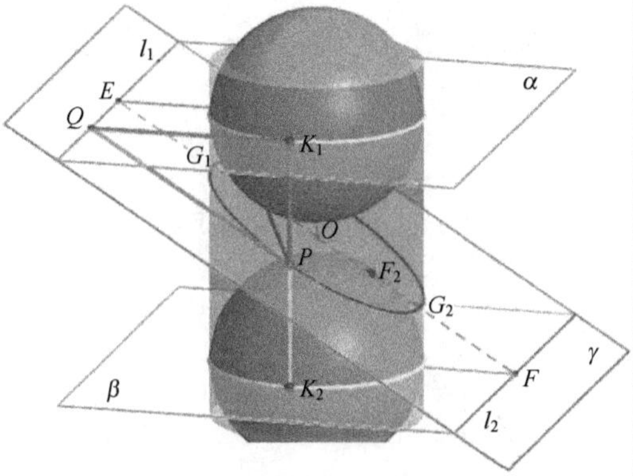

教师简单介绍旦德林双球模型、圆锥曲线的起源及发展史。

学生根据双球模型，思考如何利用定义，进行证明。

接下来，师生共同回顾总结本节课所学的知识和思想方法。

学生聆听，并和老师一起总结本节课的知识和思想方法。

活动意图说明

在本环节，通过让学生观察平面截圆锥所得到的图形轮廓和装有水的试管倾斜一点液面的轮廓，引导学生发现问题，提出问题，鼓励学生大胆猜测并证明，形成认知冲突，激发学生的探索欲望。在此问题的证明中，结合了圆柱面的旦德林双球模型，这个模型相对于圆锥面的更简单，由于上下两个球的半径相同，可用几何法证明所截得的曲线是椭圆；在证明之后，教师介绍圆锥曲线的起源与发展，学生了解数学知识的产生与发展，感受数学家们不断探索的精神。在本环节，回归了椭圆在数学发展史上的原始定义，关注了椭圆的几何特性，而不是用代数的方法去研究，展现了研究知识方法的多样性。最后，师生共同归纳总结本节课所学的知识和思想方法，感悟数学魅力，提升逻辑推理及数学运算的数学素养。

7. 作业及拓展学习任务设计

作业采用分层设计，适合不同层次的学生，A 组为基础达标题，B 组为能力提升题，C 组为综合创新题。

拓展学习任务设计内容如下。

① 类比圆柱面的旦德林双球模型，如下图所示，证明：平面截圆锥面（不平行母线和轴线）得到的曲线是椭圆。

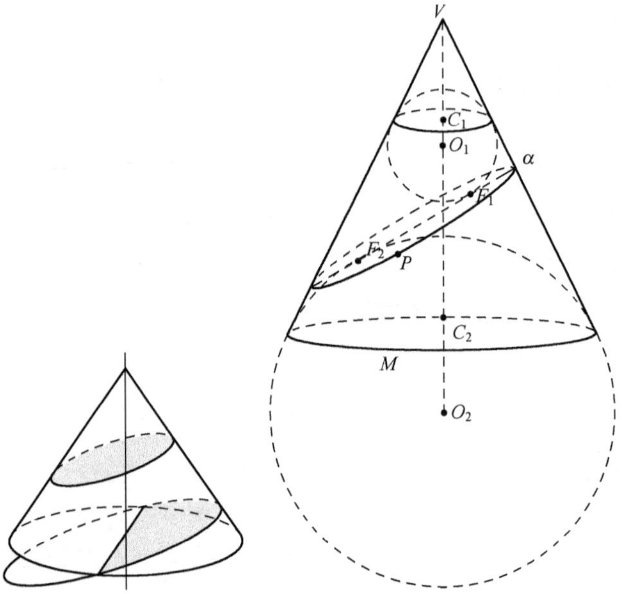

② 查阅历史资料，撰写关于椭圆定义的历史小论文（或 ppt），小组展示交流。

8. 教学反思

本节课的教学首先导入生活中常见的椭圆图形，创设情境，引出椭圆的概念，进行深入辨析；然后，利用坐标法，求出椭圆标准方程，探究参数的几何意义；最后回归到从原始定义到第一定义的知识发生过程，基于旦德林双球模型展开证明。

本节课并没有遵循椭圆的历史发展顺序，而是重构历史，给学生创造多角度认识椭圆、研究椭圆的机会，这是一个新的尝试，基于本节课的教学总结出如下几点反思。

（1）教学有效融合数学文化，赋予知识活力

本节课环节一中抽象出椭圆定义之后，融入了 17 世纪荷兰数学家舒腾的画法，这个作图过程，揭示了椭圆上的点满足的条件，舒腾画法的巧妙融入，不仅表达了椭圆定义的图形语言表示，更激发了学生们思考的兴趣，从而探索作图本质，进一步理解了椭圆的定义。旦德林双球模型的引入，回归了历史上椭圆产生的原始定义，并建立了原始定义和第一定义的联系，将空间问题转化为了平面问题，搭建思维台阶，降低学生探究的难度。由此可见，数学文化的引入，可以帮助学生了解知识的起源与发展，赋予知识活力，从不同角度认识和理解概念，加深对椭圆的认识，感受数学家的科学精神。

（2）问题设计层层递进，贴合学生认知规律

本节课的引导问题，层层递进，顺势而为，把握了学生提供的教学契机，并创造认知冲突，驱动学生探索的欲望，从而促其主动构建概念，并深刻理解概念。如关于椭圆定义中的“$2a>|F_1F_2|$”限制条件，自然而然就要引导学生思考小于或等于会出现什么样的结果，再如在椭圆标准方程化简过程中引入参数“b”，引导学生探究其引入的合理性。学生探究是课堂的主体，但教师引导更是不可或缺的部分，合理的问题设计可以提高学生探究活动的深度和效果。

（3）概念课（或章节起始课）教学的思考

概念课、起始课的教学不仅要关注对概念本身的理解，更要关注其对后续学习的正迁移作用，如本节课学习的圆锥曲线是第一个重要的概念，为后续学习其他二次曲线提供了一般化研究思路。本节课的椭圆教学，关注学生知识形成的过程，给予学生足够的思考空间，激发了学生学习的主动性和积极性，促使其充分辨析和理解了概念。在教学中，教师不过度限制学生思维，让学生成为探索和发现知识的真正主人。

总体来看，本节课虽有诸多尝试取得了成功，但也有一些不足之处，例如在一些问题的引导上，思维水平层次较浅，学生的回答受到了限制，在日后的教学中会进行调整；同时，学情分析也不够全面准确，日后会结合课前测试进行诊断，全面了解学生的知识储备和能力水平，使教学活动设计更加紧贴学生实际。

第五节 古典概型初步认识

基本信息			
姓　　名	杨贺羽	学　　校	北京交通大学附属中学
年　　级	初三	教科书版本及章节	人教版九年级上册第 25 章
学习领域/模块	统计与概率		

单元教学设计	
单元学习主题	概率初步

1. 概率统计的发展历史

计算事件出现结果可能性的最早应用实例是纸牌和骰子游戏。17 世纪之前，人们已经知道计算具体数目的事件中哪种情况可能发生的次数最多。目前所知，对骰子游戏进行系统研究最早始于 13 世纪。人们开始关注以下一些问题：掷 3 个骰子，3 个数相同有哪些组合方式，2 个数相同但第 3 个数不同有哪些组合方式，3 个数的和有哪些可能出现的情况等。在概率论的前史阶段，三骰子问题一直是重要话题，后来的卡丹、伽利略都讨论过该问题。15 世纪末，卡丹与塔塔利亚在《博弈者入门》一书中首次引入了概率的概念。到了十六七世纪，在欧洲许多国家，贵族之间赌博之风盛行，掷骰子是他们常用的一种赌博方式。利用骰子赌博的方式可谓五花八门，而赌徒们最关心的就是：如何在赌博中不输。许多人都开始研究在赌博时不输的方法，这实际上是概率论的萌芽。

后来，这些问题被数学家帕斯卡、费马获知，他们从最早的点数问题出发，即在 3 点的情形中，设甲乙各出相同赌注若干，甲已经赢了 2 点，乙已经赢了 1 点，若此时中止赌博，要求甲乙的赌金该如何分配比较合理？基于此还衍生出了很多更为复杂的情形，他们对此类问题进行了长期的研究，并在研究过程中不断纠正错误的方法，最后建立了概率论的一个基本概念——数学期望。荷兰数学家惠更斯听说过费马和帕斯卡解决点数的问题，但他没有了解他们的具体方法，而是独立进行了深入的研究。1657 年，惠更斯将其多年潜心研究的成果写成了专著《论赌博中的推断》。迄今为止，这本书被认为是概率论中最早的论著，惠更斯是第一个明确提出“数学期望”概念的人，这一时期被称为组合概率时期，主要研究内容是计算各种古典概率。在如今的中学课本中，“从袋中摸不同颜色的球”的问题也是惠更斯首先提出来的[1]。

[1] 汪晓勤，韩祥临. 中学数学中的数学史. 北京：科学出版社，2002.

在此之后，对概率论这一学科作出较大贡献的是瑞士数学家族——伯努利家族的几位成员。雅各布·伯努利在前任研究的基础上继续分析赌博中的其他问题，给出了“赌徒输光问题”的详尽解法，并花了20年的时间证明了“大数定律”。他所著的《猜想的艺术》包含了许多新的成果和方法，并第一次试图在单一的概率值与众多现象的统计度量之间建立演绎关系，构筑了从概率通向更广泛的应用领域的桥梁。

随着十八九世纪科学的发展，人们注意到某些生物、物理和社会现象与机会游戏相似，从而由机会游戏起源的概率论被应用到这些领域中，同时也大大推动了概率论本身的发展。在此期间，法国天文学家、数学家、统计学家拉普拉斯将古典概率论向经典概率论进行推进。他在《分析概率论》中首先明确给出了概率论的古典定义和基本定理，在概率论中引入了更有力的数学分析工具，将无穷小方法系统而协调地运用于概率论，建立了观测误差理论和最小二乘法，将概率论推向了一个新的发展阶段，开启了现代概率论的先河。此时概率论走出赌博，朝着严谨的学科发展。

概率论在20世纪再度迅速地发展起来。1906年，俄国数学家马尔可夫提出了所谓“马尔可夫链”的数学模型。1934年，苏联数学家辛钦又提出了一种在时间中均匀进行着的平稳过程理论。20世纪初完成的勒贝格测度与积分理论及随后发展的抽象测度和积分理论为概率公理体系的建立奠定了基础。1933年，在这种背景下，科尔莫格罗夫在他的《概率论基础》一书中首次给出了概率的测度论式定义和一套严密的公理体系。他的公理化方法成为现代概率论的基础，使得起源于赌博的概率论变成了严谨的数学公理化体系中的一个分支。

如今，概率统计已经在诸多领域，如日常生活、社会生产、自然科学、社会科学、体育艺术中发挥着越来越重要的作用。

从概率论的发展历史可以看出，概率论从赌博游戏中萌芽，被数学家们纳入研究范畴之后，与积分、测度等建立了联系，逐步发展成为数学的一个分支。概率论源于实际，如今又被应用于实际。例如，概率论的分析应用在风险投资领域的实例较多，尤其是应用概率理论知识进行风险投资市场变化规律的分析研究。股票交易市场是一个比较大的随机系统市场，在进行股票交易的过程中，很多问题及可能性的发生与出现都是随机的，符合概率论的统计原理，因此对于股票市场的变化规律可以使用概率论进行分析统计应用。

下面简要介绍统计的发展。由于人类的统计实践是随着计数活动而产生的，因此，统计发展史可以追溯到远古的原始社会。但是，能使人类的统计实践上升到理论的高度，却是近代的事情，距今只有三四百年的短暂历史。统计学发展的概况，大致可划分为古典记录统计学、近代描述统计学和现代推断统计学三种形态。随着各种各样的统计方法出现，统计与概率的结合也越来越密切，起源于人类实际活动的统计逐渐上升到方法论的高度，具有相应的理论基础作为支撑[2]。

2. 概率统计的数学文化价值

在数学的思想方法上，概率中最重要的思想是随机思想，它研究的是随机现象。对于随机现象在一次试验中是否发生，我们不能确定，因为试验结果是具有随机性的，但是在大量试验中却能呈现出明显的统计规律，随机事件发生的频率在概率附近波动，且出现一定的稳定性。随机思想是通过偶然去发现必然，研究隐藏在随机现象背后的统计规律，进而理解随机现象。统计中重要的思想方法包括统计调查、统计描述和统计推断思想，通过收集整理数据、分析数据、描述数据，得到样本的情况，基于样本的统计结论进一步推测总体的情况，体现了用样本数据估计总体特征的基本思想。统计思维不是在追求一种确定的、准确的答案，而是在一定的犯错概率下给出相应的结论。此外，概率统计中还蕴含了数形结合的思想方法。通过列表或画树状图来表示枚举古典概型的样本空间，利用表格、条形图、折线图、散点图、频率分布直方图等表示样本数据，直观清晰地呈现数据的特征，帮助我们理解样本数据。表格和图形能帮助我们更好地刻画样本空间，方便研究随机事件，也能直观地描绘样本数据的特征，进而有助于我们做出合理的统计推断。数形结合的方法被广泛应用于概率统计问题的研究之中[3]。

在实际应用方面，生活中的很多现象都是随机现象，如气候变化、物价变化、体育比赛、汽车流量、彩票中奖、股价的走势等。对于这些随机事件，如果能够比较准确地预测其发生的可能性，就会为我们的工作和生活带来很大方便，解决很多问题。随着科技的发展，气象部门已经能够比较准确地预报天气变化，对气温、降水量、风力、风向等的变化作出比较准确的预测，帮助人们提早做出预防，从而减少灾害的发生。这些现象都离不开对数据的分析及对事件发生可能性大小的定量刻画，从而作出合理的预测和决策，这正是概率统计研究的主要内容。

在数学美学方面，概率统计中体现了统一美、结构美、奇异美和方法美[4]。

统一美体现在把集合论引进概率论中，用集合的观点来研究事件，使概率论的研究更加严格化。为了抓住基本事件的数量特征，引入了随机变量，又进一步引入了随机变量的分布函数。函数思想的导入使得微积分可以在概率论中得以应用。可见，概率论是建立在

[2] 史宁中，高夯，陶剑，等. 中学概率与微积分研究. 北京：高等教育出版社，2010.

[3] 陈颖. 探究概率统计的文化价值. 四川：四川师范大学，2010.

[4] 王兵. 概率统计中的数学美学思想. 高等数学研究，2009.5：13-17.

集合论与微积分理论基础之上的。这种理论和方法的统一给人以整体感和统一感，使之产生稳定而有秩序的美。

法国数学家彭加莱说过：“数学的结构美是指一种内在的美，它来自各部分的和谐秩序，并能为纯粹的理智所领会。可以说正是这种内在美给了满足我们感官的骨架。”概率统计不但整体结构严谨，而且其中某一部分的内部结构也是很美的，如正态分布、卡方分布、t 分布、极限定理等，均呈现出简单、整齐、和谐、对称的结构之美。

数学中的奇异美是指数学中所得出的结构或使用的方法是出乎意料的，引起了人们的赞赏与叹服，给人以新奇的美感。概率中最能表现奇异美的例子是 Buffon 投针问题，Buffon 通过投针试验得到圆周率 π 的近似值，很好地体现了统计中蒙特卡罗方法的随机模拟思想。

方法美体现在概率思想可广泛应用于各个学科，从中能看到概率与其它学科的联系及用概率思想解题的美妙之处。它的基本思路是：通过构造恰当的概率模型，再利用概率论的性质、定理等解决问题。这种方法有时可以使问题的解决过程变得非常简洁。

3．教学设计中的数学文化渗透

在初中这一学段，对于概率的教学要求不高，学生能够理解概率是用来度量随机事件发生的可能性大小的，会解决简单的古典概型问题，能用频率估计概率即可。从课标的教学提示中可以看出，在该学段，概率的教学中更多的是要渗透概率思想，了解古典概型及其计算方法，因此本节课作为单元复习课，其教学目标一方面是对本章重点知识的回顾和巩固，另一方面，需要根据学生的学习情况对古典概型问题进行深挖和提升。基于这两个目标，在教学中可将概率发展早期的几个问题作为素材让学生进行探究。概率的前期研究都是围绕着古典概型问题展开的，问题具有一定的难度，能够帮助学生更好地理解概率的古典定义。

环节一的问题是概率前史阶段的重要问题——掷骰子。掷骰子是学生很熟悉的随机现象，掷双骰子也是教材当中的例题，从它入手的目的是可以先回顾和巩固本章重要的知识和方法。之后教学的进程与概率发展相同，将掷骰子问题升级为三骰子问题，在教学中要引导学生发现这类问题最本质的想法是什么。在之前研究双骰子问题时用的是穷举法，但是将这种方法迁移到三骰子问题中显然不是可取的。这类问题的通性通法是先分类讨论，将点数之和问题转化为骰子的点数问题，再转化为已知几个数，它们对应到骰子上有多少种情况。本环节通过由浅入深的设计引导学生发掘问题的本质，体会古典概型中“等可能”的重要性，培养学生的逻辑推理能力和分类讨论的思想方法。

环节二的问题是促进概率论诞生的重要问题——赌金分配问题。这类问题对学生有较高的要求。首先学生需要读懂题意，并选用合理的方式来解决问题，即按照获胜概率的比率来分配赌金。其次，学生能用简洁的方式正确列出所有可能的情况，而如何列出等可能的情况也是这个问题的难点。对赌金分配问题的探究过程能让学生体会到当时数学家们在研究数学问题过程中的不易和执着，学生通过不断试错和调整策略可以更深刻地体会到古典概型中“等可能”的重要性。问题 4 是对问题 3 研究成果的反馈和提升，将两人问题升级为三人问题，可培养学生的逻辑推理和举一反三的能力。最后对本节课的总结旨在让学生梳理本节课的思想方法，整理问题的研究思路。这也是数学研究的重要过程，以便及时反思总结，积累经验。

经过本节课的学习，学生能够对概率的起源和发展有一个初步的认识，亲身体验数学研究的过程，有助于提高学习数学的兴趣。同时，概率源于实际，且广泛应用于现实生活中，本节课的四个问题都具有很强的实际背景，能让学生感受到概率的实际应用价值。当学生看到学习数学的有用之处时，就能感受到数学的意义，进一步提高数学研究的积极性。此外，该教学对问题的设置由浅入深，从学生熟悉的问题入手，层层递进，引导学生发现核心问题，总结通性通法，理解概念的本质要义，有助于培养学生的逻辑推理能力、分析与解决问题的能力、阅读理解能力及合作探究能力，掌握分类讨论、举一反三、梳理总结等研究方法。

4. 学习者分析

学生在小学阶段对于概率的认识更多体现在对随机现象发生可能性大小的感知上。他们能在具体情境中通过实例来感受简单的随机现象，体验确定性和不确定性；通过实验、游戏等活动，直观感受随机现象发生的可能性是有大小的，并且能够对一些简单的随机现象发生的可能性大小作出定性的描述。到了初中阶段，学生将面对一些更为复杂的随机现象，需要通过较严谨的表述来定量描述随机现象发生的可能性。

5. 单元学习目标与重点、难点

学习目标[5]：

① 了解必然事件、不可能事件和随机事件发生的概率；

② 知道频数、频率和概率的意义，理解概率是对随机事件发生可能性大小的度量，能够描述简单随机事件（古典概型）的特征，理解可能结果的个数有限和每一个可能结果出现的概率相等这两个特征；

③ 能用列举法（如列表、画树状图等方法）表示简单随机事件（古典概型）所有可

[5] 中华人民共和国教育部. 义务教育数学课程标准. 北京：北京师范大学出版社，2022.

能的结果，能求出指定随机事件发生的所有可能结果，能计算简单随机事件发生的概率；

④ 能够通过随机试验获得事件发生的频率；知道经历大量重复试验，随机事件发生的频率具有稳定性，能用频率估计概率，理解概率的统计意义，了解频率与概率的区别与联系；

⑤ 能从统计与概率的角度认识、理解和表达现实世界中大量存在的随机现象，能通过构建概率模型来解决实际问题，培养模型观念和应用意识，提升数据观念。

重点：理解题意，能用列表、画树状图等方法求出简单随机事件所有可能的结果和指定随机事件发生的所有可能结果，计算简单随机事件发生的概率。

难点：读懂题意，用恰当的方式准确描述随机事件发生的所有可能的结果，并且找准指定事件包含的所有可能结果。

6. 单元整体教学思路

单元整体教学思路（见下图）是通过抓关键问题串起整个单元的教学。首先是对随机观念的培养，随机事件最重要的特征是不确定性（或偶然性），在带领学生认识随机事件的时候要重视对随机观念的培养；其次是抓住概率古典定义教学的两个关键——等可能和有限性，尤其是在较复杂的概率问题中，等可能的要求更为重要，也容易被忽视；然后，在理解的基础上引导学生用定量的方式求解一类简单随机事件发生的概率，借助列举法求概率；最后在“用频率估计概率”这节的学习中加强对概率统计意义的理解。总而言之，这一单元整体的教学思路是：理解随机事件及随机性——理解概率的古典定义——定量求解概率——理解概率的统计意义。

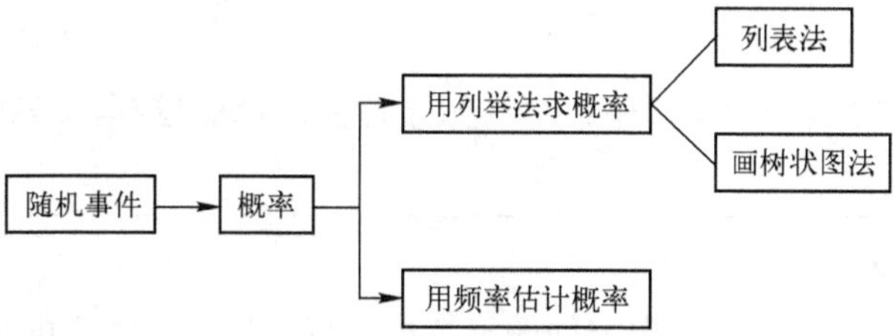

本单元课时安排见下表。

章节	课时
随机事件与概率	3 课时
用列举法求概率	2 课时
用频率估计概率	2 课时
数学活动与小结	2 课时
单元复习课	2 课时

课时教学设计	
课题	**概率初步复习课**
课型	新授课□ **章/单元复习课 ☑** 专题复习课□ 习题/试卷讲评课□ 学科实践活动课□ 其他□

1．教学内容分析

概率在初中教材的九年级上册中首次出现，教材中介绍了随机事件的定义，通过学习，学生初步了解了概率的古典定义，掌握了古典概型的计算方法，以及会用列举法求特定简单随机事件的概率。课本中的问题都是以古典概型为背景，与学生的生活背景比较接近，学生更容易理解。而古典概型作为一种重要的概率模型，在高中阶段也会进一步学习。基于此，作为单元复习课，本节课的目的是带领学生走进概率发展史，借助更为复杂的概率问题，加深学生对概率古典定义的理解。

2．学习者分析

① 知识基础：学生已经掌握了古典概型的基本计算方法，会用列表、画树状图的方式求样本空间中样本点的个数。

② 能力水平：具备一定的随机思想和模型观念，有较强的分析问题和解决问题的能力。

③ 可能遇到的困难：在枚举样本空间的时候找不准等可能的样本点。

3．学习目标设计

① 学生能够理解古典概型中的样本点发生的可能性相等的特征。

② 学生能够在较复杂的问题中准确找到研究的事件所包含的等可能的样本点的个数，以此计算概率。

③ 在了解概率发展史的学习中，体验数学探究活动的过程，培养探索精神和创新意识，增强合作意识。

4．学习重点、难点

重点：理解等可能的含义，根据问题描述准确找到样本空间中的样本点个数。

难点：理解题意，准确枚举等可能的样本点。

5．学习评价设计

① 观察法：在教学过程中，根据学生在探究活动中的表现来评价他们对本节知识的掌握情况。

② 课堂提问：通过课堂提问，检测学生对本节知识与方法的掌握情况。

③ 练习反馈：通过课堂练习的完成情况，检测学生对本节知识与方法的掌握情况。

6. 学习活动设计

<table>
<tr><th>教师活动</th><th>学生活动</th></tr>
<tr><td colspan="2">环节一：复习回顾古典概型</td></tr>
<tr><td>
教师活动 1
计算事件出现可能结果的最早应用实例是纸牌和骰子游戏，对骰子游戏的研究始于 13 世纪。在概率论的前史阶段，三骰子问题一直是重要话题。意大利数学家卡丹研究了如下问题，下面跟随卡丹一起来思考这 2 个问题。
问题 1：
掷 2 个骰子，和数分别为 12，11，10，…，3，2 的情形各有几种？
问题 1.1
用什么方式可以表示 2 个骰子点数的情况？
问题 1.2
和数分别为 12，11，10，…，3，2 的情形各有几种？
问题 1.3
2 个骰子的点数都为 1，与 1 个骰子点数为 1、另一个为 2 发生的概率相同吗？为什么？

问题 2：
伽利略曾研究过朋友向他提出的问题：投掷 3 个骰子时，点数之和分别为 9 和 10 的情形都有 6 种组合方式，但实际经验表明，10 出现的频率要比 9 高。为什么？
问题 2.1
还能用前面的方法把掷 3 个骰子的所
</td><td>
学生活动 1
回答 1：
列表/画树状图。
<table>
<tr><td>和</td><td>1</td><td>2</td><td>3</td><td>4</td><td>5</td><td>6</td></tr>
<tr><td>1</td><td>2</td><td>3</td><td>4</td><td>5</td><td>6</td><td>7</td></tr>
<tr><td>2</td><td>3</td><td>4</td><td>5</td><td>6</td><td>7</td><td>8</td></tr>
<tr><td>3</td><td>4</td><td>5</td><td>6</td><td>7</td><td>8</td><td>9</td></tr>
<tr><td>4</td><td>5</td><td>6</td><td>7</td><td>8</td><td>9</td><td>10</td></tr>
<tr><td>5</td><td>6</td><td>7</td><td>8</td><td>9</td><td>10</td><td>11</td></tr>
<tr><td>6</td><td>7</td><td>8</td><td>9</td><td>10</td><td>11</td><td>12</td></tr>
</table>
2 个骰子的点数都为 1 只有 1 种情况，1 个点数为 1、另一个为 2 的情况有 2 种，二者发生的概率不同。

回答 2：
一共有 216 种情况。和为 9 共有 6 种组合方式，但是每种组合方式不是等可能的。
9=1+2+6，3 个骰子点数为 1,2,6 的情形共有 6 种；
9=1+3+5，3 个骰子点数为 1,3,5 的情形共有 6 种；
9=1+4+4，3 个骰子点数为 1,4,4 的情形共有 3 种；
9=2+2+5，3 个骰子点数为 2,2,5 的情形共有 3 种；
9=2+3+4，3 个骰子点数为 2,3,4 的情形共有 6 种；
9=3+3+3，3 个骰子均为 3 的情形共有
</td></tr>
</table>

有情况一一列举出来吗？ **问题 2.2** 掷 3 个骰子一共有多少种情况？ **问题 2.3** 三数之和为 9 和 10 分别有哪几种情况？每种情况对应到 3 个骰子上会产生几种情形？ **问题 2.4** 解释为什么点数之和为 10 出现的频率高于 9 出现的频率。 **问题 2.5** 总结此类点数之和问题的通法。	1 种。 综上，点数之和为 9 的情形有 25 种。 10=1+3+6，3 个骰子点数为 1,3,6 的情形共有 6 种； 10=1+4+5，3 个骰子点数为 1,4,5 的情形共有 6 种； 10=2+2+6，3 个骰子点数为 2,2,6 的情形共有 3 种； 10=2+3+5，3 个骰子点数为 2,3,5 的情形共有 6 种； 10=2+4+4，3 个骰子点数为 2,4,4 的情形共有 3 种； 10=3+3+4，3 个骰子点数为 3,3,4 的情形共有 3 种。 综上，点数之和为 10 的情形共有 27 种。 点数之和为 10 的情况比 9 多，所以发生的可能性更大，频率更高。 点数之和问题的通法：先分类讨论，把点数之和问题转化为骰子的点数问题，再转化为已知几个数，它们对应到骰子上有多少种情况。

设计意图：

单元复习课从学生熟悉的掷骰子的实际问题入手，带领学生回顾古典概型的计算方法。问题 1 与课本上的例题相似，它是一个古老的问题，人们对于类似问题的讨论和延伸开启了对概率的研究。从问题 1 的研究中，学生可以初步体会到什么是等可能事件。问题 2 是对问题 1 的进一步思考，将双骰子问题升级为三骰子问题，提高了问题的复杂度。问题 1 可以用穷举的方法清楚地列出所有等可能的事件，但是问题 2 用穷举的方法来做显然是不方便的，其涉及的情况有 216 种，耗时太长。所以这个问题只需关注要研究的点数之和为 9 和 10 这 2 种情况。但是正如当初困扰住很多人一样，学生在找这 2 种情形对应的随机事件时很可能会出现找不准等可能事件的情况。此时再引导学生回到以下基本问题：已知 3 个数，它们对应到 3 个骰子上能产生多少种情况。问题 2 的解决方法实际上是将大问题拆解成小问题，然后找到解决小问题的基本问题，在此基础之上将问题逐个击破。通过问题 2 能进一步让学生感受样本点的等可能性。此外，这 2 个问题还蕴含了转化和分类讨论的思想，将骰子的点数之和问题转化为骰子的点数分别是多少，再通过枚举来解决问题。

本环节问题的设置目的是让学生了解概率的起源，同时体会解决数学问题的一般思路，通过逻辑推理，将复杂的问题转化为更为简单的问题逐一解决，最后实现复杂问题的解决。本环节旨在培养学生的逻辑推理能力、分析问题和解决问题的能力。

环节二：赌博游戏中的概率问题

教师活动 2

概率论的真正创始人是帕斯卡和费马。当时法国一个叫德·梅赫的名人在赌博过程中经常遇到点数问题，他向著名数学家帕斯卡提出了这个问题。1654 年，帕斯卡与费马通信讨论了该问题，解决了长达一个多世纪的难题，也标志着概率论的诞生。

问题 3：

设有甲、乙两名赌徒，约定先赢 4 局者，可获得全部的赌金 480 法郎，但是当甲赢了 2 局，乙赢了 1 局时，赌局不得不终止。请问赌金该如何合理分配？假设每局两人输赢的概率各占一半，每局输赢相互独立。

问题 3.1

依据什么来分配赌金比较合理？

问题 3.2

请列出所有可能出现的结果。你会发现什么问题？这些结果等可能吗？应该如何列才更合理？

学生活动 2

回答 3.1

按照甲和乙获胜的概率之比来分配赌金比较合理。

回答 3.2

设用 a，b 分别表示甲、乙赢一局的情形，则继续比赛的胜负情况如下。

学生可能会列出甲先赢 4 局的情况有：aa；aba；baa；abba；bbaa；baba。

但是这样列举会发现每一种情况发生的概率并不相等。

为了保证列举的每一种情况都是等可能的，我们需要考虑只要再举行 4 局一定能分出胜负，如果把每种情况下比赛的局数都变成 4 局，那么得到的每一种情况都是等可能的。

列出所有情况，如下图所示。

a a a a	a b a a	b a a a	b b a a
a a a b	a b a b	b a a b	b b a b
a a b a	a b b a	b a b a	b b b a
a a b b	a b b b	b a b b	b b b b

在分析其中的每一种情况时，要注意判断最终是谁获胜。例如 aabb 并不是表示甲乙同时获胜，实际上，当甲先赢 2 局的时候其

实结果已经确定是甲获胜了，我们是为了让每种情况等可能才把后2局的情况补上。

所以其中甲获胜的情况有11种，乙获胜的情况有5种。因此甲乙获得的赌金之比应该为11∶5。

问题4:

甲、乙、丙3人赌博，设现在的局面是甲需再赢1局，乙和丙各需再赢2局，才能最终获胜。若此时赌博被迫终止，赌金该如何分配?

回答4

设用a,b,c分别表示甲、乙、丙3人赢1局的情形，再比3局必能分出胜负。继续比赛的情况如下图所示。

a	a	a	b	a	a	c	a	a
a	a	b	b	a	b	c	a	b
a	a	c	b	a	c	c	a	c
a	b	a	b	b	a	c	b	a
a	b	b	b	b	b	c	b	b
a	b	c	b	b	c	c	b	c
a	c	a	b	c	a	c	c	a
a	c	b	b	c	b	c	c	b
a	c	c	b	c	c	c	c	c

其中甲获胜的情形有17种，乙获胜的情形有5种，丙获胜的情形有5种，所以赌金分配之比为17∶5∶5。

问题5:

总结本节课的内容。

回答5

本节课研究了更为复杂的概率问题，其核心依然是我们学习过的概率模型，在研究古典概型的过程中要注意以下两点:

① 认真审题，理解题意;

② 在枚举随机事件发生的所有可能的结果时，要注意判断这些结果是否是等可能的。

设计意图:

环节二中的问题3和问题4是推动概率论诞生的一类重要问题，也是困扰人们很长时间的一个难题。在课堂上让学生也面临同样的问题，使其体会到数学的发展其实是一个很漫长也很艰难的过程，我们现在看起来很简单的问题可能在当时花费了几代数学家的努力。让学生认识到对于问题的研究不可急功近利，需要沉下心来，不计较得失，享受整个研究过程带给我们的乐趣。

教学中，学生在列举的过程中很容易出现不理解题意、不知道要从哪些方向思考、考虑问题不全面、列举出的事件不是等可能的等问题。在不断出错和纠错的过程中，让学生理解如何列举出等可能的样本点，学会应从哪些角度来思考概率问题。问题 4 是对问题 3 的深化，将两人问题转化为三人问题，提高了问题的复杂程度，也锻炼了学生的分析能力。这两个问题给学生充分的时间去讨论和思考，交流自己的想法，最后总结思路和方法。通过对问题的深度探讨，培养学生的阅读理解能力、逻辑推理能力、探索精神和创新意识，通过小组探究、讨论，培养学生的合作精神。

数学文化的教育还包括对所学知识的价值的介绍。学生可以看到，概率的起源和发展离不开实际生活，通过用数学模型可解决实际的赌金分配问题，源于实际又作用于实际，体现了概率的应用价值。

7．板书设计

概率初步复习课

问题 1

问题 3　　问题 4

问题 2

（解答过程略）

8．作业与拓展学习设计

教师强调概率与生活息息相关，还有许多有趣的问题值得去探究。学生可以通过观察生活发现问题，也可以通过查阅文献或者学习概率的发展史，从中选择一个感兴趣的概率问题展开探究，完成一篇数学小论文。

9．特色学习资源分析、技术手段应用说明

本节课以概率发展史中一些重要且较为复杂的问题为研究载体，带领学生走近数学史，感受概率论发展的进程，并且运用所学的知识解决当年的难题。此外，把这些问题放在单元复习课中是对所学知识的巩固和加深，可深化学生对概率古典定义的理解，为高中的概率学习打下基础。

10. 教学反思

在数学教学中，知识和方法的传授一直占据主体地位，数学文化作为一个“编外人员”常常不受重视。实际上，数学文化是土壤，知识和方法是生长在土壤里的植物，它们都深受数学文化的滋养。数学文化蕴涵了千百年来数学漫长的发展史，滋养了重要的数学思想和方法，体现了数学的美学价值和应用价值。而数学史中有很多重要的问题都可以进入课堂中，让学生沿着数学家们的思路来探究，感受他们是如何思考和解决问题的。概率统计这一部分内容在初中的教学中要求不高，更多的是让学生体会概率的实际意义，掌握古典概型的计算方法，能从概率统计的角度来看待生活中的随机现象。所以在这部分的学习中加入数学史的内容，能让学生更好地体会到数学来源于生活，同时也应用于生活，并感受到数学的实际价值；另外，可鼓励他们多观察生活，多发现问题，用所学的知识来解决问题，生活中处处有数学。

第六节　祖暅原理与几何体的体积

基本信息			
姓　　名	张妍	**学　　校**	北京交通大学附属中学
年　　级	高二	**教科书版本及章节**	人教 B 版必修第四册 第 11 章　立体几何初步
学习领域/模块	几何与代数		

单元教学设计	
单元学习主题	立体几何

1．立体几何与球体体积公式的发展历史

在数学中，立体几何（solid geometry）是三维欧氏空间几何的传统名称，在现实中这就是我们生活的空间。历史上较为系统地阐述空间图形几何性质的著作，要追溯到公元前三百多年著成的欧几里得的《几何原本》。欧几里得从以前的一些希腊大几何学家——泰勒斯、毕达哥拉斯等人那里得到了丰富的几何学材料，但对欧几里得来说，要使几何学成为一个经得起严格推敲的综合体系，就要给几何学以稳固的逻辑基础[1]。他决定运用欧多克索斯曾经部分采用的严密的逻辑方法重新编纂成书。为此，他首先收集、整理已有的数学成果，以命题的形式作出表述，完善前人的各种定理并给予重新证明，使其达到无懈可击的地步；然后，他作出了自己的伟大创造：对定义进行筛选，选择出具有重大意义的公理，逻辑地、严密地按照演绎方法组织命题及其证明；最后形成了具有公理化结构和严密逻辑体系的《几何原本》。这种研究方法，常被称为古典公理法或综合法。因此，经典的立体几何属于综合几何的范畴。欧几里得的著作《几何原本》，是世界数学史上最伟大的著作之一，时至今日，我们在初中阶段学习的平面几何知识大部分来源于这本两千多年前的著作。

《几何原本》从第 11 卷开始阐述立体几何知识，它定义了立体的长、宽、高，直线与平面的垂直，平面与平面的垂直等概念，并研究了平面元素形成立体图形的方式和立体图形的性质，列举了 39 条定理。《几何原本》的第 12 卷证明了关于面积和体积的 18 个定理，用穷竭法求出了一些特殊曲线围成图形的面积与曲面围成立体的体积。《几何原本》的第 13 卷叙述了球的 5 种内接正多面体的作图法。

古希腊数学是以演绎为主的数学体系。与此相比，我国古代数学则表现出强烈的算法精神。所谓“算法”不只是单纯的计算，而是为了解决一整类实际或科学问题而概括出来的、具有一般性的计算方法，它是归纳思维的产物。这种能力与欧几里得的演绎风格迥然不同而又相辅相成。

《九章算术》大约成书于公元 1 世纪，是中国古代最著名的传世数学著作，也是中国古代最重要的数学典籍。它从成书开始直到西方数学传入之前，一直是中国古代数学学习者的首选教材，历史上多次作为朝廷颁定的数学教科书，对中国古代数学的发展起了巨大的推动作用。该书内容十分丰富，系统总结了战国、秦、汉时期的数学成就。同时，它在数学上还有其独到的成就，该书不仅最早提到分数问题，也首先记录了盈不足等问题，其中，《方程》章还在世界数学史上首次阐述了负数及其加减运算法则。《九章算术》是一本综合性的历史著作，是当时世界上最简练有效的应用数学，它的出现标志着中国古代数学已经形成了完整的体系。后世的数学家，大都是从《九章算术》开始学习和研究数学，许多人曾为它作过注释，其中最著名的有刘徽、李淳风等人。刘、李等人的注释和《九章算术》一起流传至今[1]。

球是一种完美的几何体，对球体体积和表面积公式的探索也是数学史上的经典问题。刘徽在他的“九章算术注”中，不但整理了各种解题方法的思想体系，提高了《九章算术》的学术水平，而且创造了许多新方法，开辟了数学发展的新道路。其中割圆术对中国古代算术的影响尤其深远。

当边数无限增加时，圆内接正多边形的面积趋近于圆的面积。公元前 5 世纪，希腊数学家安提丰最早发现这个结论，并称其为“穷竭法”。古希腊的穷竭法与古代中国的割圆术极为相似。刘徽的割圆术比古希腊的穷竭法要晚几百年，但他的成就超过了和他同时代的数学家，这是值得称道的。

刘徽在证明《九章算术》中的立体体积公式时，也运用了极限思想。在古代中国的汉代以前，人们测得直径为一寸的金球与边长为 1 寸的金立方体，其重量分别为 9 两和 16 两，由此得出两者的体积之比为 9∶16，从而得到近似公式：

$$V_{球}=\frac{9}{16}d^3$$

此结论被记载到了《九章算术》之中。《九章算术》的《少广》章中有所谓的“开立圆术”，“立圆”的意思是“球体”，古称“丸”，而“开立圆术”即求已知体积的球体的直径的方法。其中廿四问为：“又有积一万六千四百四十八亿六千六百四十三万七千五百尺。问为立圆径几何？开立圆术曰：置积尺数，以十六乘之，九而一，所得开立方除之，即丸径。”

但是如此粗略的估计很快就被其注释者刘徽所发现，并指明其是错误的。刘徽注：“以周三径一为圆率，则圆幂伤少；令圆囷为方率，则丸积伤多。互相通补，是以九与十六之率，偶与实相近，而丸犹伤多耳。”为了得到更准确的球体体积计算公式，刘徽希望构作一个立体图形，它的每一个横切面皆是正方形，而且会外接于球体在同一高度的横切面的圆形，而这个图形就是“牟合方盖”。从语言的角度来说，“牟”就是相等，“盖”表示伞；从外形看，其很像上下相合的两把雨伞，故取名为“牟合方盖”。刘徽指出，一旦计算出牟合方盖的体积，球的体积就会迎刃而解。

对比中国的《九章算术》与古希腊的《几何原本》可以发现，两部著作各具特色，风格迥异。《几何原本》是以形式逻辑的方法把所有内容组织为有机整体，《九章算术》则按问题的性质和解法分类编排；《几何原本》注重演绎推理，较少实用，《九章算术》则全是实用算法；《几何原本》内容全部为几何或几何外衣下的算术，《九章算术》则集中了算术、代数、几何等我国当时全部的数学知识。东西方古代数学的两部代表作可以说是交相辉映[2]。

2．立体几何的数学文化价值

美国数学史家克莱因曾经说过：“一个时代的总的特征在很大程度上与这个时代的数学活动密切相关。这种关系在我们这个时代尤为明显”“数学不仅是一种方法、一门艺术或一种语言，更是一门有着丰富内容的知识体系，其内容对自然科学家、社会科学家、哲学家、逻辑学家和艺术家十分有用，同时影响着政治家和神学家的学说[3]”。

可以看出，数学已经广泛地影响着人类的生活和思想，是形成现代文化的主要力量。许多历史学家通过数学这面镜子，了解古代其他主要文化的特征与价值取向。古希腊数学家强调严密的推理和由此得出的结论，因此他们不太关心这些成果的实用性，而是让人们去进行抽象地推理，同时激发人们对理想与美的追求[3]。《几何原本》中的公理化思想被认为是创建一门学科的基本思想，至今依然深刻地影响着数学的各个分支。

高中数学的科学价值主要体现为抽象性和逻辑严谨性，而立体几何这一章的学习充分彰显了这 2 个特点。在初中和高中数学几何板块的学习过程中，学生从二维到三维逐步地将日常生活中的空间场景抽象概括为图形，并运用点、线、面进行描述，符合学生从具体到抽象的认知规律；并在 4 个公理的基础上，通过严格的推理验证逐步建立了环环相扣的定理体系，再将它们作为工具进行应用。因此可以说数学文化的科学价值贯穿在立体几何的教学始终。

以上这些数学内容基本上属于 17 世纪微积分学以前的初等数学知识，而教材是按照一定的逻辑结构和课标要求加以取舍，经过不断推敲磨合形成的，这样就必然舍弃了许多数学概念和方法形成的实际背景、知识背景、演化历程及导致其演化的各种因素。这些也正是立体几何不可或缺的文化价值。在立体几何的发展过程中，有许多经典问题的产生富有时代背景，问题的解决对当时的社会发展也可能有着巨大的贡献和意义，而为解决这些问题，一代代数学家们的探索历程有时远比其结果更加精彩。科学研究不是一蹴而就的，学生在获取知识的同时也应对问题的原貌和全景有所了解，从经历背后感悟精神，从方法背后感悟思想，将来成为解决新问题的武器。因此在教学中，应寻找恰当的嵌入点将一些数学史的内容融入课堂教学，才能更好地帮助学生感受立体几何的魅力，提升学习的兴趣，进而对学生数学核心素养的形成有所助益。

3．教学设计中的数学文化渗透

《课程标准》在实施建议中指出："数学文化应融入数学教学活动。在教学活动中，教师应有意识地结合相应的教学内容，将数学文化渗透在日常教学中，引导学生了解数学的发展历程，认识数学在科学技术、社会发展中的作用，感悟数学的价值，提升学生的科学精神、应用意识和人文素养；将数学文化融入教学，还有利于激发学生的数学学习兴趣，有利于学生进一步理解数学，有利于开拓学生视野、提升数学学科核心素养[4]。"

在立体几何的学习过程中，有很多内容比较适合进行数学文化的渗透。中国古代数学著作《九章算术》中有许多立体几何方面的数学素材，可以有效地和课内的内容进行结合。《九章算术》是一本综合性的历史著作，是当时世界上最简练有效的应用数学，其中第五章《商功》主要涉及的问题就是土石工程和体积计算，这一章与立体几何的关联比较多。在教学中向学生渗透立体几何中蕴含的数学文化的同时，也在潜移默化中树立我们的文化自信，弘扬中国优秀传统文化。

素材 1：《九章算术·商功》："斜解立方，得两壍堵。斜解壍堵，其一为阳马，一为鳖臑。阳马居二，鳖臑居一，不易之率也。合两鳖臑三而一，验之以棊，其形露矣。"刘徽注："此术臑者，背节也，或曰半阳马，其形有似鳖肘，故以名云。中破阳马，得两鳖臑，鳖臑之起数，数同而实据半，故云六而一即得。"

这个素材曾经在 2015 年高考文科数学湖北卷上出现，一时间成为了网络的热门话题。事实上，"壍堵""阳马"和"鳖臑"都是立体几何中常见的几何体，在初学立体几何时，应多让学生见图、想图，以免在后续学习中对几何体的认识有所局限。例如，能否在正方体中画出四个面都是直角三角形的三棱锥？这个问题对一些同学来说从直觉上会觉得不可能，其实这个图形就是鳖臑，它的体积是正方体的六分之一，也可以尝试让学生看一看这个几何体的三视图，会开拓学生对于棱锥形状的认识，同时这个素材也可以与柱体、锥体的体积求解结合起来。

又如《九章算术》中有以下体积求解问题。

（1）“今有壍堵下广二丈，袤一十八丈六尺，高二丈五尺，问积几何？”译文：现有底面是直角三角形的直三棱柱，底面的两条直角边宽为2丈，长为18丈6尺，高为2丈5尺，问它的体积是多少？

（2）“今有阳马，广五尺，袤七尺，高八尺，问积几何？”译文：现有底面是矩形、一条侧棱与底面垂直的四棱锥，底面宽5尺，长7尺，高8尺，问它的体积是多少？

此外，能否判断一个几何体是否为鳖臑，也可以和空间中的垂直关系这个教学内容相结合。例如，这个问题可以作为线面垂直关系的判定与性质的应用，用以提升学生的数学学习兴趣。《九章算术》中，将底面为长方形且有一条侧棱与底面垂直的四棱锥称之为阳马，将四个面都为直角三角形的四面体称之为鳖臑。如下图所示，在阳马 $P-ABCD$ 中，侧棱 $PD\perp$ 底面 $ABCD$，且 $PD=CD$，E 为 PC 的中点，点 F 在 PB 上，且 $PB\perp$ 平面 DEF，连接 BD、BE。

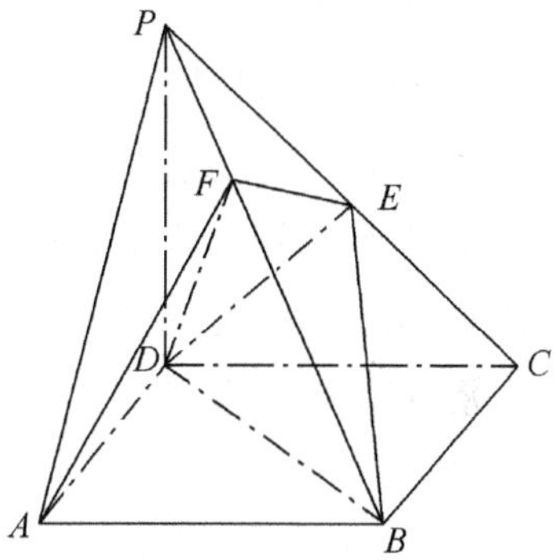

（Ⅰ）证明：$DE\perp$ 平面 PBC；

（Ⅱ）试判断四面体 $DBEF$ 是否为鳖臑，若是，写出其每个面的直角（只需写出结论）；若不是，说明理由。

素材2：球是一种完美的几何体，对球体体积和表面积公式的探索也是数学史上的经典问题。中西方很多数学家为此问题前仆后继，贡献出了自己的力量。其中中国古代数学家刘徽在解决球体体积的过程中，创造性地提出了一个几何体“牟合方盖”，为后续问题的解决提供了强有力的模型；祖冲之祖暅父子完成了牟合方盖体积的推导，从而得出了准确的球体体积计算公式。

牟合方盖这个几何模型也开拓了学生对几何体形状的认识，它的正视图和左视图均为圆形，而俯视图是正方形，该模型曾多次作为问题背景在试题中出现，且与球体体积和祖暅原理这个教学内容有着密切的关联，因此是可以使用的较好的立体几何教学素材。

更重要的是，从刘徽的割圆术到祖暅原理，都蕴含着“微元法”的思想，采用了对面积或体积进行无穷小分割，然后求其极限状态的和的方式解决圆面积或几何体体积的方法。这说明在中国古代数学中早已有了朴素的积分思想，祖氏原理在西方被称为“卡瓦列里原理”，由意大利数学家卡瓦列里在1635年独立提出，其对微积分的建立产生了重大影响。由此让学生感受到其实中国古代数学中的很多思想很“现代”，进一步提升学生的文化自豪感。

4．学习者分析

学生学习本单元的时间不长，还没有学习公理化体系，对空间图形及空间中基本元素的位置关系仍处于感性认识之中，虽具备一定的逻辑推理素养，但仍需要逐步积累提升，进一步发展理性思维，逐渐把感性认识上升为理性认识。

5．单元学习目标与重点、难点

1）单元学习目标

（1）基本立体图形：

① 利用实物、计算机软件等观察空间图形，认识柱、锥、台、球及简单组合体的结构特征，能运用这些特征描述现实生活中简单物体的结构。

② 知道球、棱柱、棱锥、棱台的表面积和体积的计算公式，能用公式解决简单的实际问题。

③ 能用斜二测法画出简单空间图形（长方体、球、圆柱、圆锥、棱柱及其简单组合）的直观图。

（2）基本图形位置关系：

① 借助长方体，在直观认识空间点、直线、平面的位置关系的基础上，抽象出空间点、直线、平面的位置关系的定义，了解4条公理及等角定理。

② 从上述定义和基本事实出发，借助长方体，通过直观感知，了解空间中直线与直线、直线与平面、平面与平面的平行和垂直的关系，归纳出性质定理，并加以证明（4条）。

③ 从上述定义和基本事实出发，借助长方体，通过直观感知，了解空间中直线与直线、直线与平面、平面与平面的平行和垂直的关系，归纳出判定定理（4条）。

④ 能用已获得的结论证明空间基本图形位置关系的简单命题。

2）学习重点、难点

立体几何初步的教学重点是帮助学生逐步形成空间观念，能够通过直观图理解空间图形，掌握基本空间图形及其简单组合体的概念和基本特征，解决简单的实际问题，能够运用图形的概念描述图形的基本关系和基本结果，能够证明简单的几何命题，并能简单应用。重点提升直观想象和逻辑推理的数学核心素养。

学习难点是学生形成空间观念，推理与证明在具体空间图形中的平行与垂直关系，并用准确的数学语言表达命题。

6. 单元整体教学思路

在本单元的学习中，教师应尽可能多地给学生提供丰富直观的实物模型或利用计算机软件呈现空间几何体，帮助学生理解和掌握图形的几何性质（包括证明），力求以长方体这个日常熟悉和规则的立体图形为载体贯穿始终，帮助学生认识和理解空间中的点、直线、平面的位置关系，并用数学语言表述有关平行、垂直的性质与判定，建立文字、图形和数学符号语言相结合的定理体系，逐渐能灵活地在具体图形中应用定理去解决实际问题。在教学中既应重视思路的引导，也应重视学生规范的语言表述。本单元教学结构与课时安排如下。

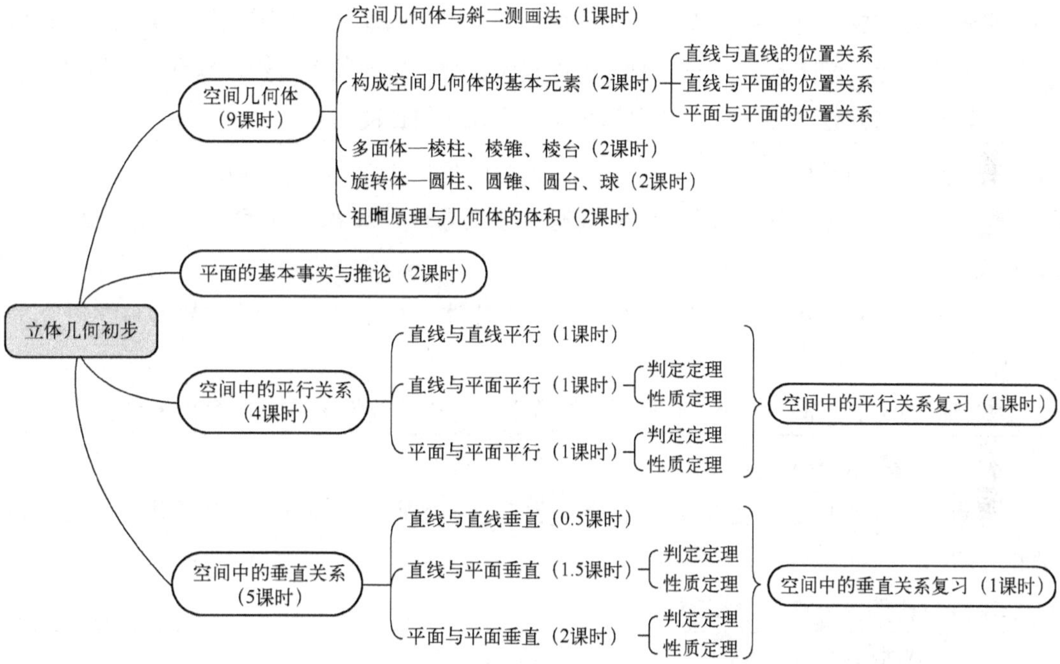

课时教学设计

课题	**11.1.6 祖暅原理与几何体的体积（第二课时）** **——球体体积与牟合方盖**
课型	**新授课 ☑**　章/单元复习课□　专题复习课□ 习题/试卷讲评课□　学科实践活动课□　其他□

1. 教学内容分析

在以往学习立体几何的球体体积公式时，大多数老师直接给出公式要求学生掌握，旧版教材中对于球体体积公式也是直接给出的，而新人教 B 版必修第四册第 11 章增加了课后阅读材料《我国古代数学中球的体积公式》，其中提到了为了得出球体体积公式而创造的一个立体图形“牟合方盖”，这一点变化也体现了新教材更加注重教学内容中数学文化的渗透。球体体积公式的推导作为祖暅原理的一个应用，是能够展现中国古代数学思想的良好素材，也是学生现阶段能够理解的，因此结合课后阅读材料和其他数学史料设计了本节内容，赋予了公式更多的背景，让学生理解球体体积公式的推导过程，认识“牟合方盖”这个特殊的几何体，同时感受到中国古代数学文化的魅力。

2. 学习者分析

在知识上，学生已经认识了常见的柱、锥、台体，并在本课的第一课时学习了祖暅原理，了解了柱、锥、台体的体积，初步理解了利用祖暅原理求不规则几何体的原理；在能力和素养水平上，学生具备了一定的逻辑推理和直观想象的数学素养，具有一定的自主学习能力，但其对问题的转化能力及空间想象能力还有待提高。

3. 学习目标设计

① 认识“牟合方盖”，理解利用祖暅原理推导球体体积公式的方法，掌握球体体积公式；

② 感悟刘徽、祖冲之祖暅父子探索得出球体体积公式的过程，发扬科学研究的精神；

③ 通过小组合作、讨论，了解有关的数学史，提升数学学习的兴趣和参与感。

4. 学习重点、难点

重点：认识“牟合方盖”，理解祖暅原理在求不规则几何体体积中的作用，掌握球体体积公式。

难点：计算“外棋”体积的转化。

5. 学习评价设计

本节课的评价分为以下三个方面。

小组评价：通过小组任务的完成情况，从搜集素材、课件制作、汇报演讲效果和成员参与度等多个方面进行评价。

课堂观察：通过课堂互动，观察学生在课堂活动中的表现来评价他们对于本节知识的掌握情况。

作业反馈：通过课后探究性任务的完成情况，评价学生的方法掌握情况及问题迁移的能力。

6．学习活动设计

教师活动	学生活动
环节一：了解数学史上球体体积公式的发展变化、认识牟合方盖	
教师活动 1 1）认识“牟合方盖” 指导学生以小组为单位，利用课前时间收集和整理有关求取球体体积的数学史，初步了解中国古代数学家刘徽及他构造的“牟合方盖”的作用，选择 1～2 组进行汇报展示。	**学生活动 1** 通过同学的介绍，认识中国古代数学史上球体体积公式的发展变迁，感受科学研究的精神。 认识中国古代数学家刘徽及他构造的“牟合方盖”这个“既圆又方”的特殊立体模型，它的每一个横切面皆是正方形，而且会外接于球体在同一高度的横切面的圆形，而这个图形就是“牟合方盖”，从语言的角度来说，“牟”就是相等，“盖”表示伞；从外形看，其很像上下相合的两把雨伞，故取名为“牟合方盖”（见下图）。 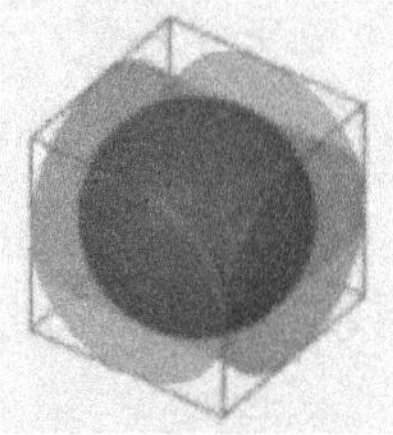 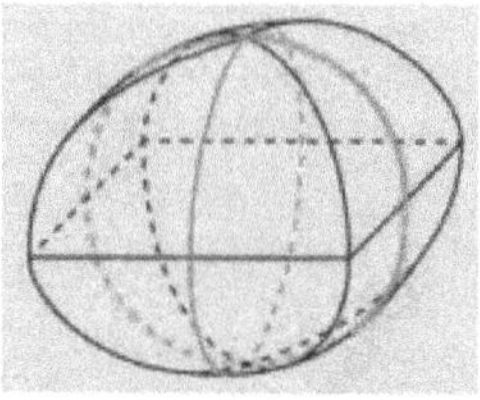 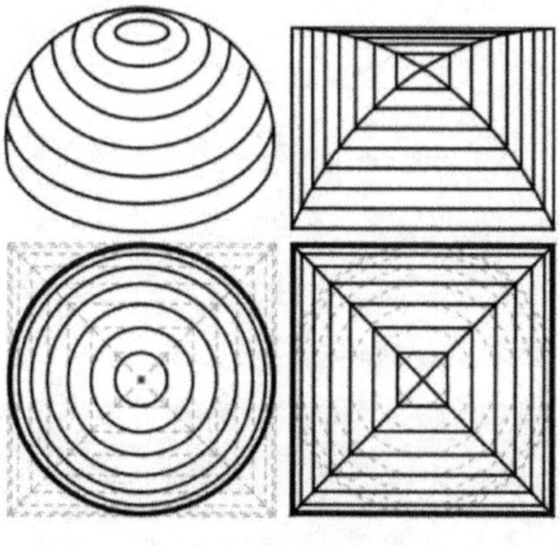 “牟合方盖”上半部分内切一个球体的视图

设计意图： 本环节的设计一方面旨在提升学生的课堂参与度，让学生主动地去查阅资料、获取信息，这也是新时代学生应该具备的一项关键能力；另一方面，便于从多个维度去评价学生，培养学生的小组合作意识、表达能力和团队精神。让学生在学习的过程中感受数学史上球体体积公式的得出经历了一系列过程，并不是一蹴而就的，一代代数学家为更精确得出球体的体积发挥着自己的智慧，体现了严谨的科学精神，依然值得现在的学生传承和发扬。另外，牟合方盖这个经典的立体几何模型能够丰富学生对立体图形的认识，它虽然并不是教材正文的内容，但却是非常值得学生了解和研究的良好教学素材。

环节二： 牟合方盖体积与球体体积的解决

教师活动 2	**学生活动 2**
2）探究牟合方盖的体积与球体的体积 **问题 2.1** 牟合方盖的体积与球体的体积有什么关系？回顾上节课学习的祖暅原理，是否能得到一些启发？ 如果对圆的每一个高度的横截面进行横向切割，可得到如下图所示的截面。 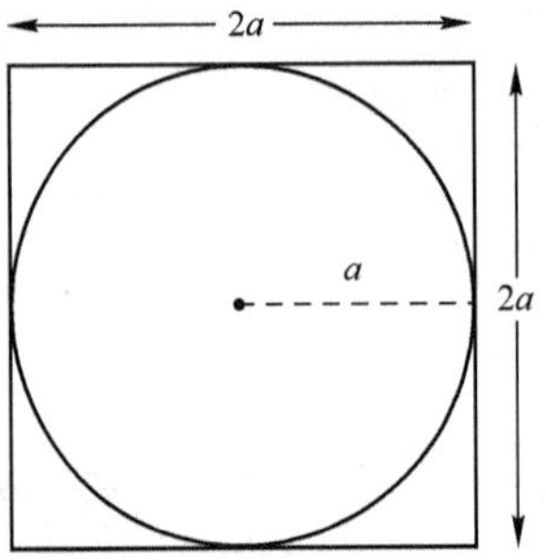 	从每一个截面形状出发，利用祖暅原理，从截面面积关系出发探究牟合方盖体积与球体体积的关系。
由于一个正方形与它的内接圆的面积比为 $4:\pi$，从而“牟合方盖”的体积跟内接球体的体积之比为 $4:\pi$，只要有方法得到“牟合方盖”的体积便可。 **问题 2.2** 如何求解牟合方盖的体积？ 可以先以牟合方盖的八分之一为研究对象，利用其外接正方体，刘徽将在牟合方盖之外的部分称作“外棋”，他指	利用图形的对称性，可以先以牟合方盖的八分之一为研究对象，再利用割补的思想求这八分之一牟合方盖的体积。

出解决方法是计算出“外棋”的体积。但由于“外棋”的形状复杂，刘徽始终没有成功，无奈只好留待有能之士图谋解决的方法。

刘徽注：“观立方之内，合盖之外，虽衰杀有渐，而多少不掩。判合总结，方圆相缠，浓纤诡互，不可等正。欲陋形措意，惧失正理。敢不阙疑，以俟能言者。”

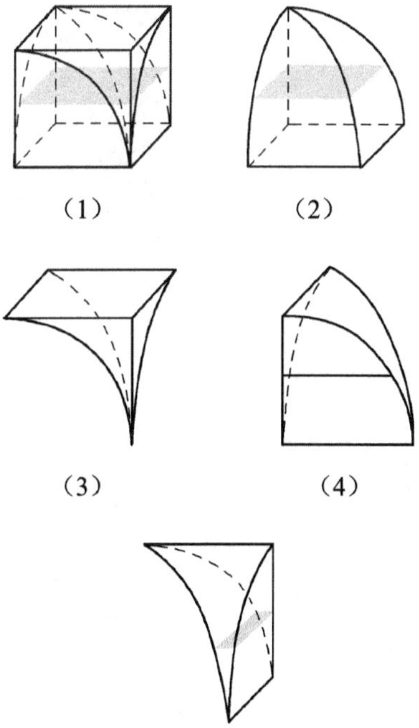

（1） （2） （3） （4） （5）

问题 2.3 如何求解“外棋”的体积？

曾经困扰刘徽的球体积问题到祖冲之时代终于得到了突破。这个正确结果记载在《九章算术》“开立圆术”之李淳风注中，称为“祖暅之开立圆术”。

祖暅对球体积的推导也遵循了刘徽的方法，仍从计算牟合方盖的体积开始。祖

查阅和交流中国古代数学家祖冲之的主要数学成就。

约 200 年后，刘徽所盼望的“能言者”终于出现了，他们就是祖冲之（429—500）与祖暅父子。祖冲之的杰出成就主要体现在天文历法、机械和数学三个方面，祖冲之因其对圆周率的精确计算而流芳百世，其突出贡献在于给出了“密率”。“约率”早已被阿基米德所知，但“密率”却是一项史无前例的创举，其相对误差是 9×10^{-8}，“密率”因此又被成为“祖率”。祖冲之的儿子祖暅也是一个博学多才的人，并且子承父业，他的成就表现在历法和数学方面。

暅的具体做法是，先取牟合方盖的八分之一[见图（1)、图（2）]，考虑它的外切正方体，他将这个正方体又分出三个小立体[见图（3)、图（4)、图（5）]。牟合方盖的八分之一部分称为“内棋”，三个小立体部分称为“外棋”。

祖暅原理为：“夫叠棋成立积，缘幂势既同，则积不容异。”意思是：两个立体如果在同样高度的截面面积均相等(见图 5)，那么其体积就会相等。

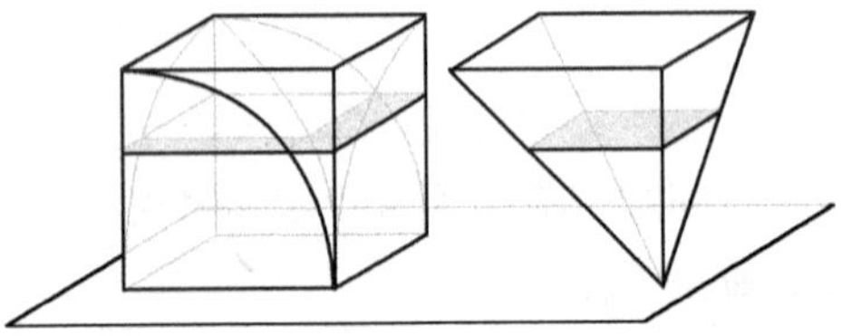

图 5

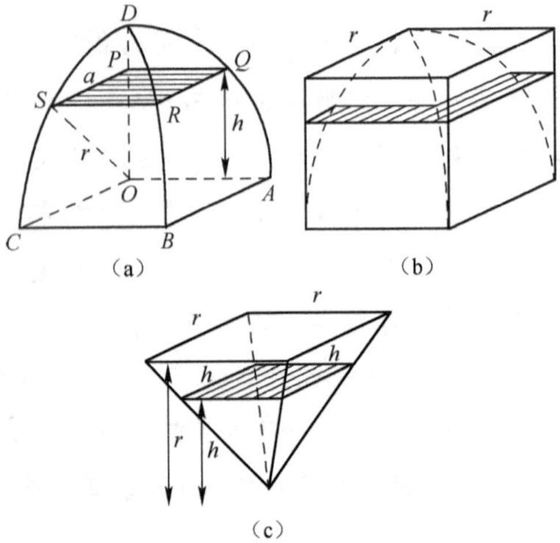

图 6

如图 6（a)，四边形 $PQRS$ 为正方形，设“牟合方盖”外接正方形的边长为 r 如图 6（b）所示，则 r 也同为其内接球的半径，由勾股定理得

$$PS = PQ = \sqrt{r^2 - h^2}$$

因此

$$S_{PQRS} = r^2 - h^2$$

由于 r^2 为底面大正方形的面积，即 h^2 表示图 6 中间的阴影部分的面积，故考虑一个方锥如图 6（c）所示，底面积为 r^2，不难发现在高度为 h 的阴影部分的截面面积为 h^2，于是根据祖暅原理可得

$$V_{外棋体积和} = V_{方锥体积} = \frac{1}{3}r^3$$

$$V_{牟} = V_{正} - V_{锥} = \frac{2}{3}r^3$$

又因为

$$V_{牟} : V_{球} = 4 : \pi$$

可得八分之一个球体的体积为 $\frac{1}{6}\pi r^3$，

所以

$$V_{球} = \frac{4}{3}\pi r^3$$

课堂练习 1：

《九章算术》中有如下问题："今有委米依垣内角，下周八尺，高五尺，问积及为米几何。"其意思为："在屋内墙角处堆放米（见下图，米堆为一个圆锥的四分之一），米堆底部的弧长为 8 尺，米堆的高为 5 尺，问米堆的体积和堆放的米各为多少。"已知 1 斛米的体积约为 1.62 立方尺，圆周率约为 3，估算出堆放的米约有（　　）。

（A）14 斛　　（B）22 斛

（C）36 斛　　（D）66 斛

了解牟合方盖与祖暅原理的应用。

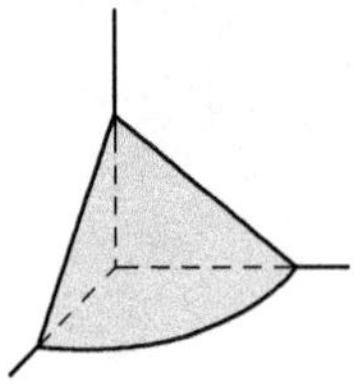

第 3 题

课堂练习 2：

我国魏晋时期的数学家刘徽创造了一个称为“牟合方盖”的立体图形来推算球的体积。如图 1 所示，在一个棱长为 $2a$ 的立方体内作两个互相垂直的内切圆柱，其公共的部分就是牟合方盖；如图 2 所示，设平行于水平面且与水平面距离为 h 的平面为 α，记平面 α 截牟合方盖所得截面的面积为 S，则函数 $S=f(h)$ 的图形是

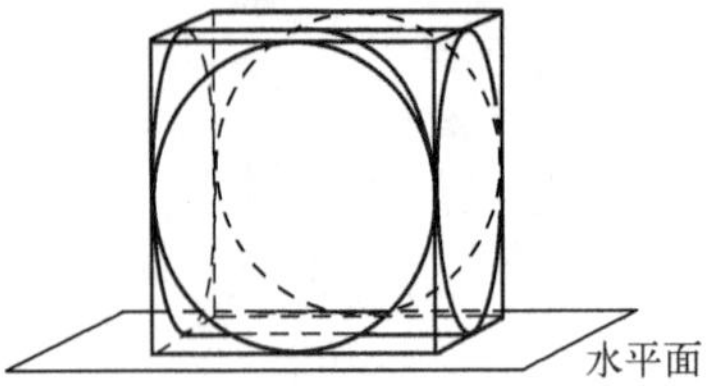

图 1

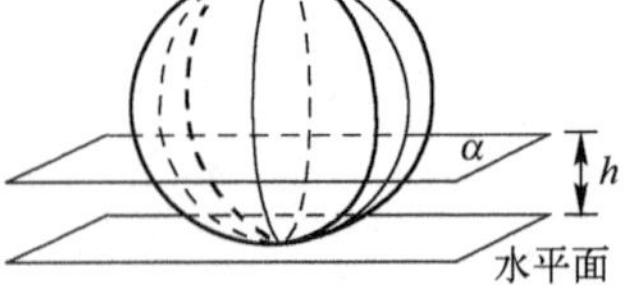

图 2

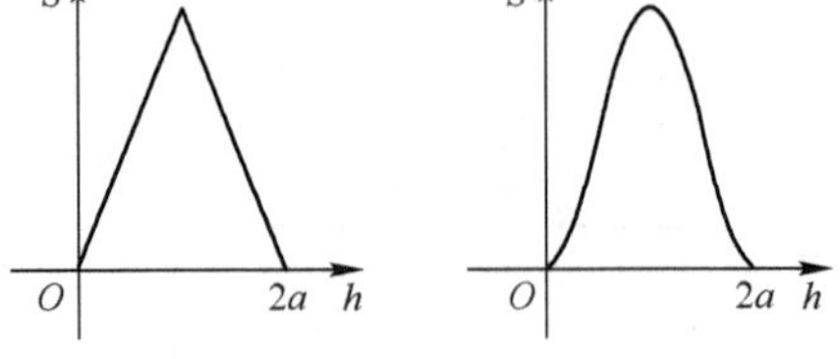

（A）　　　（B）

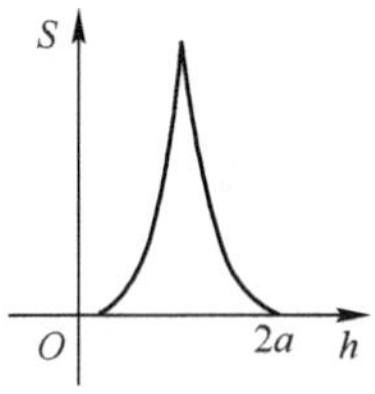

（C）

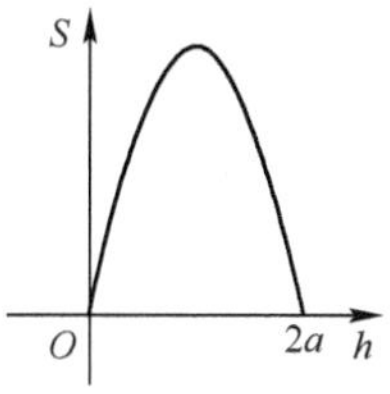

（D）

设计意图：本环节是课堂的核心环节，在学生初步了解了中国古代数学中球体体积的发展历史，并初步认识了牟合方盖之后，问题就聚焦在究竟牟合方盖的体积与球体的体积有什么样的关系，应该如何解决。据此设计了三个问题：问题 2.1 引导学生回顾祖暅原理，既然牟合方盖有着如此特殊的截面形状，那么我们从每一个截面面积的关系出发探究牟合方盖体积与球体体积的关系，渗透了朴素的积分思想；问题 2.2 启发学生进行问题转化，先研究八分之一的牟合方盖，这一点是利用牟合方盖自身的对称性才得以实现的，这样的方法在高中数学中比比皆是，让学生体会图形对称性在分析问题中的价值与意义，进而利用“出入相补”的原理，再次把问题转化为八分之一的牟合方盖在其外接小正方体之外的部分，即“外棋”的体积；问题 2.3 就来解决“外棋”的体积，这里是学习的难点，主要以教师引导为主，还是在祖暅原理的指导下，从截面面积出发，发现“外棋”的截面面积之和等于在等高处的方锥的截面面积，因此就可以把不规则的“外棋”的体积之和转化为一个规则的四棱锥体积，最后得到牟合方盖的体积，利用问题 2.1 中得到的比例关系，就可以得到准确的球体体积公式。在整个过程中，感悟祖暅原理在解决不规则立体图形体积中的作用，重点体会其在解决“外棋”体积过程中是如何进行转化的，这对提升学生进行问题转化的能力有一定帮助。最后通过两个相关练习巩固所学，这两个练习均来自模考和高考真题，让学生感受数学文化是如何与试题相结合的。

环节三：课堂小结

教师活动 3	学生活动 3
问题 3.1　在上述问题解决的过程中，给你印象最深的是什么？ 可以看出，祖暅成功的关键在于他能够对问题进行转化，同时运用了“微元法”，将体积看成是一片片面积的累加，并对代表微元进行了分析比对。祖暅所提出的截	进行思考与交流。

面原理被后世称为“祖氏原理”。

问题 3.2 你认为刘徽、祖冲之、祖暅在球体体积的解决过程中的贡献分别是什么？

之所以称这条原理为“祖氏原理”而非“祖暅原理”是因为不能将这个成果归功于祖暅一个人。正如祖冲之在《驳议》中所言，他在任南徐州从事时已经撰正了“立圆旧术”，即他已得到了正确的球体体积公式。很有可能是祖冲之将这个结果写进了《缀术》（已失传），然后得到了祖暅的继承和完善。数学文化需要传承和更新发展，我们也需要通过数学史的学习了解和发掘古人的智慧。在推导球体体积的问题上，刘徽和祖暅各完成了任务的一半，刘徽确定了“牟合方盖”之形，指明了努力的方向；而祖暅则算出了“牟合方盖”的体积。一个是奠基性的工作，一个是总结性的成果，两人平分秋色、各有千秋。

问题 3.3 通过本节课的启发，你是否能构造出其他的几何模型来推导球体的体积？可以参考课本上给出的模型（见下图），给出具体过程并进行交流。

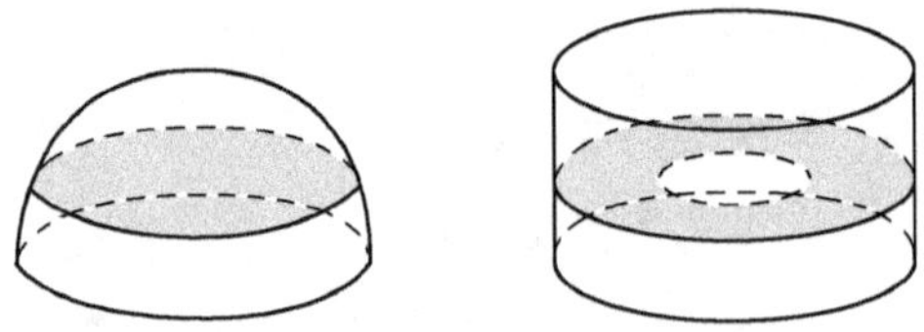

设计意图：用两个问题引导学生体会祖暅原理的价值，渗透极限思想，认识到祖氏原理在当时已经领先于西方一千年。数学文化需要传承和更新发展，我们也需要通过数学史的学习了解和发掘古人的智慧，同时要学会全面而客观地评价人物。正是在许多人的共同努力下，才使一个重要的成就得以实现，而古代数学中的许多思想今天依然值得我们传承和发扬。另外，教材中给出的几何模型也是利用祖氏原理推导球体体积的良好模型，安排在课堂结尾进行设计且让学生进行课后探究，并在后续课时中再进行交流，这对学生来说是一项富有挑战性的自主探究任务，是对学生的类比联想能力的考察，也从另一方面体现了对本节课课堂效果的多角度反馈。

7. 板书设计

球体的体积与牟合方盖的体积

问题 2.1

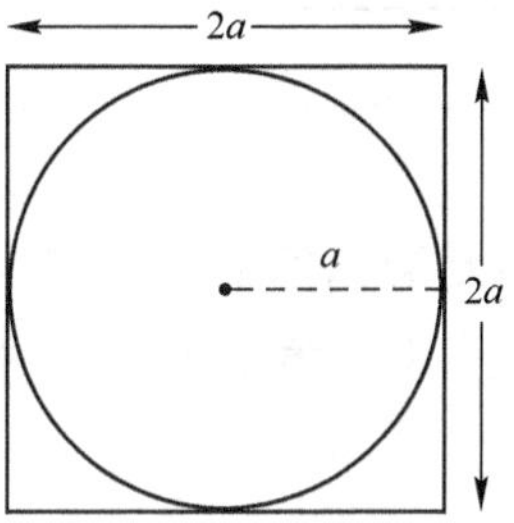

问题 2.2

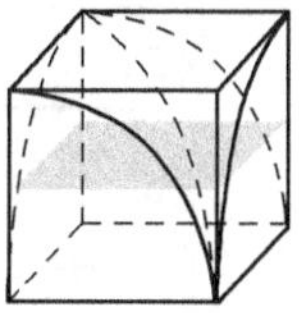

问题 2.3

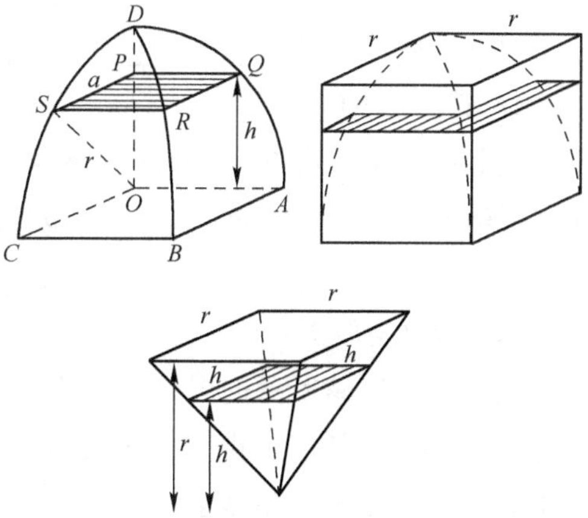

8. 特色学习资源分析、技术手段应用说明

（1）通过网络和书籍等渠道检索《九章算术》与刘徽，祖冲之、祖暅父子的相关数学史料。

（2）可以采用信息技术与实物展示相结合，展示牟合方盖的实物几何模型，还可以借助 GGB 或者几何画板，通过多媒体设备展示牟合方盖的多视角及截面形状，让学生认识这个“既圆又方”的几何体。

第七节　用图形计算器探究斐波那契数列

<table>
<tr><th colspan="4">基本信息</th></tr>
<tr><td>姓　　名</td><td>贾静</td><td>学　　校</td><td>北京交通大学附属中学</td></tr>
<tr><td>年　　级</td><td>高二</td><td>教科书版本及章节</td><td>人教版选修三第 5 章</td></tr>
<tr><td>学习领域/模块</td><td colspan="3">几何与代数</td></tr>
<tr><th colspan="4">单元教学设计</th></tr>
<tr><td>单元学习主题</td><td colspan="3">数列</td></tr>
</table>

1. 数列的发展历史

数列的历史源远流长。在古代埃及、美索不达米亚、中国、希腊等国家的数学文献中，很早就有关于数列的记载，如数列与天文、数列与生活、特殊数列、数列与近代数学等。

（1）数列与天文

在大英博物馆所藏的巴比伦泥板 K90（新亚述时期，公元前 7 世纪）上发现了一个记录月相变化的表：将满月分成 240 个部分，则从新月开始，每天的月相变化情况如下表所示。这个表呈现的其实是一个月相数列：前 5 项构成公比为 2 的等比数列，第 5～15 项构成了公差为 16 的等差数列。神奇的月相表体现了数列知识在日常生活中的应用。

序号	1	2	3	4	5	6	7	8
数值	5	10	20	40	80	96	112	128
序号	9	10	11	12	13	14	15	—
数值	144	160	176	192	208	224	240	—

18 世纪，德国数学家提丢斯将由基本的数列 0，1，2，4，8，16，32，64，……乘 3 加上 4 得到的数列 4，7，10，16，28，52，100，196，……与行星和太阳之间的相对距离对应起来，得到了一个惊人法则，如今被称为提丢斯-波德律，即若将地球与太阳的距离设为第 3 项 10，则水星、金星、火星、木星、土星与太阳的相对距离分别约为第 1、2、4、6、7 项，即分别为 4、7、16、52、100，其实际相对距离见下表：

行星	提丢斯数列	与太阳实际平均距离（1/10 天文单位）
水星	4	3.9
金星	7	7.2

续表

行星	提丢斯数列	与太阳实际平均距离（1/10 天文单位）
地球	10	10.0
火星	16	15.2
—	28	—
木星	52	52.0
土星	100	95.3
天王星	196	192.0
海王星	388	301.0

注：1 天文单位=1.496×10^8 km。

1781 年，英国天文学家赫谢尔发现天王星，其与太阳的距离基本符合提丢斯-波德律。那么，提丢斯数列的第 28 项是否对应着一颗人类尚未发现的，位于火星和木星轨道之间的行星呢？一些天文学研究小组开始寻找这颗可能存在的未知行星。1801 年元旦，意大利天文学家皮亚齐率先发现了火星和木星之间的第一颗，也是最大的一颗小行星——谷神星。这是皮亚齐送给世界天文学届最好的新年礼物！不久，德国数学家高斯设计了一种新的轨道计算方法，根据皮亚齐的观测数据，在数周内计算出谷神星的公转周期为 4.6 年，成功地预测了谷神星的轨道。

（2）数列与生活

泥板 MS1844（约公元前 2050 年，见下图）上记载有如下问题：七兄弟分财产，最小的得 2，后一个比前一个多得 $\frac{1}{6}$ ，问所分财产共有多少？在这个问题中，七兄弟每人所得财产构成一个首项为 2、公比为 $\frac{7}{6}$ 、项数为 7 的等比数列。在泥板最上方，祭司给出了数列的和，但祭司是如何得到结果的，目前我们还不知道。

古埃及人很早就开始讨论等比数列的求和问题，在兰德纸草书（兰德纸草书是古埃及一位名叫 Ahmes 的祭司根据埃及王国时代的材料编成的一本书，上述问题就是纸草书中的问题 79）上记载了如下问题：一座庄园里有 7 幢房子；每幢房子里有 7 只猫；每只猫要吃 7 只老鼠；每只老鼠要吃 7 颗麦穗；每颗麦穗能产生 7 赫卡特（赫卡特为古埃及计量单位）粮食，问庄园里共有多少东西？

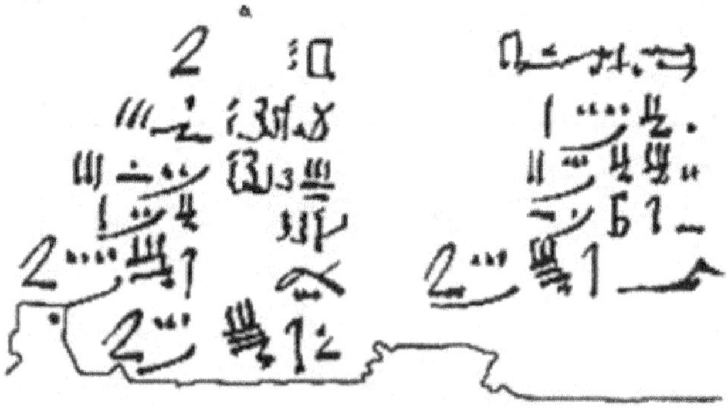

中国古代数学文献中也有许多与数列有关的问题，如《庄子·天下篇》有“一尺之锤，日取其半，万世不竭”的论述。《孙子算经》（约公元 4 世纪）上有如下问题：今有出门，望见九堤，堤有九木，木有九枝，枝有九巢，巢有九禽，禽有九雏，雏有九毛，毛有九色。问各几何？这里堤、木、枝、巢、禽、雏、毛、色的数目构成了一个首项为 9，公比为 9 的等比数列。《九章算术》中“如衰分章”第 4 题为：“今有女子善织，日自倍，五日织五尺。问：日织几何？”《张丘建算经》、《算学启蒙》等著作中都有此类问题。

除了天文学，建筑学、自然界等都有数列的身影，可以说数列与我们的日常生活息息相关。

（3）特殊数列——斐波那契数列

由以上可知，数列的运用历史比较久远，其中也包含了特殊数列，如前面提到的提丢斯数列，以及著名的斐波那契数列。

斐波那契数列是意大利数学家莱昂纳多·斐波那契从兔子繁殖问题中引入的一组神奇数字，即 1，1，2，3，5，8，13，21，34，……数列从第三项开始，每一项都等于其前两项之和，而且当项数趋于无穷大时，每一项与其后一项的比值无限接近于黄金分割比 0.618，故斐波那契数列又被称为黄金分割数列。斐波那契数列被编写在斐波那契整理的书《算经》中，《算经》在公元 1228 年后长达两个多世纪的时间中，一直被奉为数学经典著作。其间，人们对斐波那契数列的通项公式和性质也作了进一步的研究。斐波那契数列有很多应用，正如人教 A 版“数列”一章开头的表述：“大自然是懂数学的。不知道你注意过没有，树木的分叉，花瓣的数量、植物种子的排列……都遵循了某种数学规律。”并且配了相应的图片，这个规律就是斐波那契数列。人们对斐波那契数列性质的探索一直没有终止，例如，有人尝试将斐波那契数列用在科学发明中。

（4）数列与近代数学

欧几里得在《几何原本》中对等比数列的求和公式有了新的推导方法。15 世纪以后，数学家们在数列求和、极限等方面在《几何原本》的基础上进行了更加系统性的研究。17 世纪，法国业余数学家之王费马证明了对于公比 $q<1$ 的等比数列 $\{a_n\}$，其无穷项和的极限 S 满足等式 $\frac{S}{S-a_1}=\frac{a_1}{a_2}$。18 世纪，瑞士大数学家欧拉在《代数学基础》中给出了今天高中教材中普遍采用的错位相减法。对数列极限的研究极大地推动了微积分理论的完善和发展。在数列极限定义的发展变化中，德国数学家魏尔斯特拉斯给出了至今仍在使用的算术定义，即 $\lim\limits_{n\to\infty}x_n=a\Leftrightarrow\forall\varepsilon>0,\exists N\in\mathbf{Z}^+$，当 $n>N$ 时，$|x_n-a|<\varepsilon$ 恒成立。目前，对数列的研究仍在继续中。数列与函数、数论的结合，级数展开，级数是否收敛等均是分析学中重要的研究方向。

小结：在人类的文化历史中，数列有着它独特的色彩，因其通俗易懂，且性质和方法又具有科学性和趣味性，因此有很高的应用价值。

2．数列的数学文化价值

《课程标准》指出：数列是一类特殊的函数，是数学重要的研究对象，是研究其他函数的基本工具，在日常生活中也有着广泛的应用。

荷兰数学家弗赖登塔尔曾说过：“无论从历史的、发展的或是从系统的角度看，数的序列都是数学的基石，可以说，没有数的序列就没有数学”。数列作为高中数学的内容之一，是高考的重点，也是难点。大多数教材中都会涉及数列的概念、等差数列、等差数列前 n 项和、等比数列、等比数列前 n 项和的内容，无论是从历史发展的角度还是从学习的角度来看，数列都有着无可替代的作用。

数列作为一种特殊的函数——离散型函数，其出现丰富了学生对函数的认知，加深了对函数的理解。另外，如果用函数的思想研究数列，用函数的观点看待数列问题，等差数列与一次函数的关系，等比数列与二次函数的关系等更有利于掌握数列的本质属性。数列除了具备函数的性质外，还蕴含着许多思想方法，如数形结合思想、函数方程思想、化归思想、类比思想等，因此有着丰富的数学价值。

数列的发展历史，数学家探究数列性质、求和等重要成果的过程，以及追求真理的科学态度等都给了学生进行积极思考、实验探究的正面引导，这些都是数列的文化价值的重要体现。

数列在生活中的各种运用，包括数列与建筑学、数列与生物、数列与天文、数列与游戏、数列与美术、数列与历史，以及数学家的科学探究精神等都是数学文化的一种重要体现。

数列具有较高的文化价值是毫无疑问的，不少教师也在此方面的教学中进行了尝试。将数学文化渗透于数学课堂，不仅仅是数学史的渗透，也是数学历史、著名数学家的故事、数学思想方法的渗透，甚至于数学游戏的引入、对数学知识的探究活动、生成有价值的问题等相关教学活动，都是课堂上进行数学文化渗透的一种体现。

特殊数列如斐波那契数列在数学文化传播中的作用就是一个非常好的实例。数学家斐波那契年少时刻苦学习，成年后游历各国，搜集数学材料，编写成《算经》的故事对学生能起到激励作用。对斐波那契数列通项公式（也称比内公式）的证明方法多种多样，这些证法体现的数学思想方法也是数学文化的体现。还有通项公式的结构，是用无理数表示有理数的一个范例，很是让人惊叹，能激发学生的兴趣。对斐波那契数列丰富性质的探究又可以作为探究活动的丰富素材。斐波那契数列在自然生活中也有巨大的应用价值，在世界名画——法国卢浮宫的镇馆之宝《蒙娜丽莎》中都有斐波那契数列。国外还有中学生利用斐波那契数列发明了效率更高的太阳能板。

3．教学设计中的数学文化渗透

《新课标》指出：“数学文化是指数学的思想、精神、语言方法、观点，以及它们的形成和发展；还包括数学在人类生活、科学技术、社会发展中的贡献和意义，以及与数学相关的人文活动”。

数学家齐民友说：“数学作为文化的一部分，其最根本的特征是它表达了一种探索精神。数学作为文化的一部分，其永恒的主题是认识宇宙，也认识自己，在这个探索过程中，数学把理性思维的力量发挥得淋漓尽致。它提供了一种思维的方法和模式，提供了一种有力的工具，提供了一种思维合理性的标准，给人类思想解放打开了道路。”

黄泰安先生认为，数学文化是超越数学学科范围的数学意识、观念、心理、人物、事件、历史和数学传播的总和。

从以上不同的观点可以看出数学文化包含的范围很广，甚至可以说数学就是一种文化。本书中的数学文化主要是指数学家、数学思想方法、数学美、数学应用、数学与其他学科的融合。同时为了发展思维，对数学知识所进行的探究活动也是数学文化传播的体现。

本教学设计是“用图形计算器探究斐波那契数列”。斐波那契数列是非常著名的特殊数列，在多个版本的教材中都提到了该数列。斐波那契数列有着丰富的历史和巨大的应用价值，对其通项公式和性质的探究应用了很多数学思想与方法，如化归思想方法，通过将递推公式转化为特征方程可求得通项公式。然而特征方程并不是学生必须掌握的方法。经过和学生访谈得知，他们大致了解斐波那契数列的来历和递推公式，但是不知道通项公式特别是如何得到通项公式，他们对通项公式非常感兴趣，但是教材中并没有给出求解的方法，因此对斐波那契数列的通项公式进行实验探究是非常好的教学尝试。为了在课时有限的情况下检验猜想，选用 HP 图形计算器辅助手段设计计算步骤，可实现在较短的时间内得到有效结果。这种对通项公式的探究活动也是渗透数学文化的过程。

本节课的教学设计首先从数学游戏引入。数学游戏是数学文化的一种，对游戏的思考也能激发学生探究的兴趣。在数学游戏中，教师不要着急揭秘谜底。然后进入本节课的下一个环节——问题探究环节。本阶段的教学安排主要分以下三个步骤进行。第一个步骤：生成斐波那契数列并进行初步分析。学生通过用图形计算器生成斐波那契数列，并以递推公式、表格、图像三种方式来表示该数列，能从常见数列的定义和函数角度来理解数列，得出斐波那契数列不是等差数列，第 n 项关于 n 不是一次函数关系，符合当初预设。第二个步骤：函数拟合探究。方向是探究斐波那契数列第 n 项与 n 的关系，学生给出探究方法即函数拟合、定义误差、计算误差、优化拟合函数。在函数拟合过程中，排除其他函数的过程利用了图形的直观性，可提高学生的直观想象核心素养；通过计算误差，在四次函数和指数函数之间选择指数函数，可提高数据分析的核心素养。第三个步骤：对通项公式的猜想和求解。由于指数函数较适合拟合斐波那契数列，从而根据指数函数的特点，联想到等比数列。设等比数列为 $c_n = cr^n$，如何确定 c 和 r 呢？引导学生首先尝试让 $c_n=cr^n$ 满足斐波那契数列前两项都是 1，失败后继续尝试其他猜想。在猜想斐波那契数列通项公式的形式方面，对学生的错误猜想老师不应着急否定，而应鼓励他们通过继续计算、发现矛盾等方式，最后猜想出通项公式的结构特点。本过程是猜想斐波那契数列通项公式的重要过程，在猜想中培养学生的逻辑推理能力和分析问题的能力。学生通过待定系数法，借助图形计算器求解通项公式，并利用计算器计算误差为 0，验证猜想的正确性。对通项公式的严格证明也为后续数学归纳法的引出作了铺垫。

学生通过探究斐波那契数列体验到了科学研究的一般过程和方法。该探究过程经历了函数拟合、误差分析，其中计算器提供了拟合和计算功能，这个过程体现了人机交互；对结果进行精确分析、猜想求解通项公式的过程主要体现了人人互动；算理的设计由人完成，繁杂的计算则由机器完成，学生在分析问题、合情猜想中发展了思维。

本节课的最后阶段是学生分享交流斐波那契数列的历史与应用，师生尝试对刚开始上课的游戏进行揭秘。最后是小结和作业。为了固化学生在研究过程中的方法和经验，设计了开放式作业和常规落实基本方法的作业，且作业中有反思内容。

4．学习者分析

学生在学习数列之前，已经学习了集合、函数的相关知识，如函数的概念、函数的表示方法、指对幂等基本初等函数，对函数应用有一定的了解，也有一定的信息技术技能；同时，学生具备了类比、抽象与概括、归纳与演绎等数学能力，这些都是学生学习数列的基础。

5．本章内容分析

数列在数学中是承前启后的内容，之前学过的数与式、函数等知识都能在本章得到充分应用，同时数列中的数学归纳法、数列的求和等内容在之后的数学学习中有广泛的应用，很多数学中的其他模块均可用数列模型来进行研究。另外，日常生活中有很多现象都可以抽象为数列模型，利用数列知识（模型）可以解决很多实际问题。因此数列是高中数学中的重要内容。

数列知识结构如下图所示。

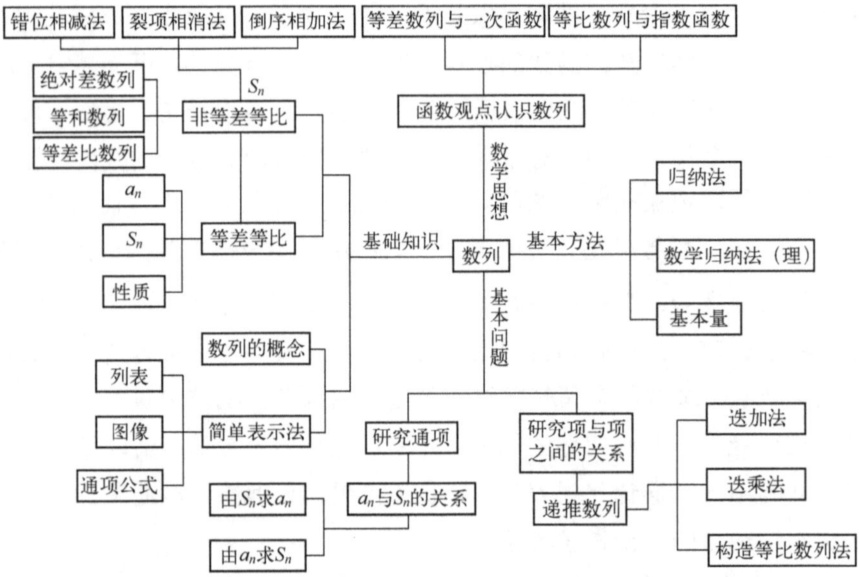

思维方法结构如下图所示。

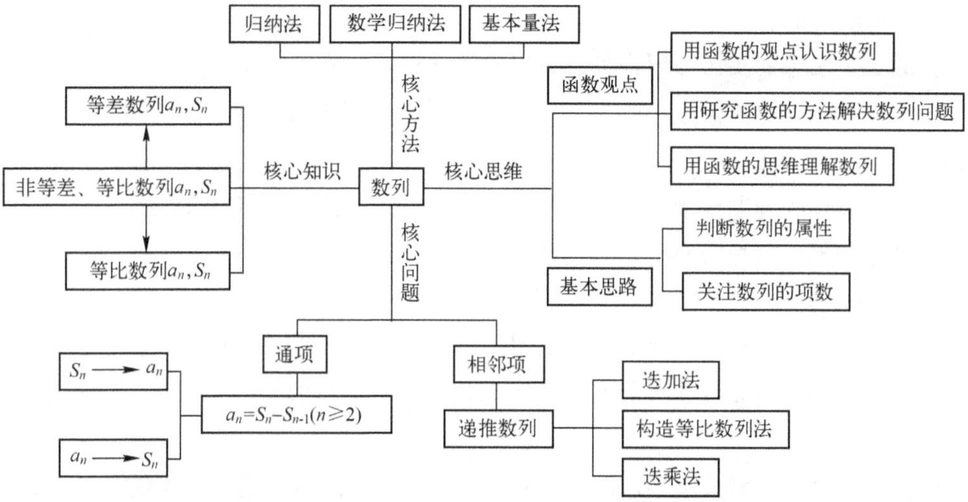

6．单元学习目标与重点、难点

学习目标：

通过本单元的学习，学生可以通过对日常生活中实际问题的分析，了解数列的概念；探索并掌握等差数列和等比数列的变化规律，建立通项公式和前 n 项和公式，并能运用等差数列、等比数列解决简单的实际问题和数学问题，感受数学模型的现实意义与应用；了解等差数列与线性函数、等比数列与指数函数的联系，感受数列与函数的共性与差异，体会数学的整体性；提升逻辑推理、数学运算能力和数学建模素养。

重点：数列的概念；等差数列的概念、通项公式、前 n 项和公式；等比数列的概念、通项公式、前 n 项和公式；数列与函数的关系。

难点：逻辑推理、数学运算和数学建模素养的培养。

7．单元整体教学思路

“数列”主题单元的教学思路为：“数列”的主要内容是数列概念、等差数列、等比数列、数学归纳法，在理解了数列的概念，特别是理解了数列是离散型函数后，学习特殊数列、等差数列和等比数列，学完等差数列后，引导学生学习类比的方法，然后探究等比数列。在学习完本单元后，增加了一节探究活动课——用 HP 图形计算器探究斐波那契数列，综合使用本章的知识，借助信息技术来探究斐波那契数列。

本单元内容包括：数列概念、等差数列、等比数列、数学归纳法。

（1）数列概念

通过日常生活和数学中的实例，了解数列的概念和表示方法（列表、图像、通项公式），了解数列是一种特殊函数。

（2）等差数列

① 通过生活中的实例，理解等差数列的概念和通项公式的意义。

② 探索并掌握等差数列的前 n 项和公式，理解等差数列的通项公式与前 n 项和公式的关系。

③ 能在具体的问题情境中，发现数列的等差关系，能解决相应的问题。

④ 体会等差数列与一次函数的关系。

（3）等比数列

① 通过生活中的实例，理解等比数列的概念和通项公式的意义。

② 探索并掌握等比数列的前 n 项和公式，理解等比数列的通项公式与前 n 项和公式的关系。

③ 能在具体的问题情境中，发现数列的等比关系，能解决相应的问题。

④ 体会等比数列与指数函数的关系。

（4）数学归纳法

了解数学归纳法的原理，能用数学归纳法证明数列中的一些简单命题。

课时安排如下。

数列的概念	1 课时
数列的递推	1 课时
等差数列	3 课时
等比数列	3 课时
数列的应用	2 课时
数学归纳法	3 课时
实践活动课	1 课时
单元复习	2 课时

课时教学设计

课题	用图形计算器探究斐波那契数列
课型	新授课□　章/单元复习课□　专题复习课□ 习题/试卷讲评课□　**学科实践活动课 ☑**　其他□

1．教学内容分析

斐波那契数列是有着历史文化背景、应用广泛的经典数列，它出现在了许多教材中，但多数教材并没有继续进行探究，特别是对如何从递推公式得到通项公式的过程。本节课对斐波那契数列的通项公式进行实验探究，也是学生学完本单元以后的实践活动课。课上会运用数形结合、函数拟合、误差分析、待定系数法等思想方法，同时将本章数列的概念、等差数列、等比数列穿插其中。整个探究过程实际上是一个在面对新问题、新情境时，学生如何进行思考并得出结论的过程。渗透斐波那契数列的数学文化，也可让学生体会到科学研究问题的一般方法和思考路径。

2．学习者分析

知识基础：学生已经学习了数列的全章知识，对斐波那契数列的来历和递推公式有了基本的了解。

能力水平：学生已具备一定的数学抽象、数学运算、直观想象的素养，对于在实验室用信息技术完成探究活动有一定的经验。

可能遇到的困难：缺乏数学建模经验。

3．学习目标设计

① 进一步理解数列是一种特殊的函数，学会借助图形计算器探究斐波那契数列的通项公式，并从中体会科学研究的一般思路和方法；

② 经历函数拟合、合情猜想、实验验证等过程，提高学生观察分析比较的综合能力，培养直观想象、数据分析、数学建模的核心素养；

③ 感受数学文化和应用价值，并通过具体的探究活动，增强学生间交流合作的意识。

4．学习重点、难点

重点：对斐波那契数列作函数拟合，并完成对其通项公式的猜想和验证。

难点：从拟合函数中选择最优函数，对通项公式进行猜想。

5．学习评价设计

本节课的评价方式分为以下三个方面。

观察法：在教学过程中，通过图形计算器实时画面动态观察学生的探究结果。

课堂提问：通过课堂提问，检测学生对于本节知识与方法的掌握情况。

作业反馈：通过课后作业的完成情况，检测学生对于本节知识与方法的掌握情况。

6．学习活动设计

课题：用图形计算器探究斐波那契数列

教师活动	学生活动
环节一：创设情境，激发兴趣	
教师活动 1 组织一个数学游戏：甲、乙两人轮流写数字。甲先任意写 1～9 中的某个整数作	**学生活动 1** 两名学生分别扮演甲、乙，完成一轮游戏，老师在 5 秒内得出这 10 个数的和。

为第 1 个数，乙再任意写 1～9 中的某个整数作为第 2 个数，甲将这两数之和作为第 3 个数，乙将 2、3 两数之和作为第 4 个数……，依次轮流进行，直到写出第 10 个数。这时，老师立即当众宣布这 10 个数的和。

设计意图：数学游戏也是数学文化的一种表现形式。数学游戏能够大大激发学生的探究兴趣，游戏中数字的生成方式为引出斐波那契数列做了铺垫。

环节二：用图形计算器探究斐波那契数列

1）用图形计算器的数列功能生成斐波那契数列

教师活动 2

问题 1：关于游戏中数字的生成方式能让你联想到我们学过的哪个数列？

书写：用图形计算器探究斐波那契数列。

问题 2：能否写出这个数列的前几项？

问题 3：斐波那契数列的递推公式是什么？

问题 4：有了前两项和递推公式，该数列是否就被确定了？

请你用图形计算器生成斐波那契数列。

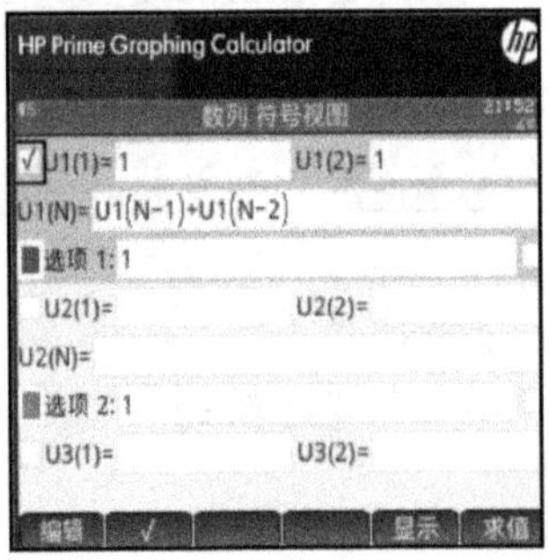

问题 5：斐波那契数列是不是等差数列?它的增长速度是怎样的？

学生活动 2

斐波那契数列

1，1，2，3，5，8，…

设 F-数列的通项为 f_n，则

$$\begin{cases} f_{n+2} = f_{n+1} + f_n \\ f_1 = f_2 = 1 \end{cases}$$

动手实践、合作探究。

N	
1	1
2	1
3	2
4	3
5	5
6	8
7	13
8	21
9	34
10	55

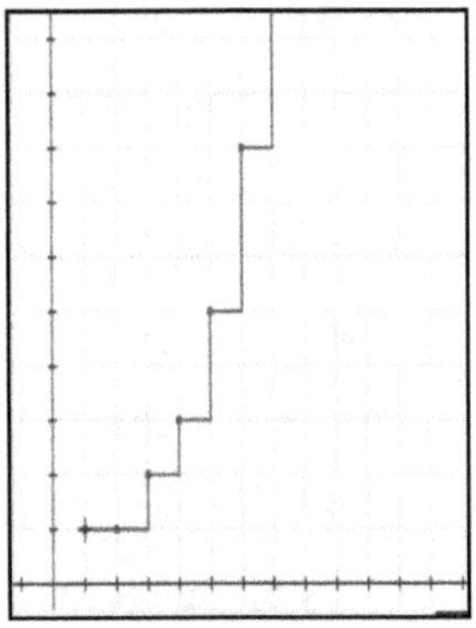

该数列的增长速度越来越快。

意图：生成的数列为后续的分析提供数据支持，感知 F-数列的增长速度。

2）对 F-数列进行函数拟合

教师活动 3

问题 6： 如果用在正整数集合上有意义的函数来拟合斐波那契数列，你想选择什么函数？

下面我们用图形计算器来完成对 F-数列的拟合。

教师把 F-数列发给学生。

教师巡视或者展示学生的探究过程。

教师活动 4

在这些模型下，接下来你能提出什么问题？

你如何确定？

如何说明哪种模型更加符合 F-数列？

是否用四次函数更合适？

如果将数字个数增加到 20 个，将会发现四次函数的误差非常大。

学生活动 3

学生讲解什么叫拟合。

二次函数，三次函数，指数函数，幂函数……

学生用图形计算器对数列进行拟合。

预案 1：二次函数型

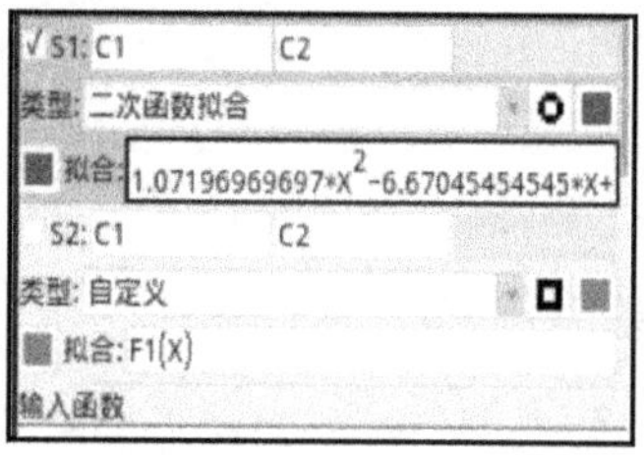

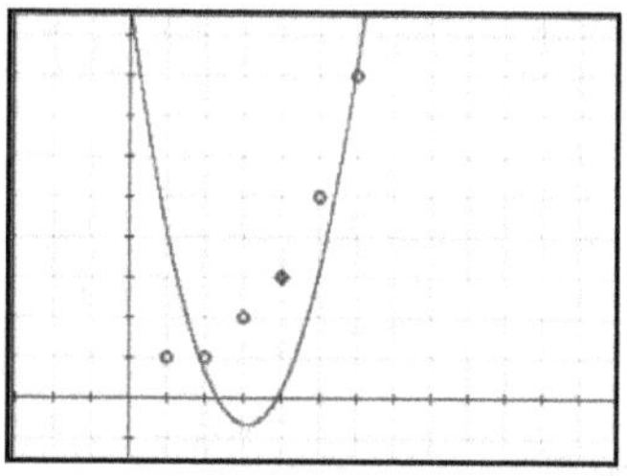

预案 2：指数函数型

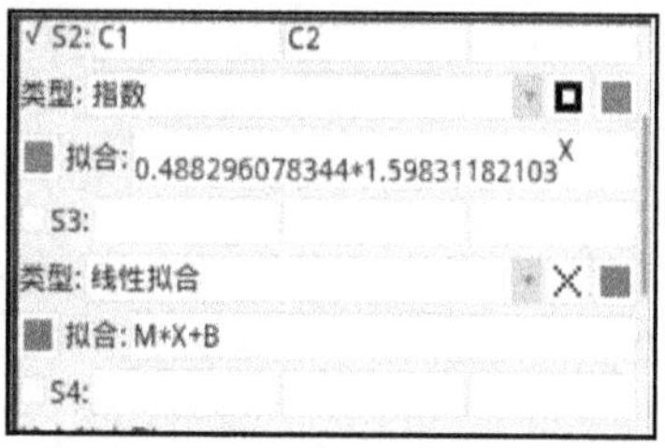

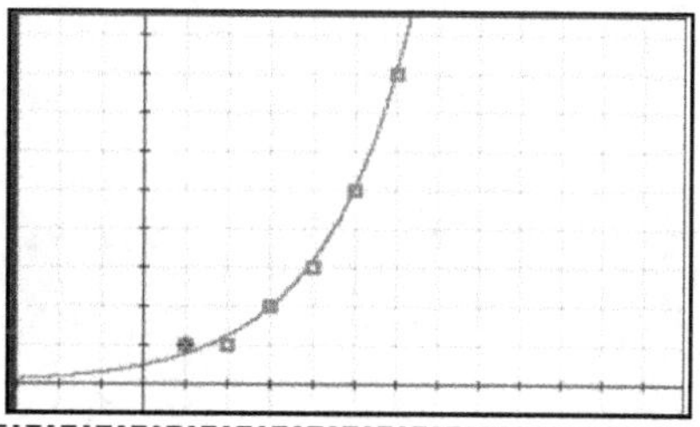

预案 3：幂函数型

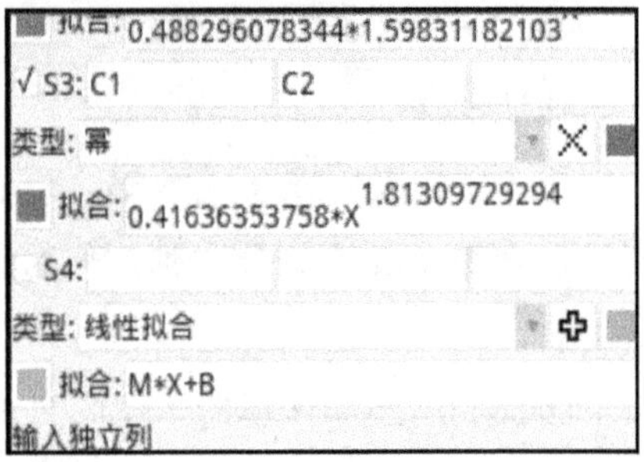

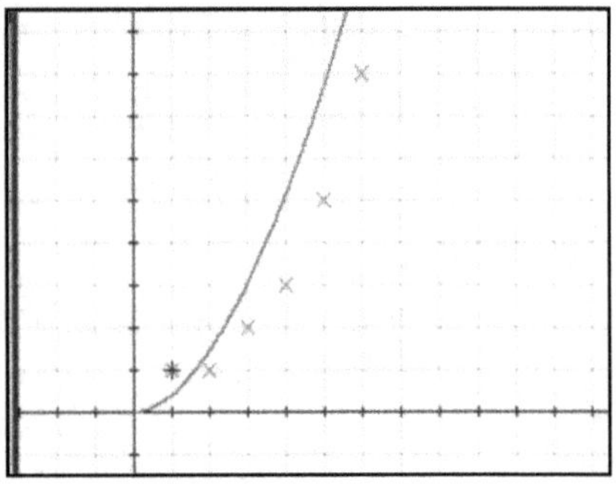

学生活动 4

探究哪种模型更符合 F-数列。

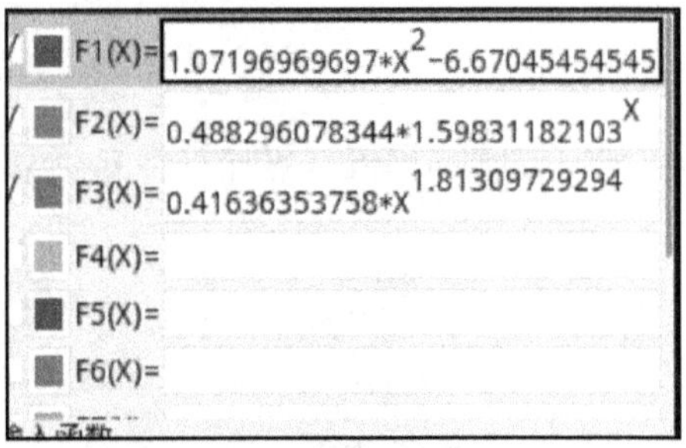

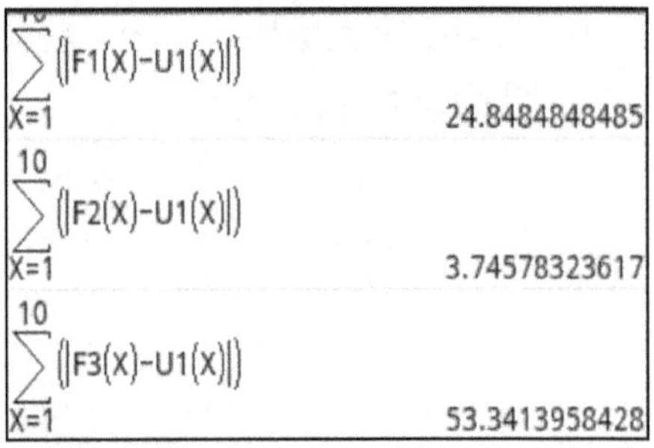

学生进行误差分析。

F1(11)	66.0500000001
U1(11)	89
F2(11)	84.9101997796
F3(11)	32.1824385118

预案 4：四次函数型

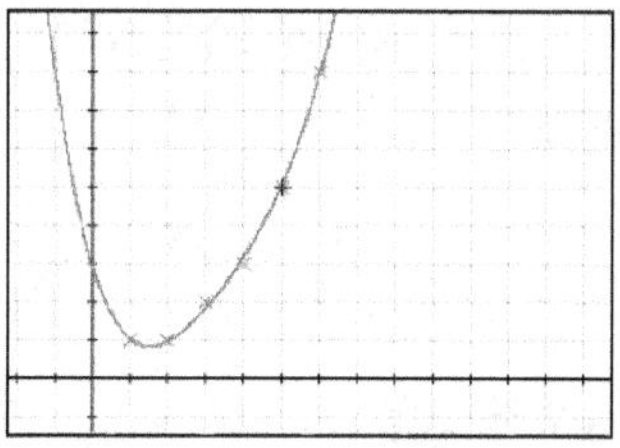

若采用四次函数拟合，则前 10 项误差最小。

$\sum_{n=1}^{20}(\lvert F2(n)-U1(n)\rvert)$	2272.65859322
$\sum_{n=1}^{20}(\lvert F6(n)-U1(n)\rvert)$	11716.3438228

设计意图：

本环节是课堂的重点和主要环节，主要内容是通过图形计算器对 F-数列进行探究，包括对其增长速度的认识，对 F-数列进行函数拟合，找到哪个函数更符合 F-数列，为后续的继续探究提供基础，并体会到图形计算器在探究数学问题方面的便捷程度。

学生通过用图形计算器生成斐波那契数列，并以递推公式、表格、图像三种方式来表示该数列，能从常见数列的定义和函数角度来理解数列，得出斐波那契数列不是等差数列，第 n 项关于 n 不是一次函数关系，符合当初预设。由于拟合阶段是开放式的，开放式拟合会带来开放式的结果，结果的冲突会引发思考，为引出误差的定义做好了铺垫。在此过程中问题的发现和思维的发展是自然的，对误差的认识完成了从感性到理性的转换，为后续选择合适的拟合函数奠定了理论基础。在函数拟合过程中，排除其他函数的过程利用了图形的直观性，提高了直观想象核心素养；通过计算误差，在四次函数和指数函数之间选择指数函数，提高了数据分析的核心素养。

环节三：根据图形计算器的结果探究数列的通项公式

教师活动 5

通过刚才的函数拟合，发现采用指数函数更合适。

函数的自变量 $x\to n$，会有 q^n 的形式，你觉得 F-数列与哪种数列会有紧密关系？可以从熟知的数列类型中找。

有没有满足递推公式的等比数列？

公比为

$$\frac{1+\sqrt{5}}{2},\frac{1-\sqrt{5}}{2}$$

取两个等比数列，其中

$$a_n=\left(\frac{1+\sqrt{5}}{2}\right)^n,b_n=\left(\frac{1-\sqrt{5}}{2}\right)^n$$

F-数列的通项 f_n 和 $a_n=\left(\frac{1+\sqrt{5}}{2}\right)^n$，$b_n=\left(\frac{1-\sqrt{5}}{2}\right)^n$ 会有怎样的关系呢？

如何求出 a，b？

检验：此时误差最小。

$$\text{F4(X)}=\frac{1}{\sqrt{5}}*\left(\frac{1+\sqrt{5}}{2}\right)^X-\frac{1}{\sqrt{5}}*\left(\frac{1-\sqrt{5}}{2}\right)^X$$

小结：

① 斐波那契数列虽然是整数数列，但其通项由无理数的 n 次方构成。

② 当 n 趋于无穷大时，斐波那契数列的后一项与前一项的比趋近于多少？

③ 为了满足线性关系的递推关系，我们通过构造等比数列和待定系数法求出了通项公式，并对结果进行了检验。

学生活动 5

探究等比数列。

设等比数列为 $c_n=cx^n$，满足递推公式

$$cx^{n+2}=cx^{n+1}+cx^n$$

整理后得 $x^2-x-1=0$。

$$\text{solve}\left(x^2-x-1=0\right)\quad\left\{\frac{1}{2}*\left(-\sqrt{5}+1\right),\frac{1}{2}*\left(\sqrt{5}+1\right)\right\}$$

$$\left(\frac{1+\sqrt{5}}{2}\right)^n$$

说明和首项无关。

学生猜想：

$$f_n=a\left(\frac{1+\sqrt{5}}{2}\right)^n+b\left(\frac{1-\sqrt{5}}{2}\right)^n$$

$$f_1=f_2=1$$

$$\text{solve}\left(\left\{\frac{x*(1+\sqrt{5})}{2}+\frac{y*(1-\sqrt{5})}{2}=1\quad\frac{x*(1+\sqrt{5})^2}{4}+\frac{y*(1-\sqrt{5}}{4}\right.\right.$$

$$\left\{\left\{\frac{1}{\sqrt{5}}\quad-\frac{1}{\sqrt{5}}\right\}\right\}$$

解得：$\begin{cases}a=\dfrac{1}{\sqrt{5}}\\ b=-\dfrac{1}{\sqrt{5}}\end{cases}$

所以

$$f_n=\frac{1}{\sqrt{5}}\left[\left(\frac{1+\sqrt{5}}{2}\right)^n-\left(\frac{1-\sqrt{5}}{2}\right)^n\right]$$

$$\sum_{n=1}^{10}\left(\left|\text{F4}(n)-\text{U1}(n)\right|\right)\quad 0$$

设计意图：

本过程是猜想斐波那契数列通项公式的重要过程，在猜想中培养学生的逻辑推理能力和分析问题的能力。

由于指数函数比较适合拟合斐波那契数列，从而根据指数函数的特点，联想到等比数列。设等比数列为$c_n=cr^n$，如何确定 c 和 r 呢？引导学生首先尝试让$c_n=cr^n$满足斐波那契数列前两项都是 1，对学生的错误猜想，老师不应着急否定，而应鼓励他们经历继续计算、发现矛盾等过程，最终猜想到与两个等比数列都有关系，从而得到通项公式的结构特点。

学生再次对猜想进行调整，通过待定系数法，借助图形计算器求解通项公式，并利用计算器计算误差为 0，验证猜想的正确性。对通项公式的严格证明也可作为数学归纳法的再次应用。

学生通过探究斐波那契数列体验到了科学研究的一般过程和方法。回顾整个探究过程，经历了函数拟合、误差分析，其中计算器提供了拟合和计算功能，这个过程体现了人机交互；对结果进行精确分析、猜想求解通项公式的过程则体现了人人互动；算理的设计由人完成，繁杂的计算则由机器完成，学生在分析问题、合情猜想中发展了思维。

环节四　斐波那契数列与实际生活

教师活动 6	学生活动 6
数学游戏揭秘：设游戏开始时所写的两个数字分别为 a、b，则写下的 10 个数依次为 $a,b,a+b,a+2b,2a+3b,3a+5b$ $5a+8b,8a+13b,13a+21b,21a+34b$ 这些数的和为$55a+88b=11(5a+8b)$。 有了斐波那契数列的通项公式和这个游戏，你能想到什么问题？	**学生介绍生活中的斐波那契数列。** 是否存在这样的部分和，它恰好是某个斐波那契数列的整数倍？ 学生举例：斐波那契数列在光伏发电和建筑美学中的应用。

设计意图：通过对数学游戏的揭秘及学生查询整理资料，展示斐波那契数列在光伏发电和建筑美学中的应用，课堂中渗透了数列的数学文化。

环节五：课堂小结，布置作业

教师活动 7	学生活动 7
（1）从得到知识的过程和方法、图形计算器的使用等角度谈一下你的收获和体会。你还可以提出什么问题？ （2）关于斐波那契数列，你还可以研究它的什么性质？ **思考题：** （1）若前两项变为 1、3，递推公式不变，你将如何进行研究？ （2）若数列$\{a_n\}$满足$\begin{cases} a_{n+2}=2a_{n+1}+a_n \\ a_1=a_2=1 \end{cases}$，尝试求其通项公式。	学生小结，梳理过程和方法。

设计意图：学生在研究某个数学问题的过程中培养的探究精神和形成的科学方法，甚至是分析能力的提升，我们认为都是数学文化的综合体现。学生在对斐波那契数列的研究过程中形成了一定的方法和经验，对开放式作业的设计和落实就是对探究经验和方法的落实和检测。尝试对数学文化落实的效果进行检测。

7．作业与拓展学习设计

继续查阅与斐波那契数列有关的文章，撰写小报告（4 人为一小组）。

8．特色学习资源分析、技术手段应用说明

为了提高课堂效率，快速实现和检验学生的猜想，以及用运算结果完成合情推理，整节课都使用了 HP 图形计算器。手持技术的引进大大提升了探究效率，既能帮助学生实现个体的探究，又能实现小组合作交流，同时也能让教师在同一时间观察到所有人的探究结果，便于指导学生。而整个探究过程颇有科学实验探究的氛围，从特例-猜想-实验-猜想-检验-证明的整个过程，如果没有 HP 图形计算器这个工具，就无法在一节课内全部实现。

9．教学反思

首先，学生有足够机会展示思维发展个性。教师成为课堂问题的激发者、有序探索的组织者，师生成为“数学学习的共同体”。

其次，核心素养引领教学。以斐波那契数列为载体，以图形计算器为辅助，以实验探究为活动形式，将数学建模核心素养等的培养落实到教学中，并且渗透数学文化。

最后，手持技术提升效率，助力知识建构。图形计算器的使用，使课堂自然、高效，个性与思维活动相互促进，提高了学生数学思维的品质。

应恰当使用现代化手段，充分发挥其快捷、生动、形象的作用，最大限度地使学生获得并掌握所学的知识。该手段促成了学生在斐波那契数列通项公式的努力思考，并验证了只有借助于工具才能实现的想法，这也是教师使用图形计算器进行教学的原因。

不足之处：探究与引导之间的节奏设计需更细致。

第八节 单位圆与三角函数

<table>
<tr><th colspan="4">基本信息</th></tr>
<tr><td>姓　　名</td><td>王越男</td><td>学　　校</td><td>北京交通大学附属中学</td></tr>
<tr><td>年　　级</td><td>高三</td><td>教科书版本及章节</td><td>人教版选修一第 2 章</td></tr>
<tr><td>学习领域/模块</td><td colspan="3">几何与代数</td></tr>
<tr><th colspan="4">单元教学设计</th></tr>
<tr><td>单元学习主题</td><td colspan="3">三角函数</td></tr>
</table>

1. 三角函数的发展历史

三角函数的发展历史是三角学发展史的一个部分。三角学的起源、发展与天文学密不可分，随着其研究范围的逐渐扩大，才逐渐变成以三角函数为主要对象的学科。

三角学源于希腊的三角和测量，是以研究平面三角形和球面三角形的边角关系为基础，以测量为目的的一门学科。早在公元前 300 年，古代埃及人已有了一定的三角学知识。公元前 2 世纪，希腊天文学家希帕霍斯为了天文观测的需要，作了一个和现在的三角函数表相仿的弦表，这个成就使他赢得了“三角学之父”的称谓。希腊天文学家、数学家托勒密在希帕霍斯的弦表的基础上，写成《天文学大成》13 卷，其中包括从 0°～90° 每隔半度的弦表及若干等价于三角函数性质的关系式，被认为是西方第一本系统论述三角学理论的著作。同时代的希腊数学家梅内劳斯写了一本专论球面三角学的著作《球面学》，其中包含球面三角形的基本概念和球面三角形的许多独特性质，他的工作使希腊三角学达到了全盛时期。后来，阿拉伯数学家开始对三角学进行专门的整理和研究，使三角学从天文学中逐渐独立出来。

德国数学家缪勒发表的《论各种三角形》将以往散见于各种书上的三角学知识，系统地综合了起来，使三角学成为数学上的一个分支。在这本书中，正式提出了 sine（正弦）一词。该书采用印度人的正弦，即圆弧的半弦，明确使用正弦函数讨论了一般三角形的正弦定理，提出了求三角形边长的代数解法，给出了球面三角的正弦定理和关于边的余弦定理，为三角学在平面与球面几何中的应用奠定了牢固基础。后来哥白尼的学生雷提库斯将传统的圆中的弧与弦的关系改进为角的三角函数关系，把三角函数定义为直角三角形的边长之比，从而使平面三角学从球面三角学中独立出来，并采用了 6 个函数（正弦、余弦、正切、余切、正割、余割）。法国数学家韦达总结了前人的三角学研究成果，将解平面直角三角形和斜三角形的公式汇集在一起，还补充了自己发现的新公式，如正切公式、和差化积公式等，并将解斜三角形的问题转化为解直角三角形的问题，这是对三角学的进一步系统化。综上所述，16 世纪，三角学从天文学中分离出来成为数学的一个独立分支，不过这时所讨论的“三角函数”仅限于锐角三角函数，而且研究锐角三角函数的目的在于解三角形和三角计算。

一直到 17 世纪，三角函数量（正弦、余弦、正切等）都始终被认为是已知圆与同一条弧有关的某些线段，即三角学是以几何的面貌表现出来的。三角学的现代特征是将三角量视为函数即看作是一种与角相对应的函数值。在那以后的 200 多年里，函数（或变量间的关系）的概念在几乎所有的工作中占中心位置，即“正弦、余弦函数是一对起源于圆周运动，密切配合的周期函数。它们是解析几何学和周期函数的分析学中最为基本和重要的函数；而正弦、余弦函数的基本性质乃是圆的几何性质（主要是其对称性）的直接反映。”

任意角的三角函数的系统化是在 18 世纪的微积分研究中完成的，微积分的研究结果使初等函数得到了充分的认识并被发展成为今天的形式，同时三角函数的内容也被系统化了。

牛顿和莱布尼茨给出了这些函数的级数展开式。两个角的和与差的三角函数 $\sin(x+y)$，$\sin(x-y)$等公式的发展应归功于这一批人。1748 年，在关于木星和土星运动中的不等式的一篇得奖文章中，三角函数得到了系统性的处理。同年，欧拉发表了著名的《无穷小分析引论》一书，指出“三角函数是一种函数线与圆半径的比值。”欧拉的这个定义是极其科学的，它使三角学从静态研究三角形解法中解放出来，使它有可能去反映运动和变化的过程；它说明了三角函数的周期性并引入了角的弧度制，使三角学成为一门具有现代特征的分析性学科。正如欧拉所说，引进三角函数以后，传统意义下的正弦等三角量都可以脱离几何图形进入运算，一些三角关系式也容易从三角函数定义得出，这就使得许多数学家得出的三角关系式都有了坚实的理论依据。

虽然任意角的三角函数与三角学（锐角三角函数）有渊源，某种意义上可以把前者看成是后者的进步发展，但它们研究的是两类不同的问题。“三角学所讨论的课题是三角形的各种各样的几何量之间的函数关系”。锐角三角函数是解三角形的工具；而任意角的三角函数却不限于此，它是一个周期函数，是研究现实世界中周期变化现象的“最有表现力的函数”。另外，从数学发展的历史来看，任意角的三角函数在 18 世纪之所以得到系统研究（其中很重要的是函数的三角级数展开式问题），一个主要原因是三角函数具有周期性。这一特殊属性在天文学、物理学中有大量的应用。三角级数“在天文学中之所以有用，显然是由于它们是周期函数，而天文现象大都是周期性的”。而这种应用又与当时数学研究的中心工作——微积分紧密结合，人们在研究行星运动的各种问题时需要确定函数的

Fourier 展开式，这种展开式（三角级数）的系数是用定积分表示的。

2．三角函数的数学文化价值

三角函数是高中阶段第一个系统研究的周期函数，是“函数”的重要内容。三角学的现代特征是将三角量视为函数即看作是一种与角相对应的函数值。任意角的三角函数是研究现实世界中周期变化现象的“最有表现力的函数”。对三角函数概念的理解与性质的探究是三角函数需要研究的两个主要内容。正弦、余弦函数是一对起源于圆周运动且密切配合的周期函数，它们的基本性质是圆的几何性质（主要是对称性）的直接反映。三角函数的研究方法主要是代数变形与图像分析，它们对三角函数的研究十分有价值。三角学起源于几何，它是形与数的完美统一体，为代数和几何的沟通架起了一座桥梁。对三角函数这一典型周期函数的学习，需加强对函数及其研究方法的全面理解，并通过三角函数的应用体会三角函数是描述周期现象的重要数学模型，体会三角函数与物理学等其他学科的联系。学生通过三角函数的学习，掌握用几何直观和代数运算的方法，进一步理解单位圆与三角函数的关系，通过对三角函数性质的研究，学会从几何直观与代数运算两个角度去理解数学，认识世界，同时为后续课程的学习奠定基础。

3．三角函数教学中的数学文化渗透

三角函数教学中的数学文化渗透可以分为以下几个层次。

（1）课堂教学渗透数学史

在三角函数的学习中，学生最主要的体会是公式多、杂，不好学，同时对于为什么引入弧度制，锐角三角函数与任意角三角函数的联系与区别，三角函数中函数概念的理解并不深入，因此，在本章复习的第一课时，可以总体介绍这几个方面的数学史。学生通过数学文化的学习，可以了解人类社会发展与数学发展的相互作用，认识数学发生、发展的必然规律，了解人类从数学的角度认识客观世界的过程，发展求知、求实、勇于探索的情感和态度。

在“任意角的概念与弧度制”这一部分的学习中，可以引入弧度制的历史演变过程。“弧度制”的概念属于三角函数的基础性内容，弧度制的引入统一了进制，三角函数因此成为一种真正意义上的函数。学生只有掌握了弧度制的数学本质和意义，才能更好地学习任意角的三角函数。

（2）对核心概念与性质的理解——认识数学发生、发展的必然规律

三角学的现代特征是将三角量视为函数即看作是一种与角相对应的函数值。在 17 世纪之后的 200 多年里，函数（或变量间的关系）的概念在几乎所有的数学家们的工作中占中心位置，即“正弦、余弦函数是一对起源于圆周运动的函数”。在教学的过程中，应重

点关注圆周上的动点在运动过程中的位置变化，感受数与形的结合；辨析在动点运动变化过程中的自变量与因变量之间的对应关系，深入理解三角函数中“函数”的意义。函数的本质即为运动中的对应关系。在数学中，如勒洛三角形、dandelion 球所形成的椭圆轨迹中，动点运动时的平面展开图也为三角函数。学生在学习三角函数时对核心概念的理解，可以很好地类比迁移到其他数学背景中的函数分析中。

三角函数的基本性质是圆的几何性质（主要是对称性）的直接反映。可借助单位圆，用几何直观和代数运算的方法研究三角函数的周期性、奇偶性（对称性）、单调性和最大（小）值等性质；探索和研究三角函数之间的一些恒等关系；利用三角函数构建数学模型，解决实际问题。

（3）让数学文化走进学生课余生活

在“正弦型图像与性质”及“三角函数应用”这两部分内容中，三角函数显示了其丰富的实际意义，如现实中月相变化、潮汐、四季的更替等富有周期性的变化规律均可用三角函数进行描述。在《课程标准》（2017 版）中还“要求学生在学习数学的过程中收集、阅读历史资料，撰写小论文，通过活动提高学生的数学素养”。所以，要让学生通过了解三角函数的应用体会三角函数是描述周期现象的重要数学模型，体会三角函数与物理学等其他学科的联系。通过三角函数的学习，可以使学生认识到数学源于生活，更能很好地服务于生活，解决生活中的很多问题，同时树立学好数学的信念。

4．学习者分析

① 认知基础：学生在初中学习过锐角三角函数，初步感受了角度与实数之间的对应关系。学生在前面学习过指对幂函数，已经知道研究函数的基本方法，有一定的逻辑推理能力。

② 能力水平：学生已具备一定的数学抽象、数学运算、直观想象的素养，具有一定的自主学习能力。

③ 认知障碍：对三角函数的发展历史、弧度制的引入、利用单位圆研究三角函数、三角函数的周期性需要加深理解；对于知识之间的联系与知识体系的整体认识还需要加强。

5．单元学习目标与重点、难点

学习目标：

① 通过查阅数学资料，了解三角函数的发展历程，体会三角函数的周期性、圆与三角函数的关系；

② 在用锐角三角函数刻画直角三角形边角关系的基础上，借助单位圆建立一般三角

函数的概念，体会引入弧度制的必要性；

③ 借助单位圆，利用几何直观与代数运算的方法研究三角函数的性质、三角函数之间的恒等关系，利用三角函数构建数学模型，解决实际问题；

④ 体会数形结合思想，提高直观想象、数学抽象的核心素养；

⑤ 体验数学探究活动的过程，提高探索精神与创新意识。

重点及难点：通过单位圆分析三角函数的性质、恒等变换，明确知识之间的联系。

6．单元整体教学思路

三角函数是一类最典型的周期函数。经过本单元的学习，可以帮助学生在用锐角三角函数刻画直角三角形中边角关系的基础上，借助单位圆建立一般三角函数的概念，体会引入弧度制的必要性；用几何直观和代数运算的方法研究三角函数的周期性、奇偶性（对称性）、单调性和最大（小）值等性质；探索和研究三角函数之间的一些恒等关系；利用三角函数构建数学模型，解决实际问题。

教学内容包括：角与弧度、三角函数的概念和性质、同角三角函数的基本关系式、三角恒等变换、三角函数应用。

在本章的教学中，重点突出以下内容：

① 三角函数在刻画周期性现象中具有基础性作用，是非常重要的；

② 单位圆是建立三角函数概念的理想载体；

③ 三角函数概念与单位圆之间的紧密融合关系，表明三角函数性质与圆的几何性质有内在关联；

④ 从三角函数的概念可知，确定这些函数要素（特别是对应关系）的背景条件是一样的，所以这些函数之间一定有内在联系，这是三角函数的“与众不同”之处；

⑤ 掌握三角函数的主要目的之一是建立数学模型解决实际问题。

本章课时分配如下（高三一轮复习）。

任意角和弧度制、三角函数的概念	1 课时
同角三角函数的基本关系、诱导公式	1 课时
简单的三角恒等变换	1 课时
三角函数的图像与性质	1 课时
正弦型函数的图像及性质	1 课时
微专题——正弦型函数的图像及性质应用	1 课时
微专题——探究一类三角函数求值问题	1 课时

利用单位圆理解三角函数，分布在第 1～4 课时，所以本教学设计为“三角函数”大

单元背景下的“单位圆与三角函数”的小单元设计。教学内容包括：三角函数的概念；同角三角函数的基本关系、诱导公式；利用单位圆理解三角函数的性质。

课时教学设计

课题	**单位圆与三角函数**
课型	新授课□　章/单元复习课□　**专题复习课 ☑** 习题/试卷讲评课□　学科实践活动课□　其他□

1. 教学内容分析

角的终边旋转离不开圆，这是从数学角度描述旋转现象。三角函数即为单位圆周上的点，在匀速旋转过程的位置和旋转角之间的关系。首先，需要在坐标系中描述旋转角；其次，利用单位圆引入三角函数的定义，即坐标与角的关系。三角函数是研究位置和角的关系的函数模型，三角函数的性质来自单位圆图形的性质。初中阶段已经对圆的性质有了较为深入的理解，所以，可利用圆的对称性（轴对称、中心对称）等理解三角函数的性质及诱导公式，而通过诱导公式的代数性质反映出的图像性质可以得到部分三角函数的性质。

三角函数的概念及性质借助单位圆来进行教学，在圆上的点所在终边的角的旋转过程中，根据角之间的对称关系得到三角函数值之间的关系，进而得到三角恒等变换。单位圆与三角函数这一专题内容，体现了数形结合、数学抽象的重要思想。因为三角函数的自变量拓展到了实数，所以如果将角脱离角的背景，抽象成物理背景，正弦型函数可以描述物理中的许多周期现象。

本节课的主题是单位圆与三角函数，利用圆的性质并结合三角函数的定义，复习三角函数的概念、性质及同角三角函数的基本关系、诱导公式，可从代数与几何两个角度来理解。环节一的内容是复习三角函数的概念及三角函数的性质，在角的终边逆时针旋转的过程中，体会角的终边与单位圆交点的纵坐标的变化，理解三角函数的定义域、值域、周期性、单调性、对称性。环节二的内容是利用单位圆理解同角三角函数的基本关系式与诱导公式，利用角的终边旋转至与起始角成特殊关系的位置（对称、旋转特殊角等），利用角的终边与单位圆交点的横、纵坐标的代数特点（即利用圆的对称性），理解同角函数的基本关系式与诱导公式。本节课既是对前面学习过的核心内容的回顾，使学生掌握平面解析几何的核心方法和思维特征，同时可提高学生的思维品质，体会数形结合的数学思想。

2. 学习者分析

知识基础：学生处在高三年级第一学期一轮复习阶段，对高中数学学习的基本方法已经掌握。学生还未进行三角函数知识内容的复习，对弧度制的引入、三角函数的发展历程、单位圆对三角函数的影响需要加深理解；对三角函数的概念、公式和相关性质需要系统梳理复习；对于知识之间的相互联系与知识体系的整体认识还有所欠缺。

能力水平：学生已具备一定的数学抽象、数学运算、直观想象的素养，具有一定的自主学习能力。

3. 学习目标设计

① 能利用单位圆理解三角函数的性质、诱导公式；

② 体会数形结合思想，提高直观想象、数学抽象的核心素养；

③ 体验数学探究活动的过程，提高探索精神与创新意识。

4. 学习重点、难点

重点：通过单位圆分析三角函数的性质、诱导公式。

难点：通过单位圆分析三角函数的性质、诱导公式，明确知识之间的联系。

5. 学习评价设计

本节课的评价方式分为以下 3 个方面。

观察法：在教学过程中，根据学生在探究活动中的表现来评价他们对于本节知识的掌握情况。

课堂提问：通过课堂提问，检测学生对于本节知识与方法的掌握情况。

作业反馈：通过课后作业的完成情况，检测学生对于本节知识与方法的掌握情况。

6. 学习活动设计

环节一：三角函数概念及性质的认识	
教师活动 1 在初中阶段，我们学习过锐角三角函数的概念，锐角三角函数是为了解决平面几何的问题。到了高中阶段，我们将角扩展为任意角，在角的概念中，我们用旋转的观点重新定义了角，并且利用圆弧，引出了 1 弧度的概念。圆与角、三角函数密不可分。正弦、余弦函数是一对起源于圆周运动，密切配合的周期函数，它们是解析几何学和周期函数的分析学中最为基本和重要的函数。	**学生活动 1**

问题 1.1　请大家回忆初中的锐角三角函数定义与高中的三角函数定义。	回答问题 1.1 几何图形中的边与边的比值（初中）为 $\sin A=\frac{a}{c}$，$\cos A=\frac{b}{c}$，$\tan A=\frac{a}{b}$ 如下图所示。 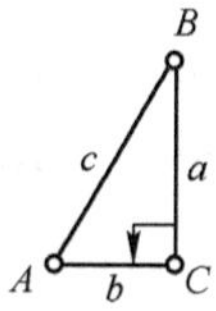 终边上的点的坐标与从原点到该点距离间的比值（高中）为 $\sin\alpha=\frac{y}{r}$，$\cos\alpha=\frac{x}{r}$，$\tan\alpha=\frac{y}{x}$ 如下图所示。 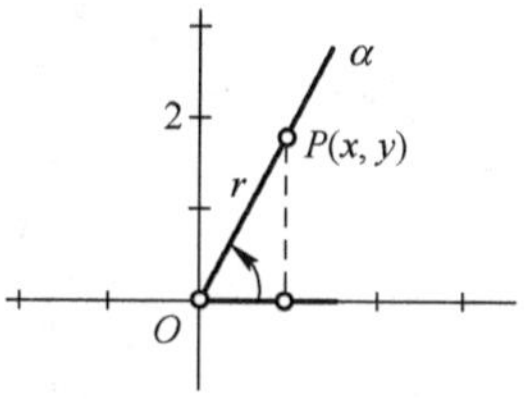
追问 1：它们之间有什么不同点？	回答追问： 角的范围不一样，初中研究的是锐角三角函数，高中角的范围扩大到了实数集。 角的度量单位不一样，初中是计算角度的三角函数值，高中是弧度的三角函数值。
问题 1.2　你是否思考过，为什么高中要把角的度量扩充到实数？如何理解这是一个函数？ 当 $r=1$ 时，终边上的点旋转为一个单位圆，所以点 P 为角的终边与单位圆的交点，有 $\sin\alpha=y$，$\cos\alpha=x$，$\tan\alpha=\frac{y}{x}$。	回答问题 1.2 这是一个从数集到数集的映射。 虽然每一个确定的角的终边有无数个点，但是由于相似三角形比值相等，每一个相同终边的角所对应的比值为同一数值，所以每一个自变量对应一个唯一的函数值。这是一个函数定义。

这时，当动点在单位圆上运动时，自变量 α 对应的几何意义为点所走过的弧长，因变量 y 即动点的纵坐标为 $\sin\alpha$，进而三角函数即为描述单位圆上的动点在运动过程中所走过的弧长与纵向位置的对应关系。

问题 1.3 利用下图，通过三角函数的定义，我们可以得到三角函数的哪些性质？

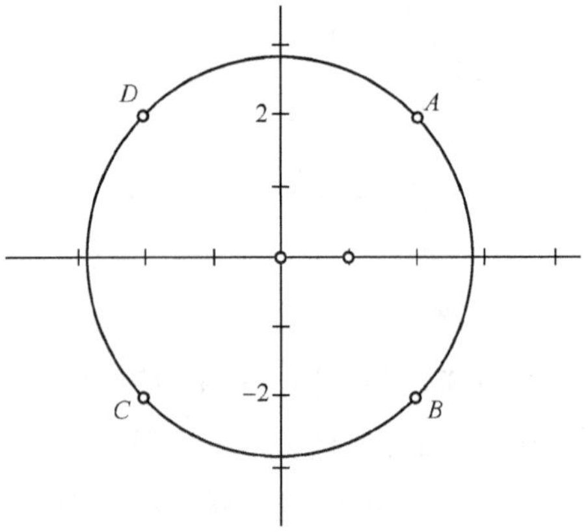

以上从代数的角度，通过三角函数定义及圆的对称性，得到了正弦函数、余弦函数的性质。我们再从几何角度理解下面几个等式。

回答问题 1.3

（1）当 $P(x,y)$ 在单位圆上时，$|x|\leqslant 1$，$|y|\leqslant 1$，即正弦、余弦函数的值域为[−1,1]。

（2）奇偶性：

$y=\sin x$ 为奇函数，$y=\cos x$ 为偶函数。

（3）周期性：

角的终边每旋转一周，函数值呈周期变化，所以 $T=2\pi$。

（4）单调性：

$y=\sin x$ 时：

在 $\left[-\frac{\pi}{2}+2k\pi,\frac{\pi}{2}+2k\pi\right]$（$k\in\mathbf{Z}$）内单调递增；

在 $\left[\frac{\pi}{2}+2k\pi,\frac{3\pi}{2}+2k\pi\right]$（$k\in\mathbf{Z}$）内单调递减。

$y=\cos x$ 时：

在 $[2k\pi,\pi+2k\pi]$（$k\in\mathbf{Z}$）内单调递增，

在 $\left[\pi+2k\pi,\frac{3\pi}{2}+2k\pi\right]$（$k\in\mathbf{Z}$）内单调递减。

（5）对称性：

因为圆的对称性，圆关于 x 轴对称，所以 $y=\sin x$ 关于 $x=\frac{\pi}{2}+2k\pi$（$k\in\mathbf{Z}$）对称。

因为圆关于 y 轴对称，所以 $y=\cos x$ 关于 $x=k\pi$（$k\in\mathbf{Z}$）对称。

因为圆上的点关于 x 轴对称，所以

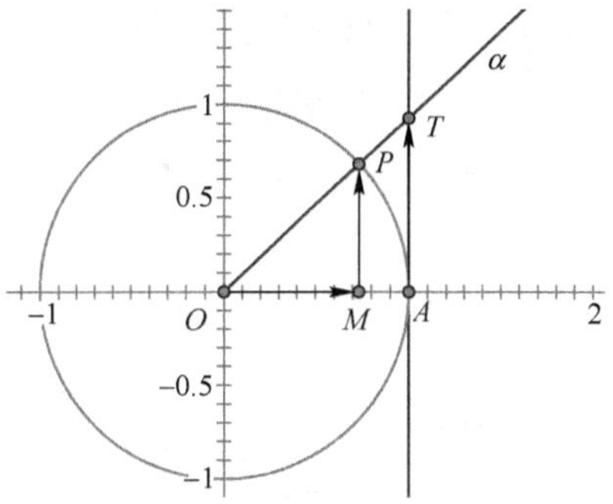

$\sin\alpha = MP$ 的数量

$\cos\alpha = OM$ 的数量

$\tan\alpha = AT$ 的数量

$y=\sin x$ 关于（$k\pi$，0）（$k\in\mathbf{Z}$）对称。

因为圆上的点关于 y 轴对称，所以 $y=\cos x$ 关于 $\left(\frac{\pi}{2}+k\pi,0\right)$（$k\in\mathbf{Z}$）对称。

问题 1.4　通过三角函数的定义，我们可以得到三角函数的这些性质吗？

回答问题 1.4

利用三角函数线，除了能够得到上述性质外，还能很清晰地得到正切函数的如下性质：

正切函数为 $y=\tan x$；

值域为 $\mathbf{R}$；

定义域为 $\left\{x \mid x\neq\frac{\pi}{2}+k\pi\right\}$ $k\in\mathbf{Z}$；

单调递增区间为 $\left(-\frac{\pi}{2}+k\pi,\frac{\pi}{2}+k\pi\right)$ $k\in\mathbf{Z}$；

对称中心为 $\left(\frac{k\pi}{2},0\right)$ $k\in\mathbf{Z}$。

设计意图：本环节通过问题串的设计，使学生理解三角函数的现代特征——“三角量是一种与角相对应的函数值”。问题 1.1 从学生熟悉的锐角三角函数入手，将三角函数的视角从几何图形的边角关系过渡转化到以角为自变量的函数，引导学生从函数角度理解定义，由此引出问题 1.2。如何理解这是一个函数？首先，学生在这之前学习的基本初等函数都是两个自变量的对应，而三角函数的定义是旋转角与比值的对应，这是第一个理解困难点。其次，以前学习的基本初等函数的自变量体现在 x 轴上，因变量体现在 y 轴上，而三角函数的自变量是一个旋转角，这是第二个理解困难点。问题 1.3 的设计主要是为了让学生利用圆的对称性来理解三角函数的性质，知道三角函数与圆周运动密不可分，在角的终边旋转的过程中，自变量随着旋转的过程逐渐增大，而因变量的数值在发生周期性的改变，所以在点的匀速圆周运动的过程中，可以研究三角函数的定义域、值域、周期性、单调性、对称性等性质。

环节二：利用圆的对称性理解同角三角函数的基本关系式、诱导公式

教师活动 2

问题 2.1 关于角α自身，利用其定义可以得到哪些三角关系式（见下图）？

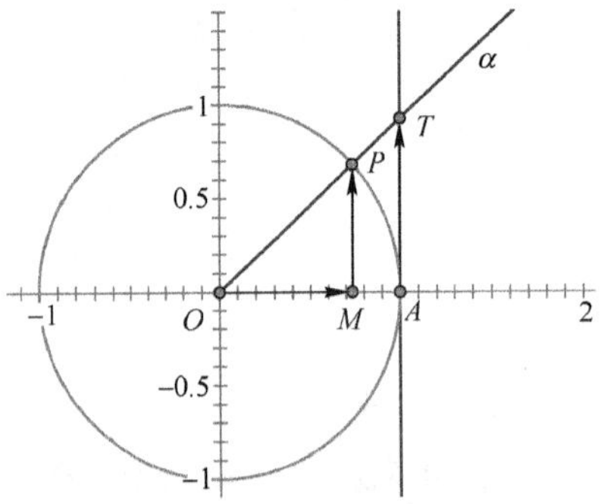

学生活动 2

回答问题 2.1

$\sin^2\alpha+\cos^2\alpha=1$

$\dfrac{\sin\alpha}{\cos\alpha}=\tan\alpha \quad \left(\alpha\neq\dfrac{\pi}{2}+k\pi,k\in\mathbf{Z}\right)$

问题 2.2 当角α逆时针旋转π和 2π时，可以得到哪些三角关系式（见下图）？

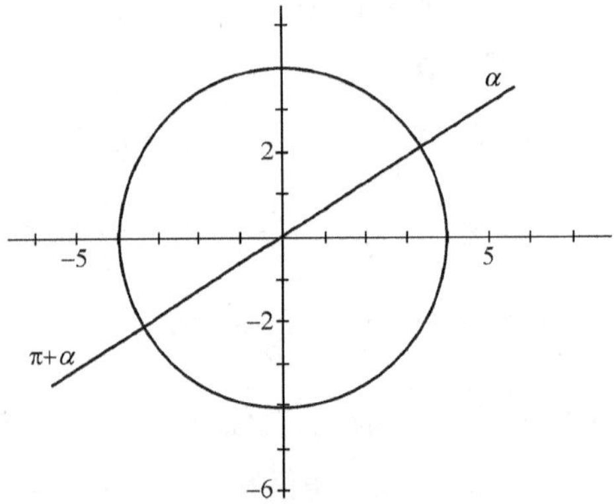

回答问题 2.2

利用圆心的中心对称性进行分析。

（1）$\sin(\pi+\alpha)=-\sin\alpha$

$\cos(\pi+\alpha)=-\cos\alpha$

（2）$\sin(2\pi+\alpha)=\sin\alpha$

$\cos(2\pi+\alpha)=\cos\alpha$

问题 2.3 当角α终边关于 x 轴、y 轴对称时，可以得到哪些三角关系式（见下图）？

回答问题 2.3

利用圆的轴对称性进行分析。

（1）$\sin(\pi-\alpha)=\sin\alpha$

$\cos(\pi-\alpha)=-\cos\alpha$

（2）$\sin(-\alpha)=-\sin\alpha$

$\cos(-\alpha)=\cos\alpha$

（3）$\sin(\pi+\alpha)=-\sin\alpha$

$$\cos(\pi+\alpha)=-\cos\alpha$$

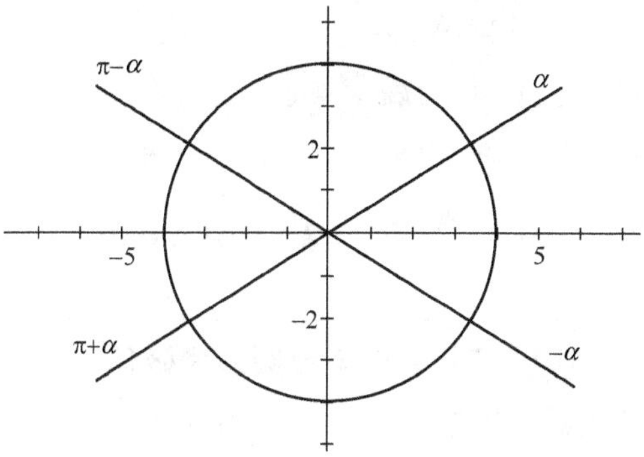

问题 2.4　当角α终边关于 $y=x$ 对称时，可以得到哪些三角关系式（见下图）？

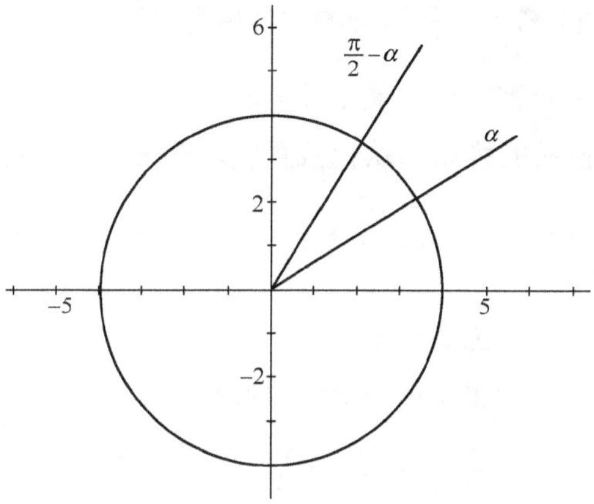

回答问题 2.4

（1）$\sin\left(\frac{\pi}{2}-\alpha\right)=\cos\alpha$

（2）$\cos\left(\frac{\pi}{2}-\alpha\right)=\sin\alpha$

问题 2.5　当$\frac{\pi}{2}-\alpha$的终边关于 x 轴、y 轴对称时，可以得到哪些三角关系式（见下图）？

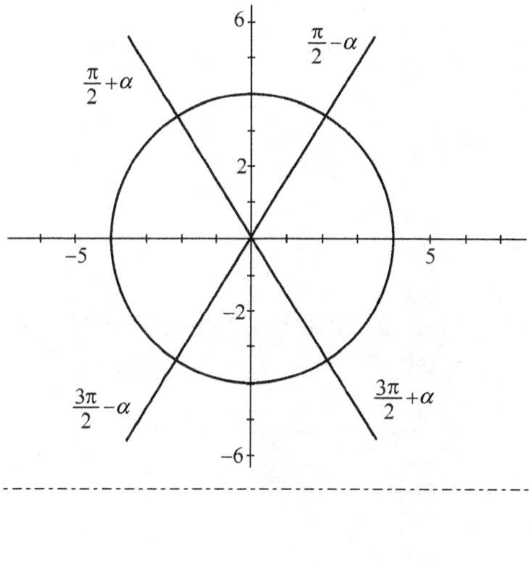

回答问题 2.5

（1）$\sin\left(\frac{\pi}{2}+\alpha\right)=\cos\alpha$

$\cos\left(\frac{\pi}{2}+\alpha\right)=-\sin\alpha$

（2）$\sin\left(\frac{3\pi}{2}-\alpha\right)=-\cos\alpha$

$\cos\left(\frac{3\pi}{2}-\alpha\right)=-\sin\alpha$

（3）$\sin\left(\frac{3\pi}{2}+\alpha\right)=-\cos\alpha$

$\cos\left(\frac{3\pi}{2}+\alpha\right)=\sin\alpha$

问题 2.6 通过以下三组诱导公式，能得到三角函数哪些性质？ （1）$\sin(2\pi+\alpha+2k\pi)=\sin\alpha$ （2）$\sin(\pi-\alpha+2k\pi)=\sin\alpha$ （3）$\sin(-\alpha+2k\pi)=-\sin\alpha$	回答问题 2.6 （1）$T=2k\pi$，$k\in\mathbf{Z}$。 （2）对称轴 $x=\frac{\pi}{2}+k\pi$，$k\in\mathbf{Z}$。 （3）对称中心（$k\pi$,0），$k\in\mathbf{Z}$。

设计意图： 三角函数又被称为“圆函数”，所以本环节以单位圆为突破口，利用圆的周期性与对称性，来深入理解三角函数的性质。问题 2.1～2.2 将角 α 的终边旋转 π 和 2π，可以利用圆的中心对称性、周期性理解 $\alpha+\pi$ 及 $\alpha+2\pi$ 的诱导公式。因为旋转 $\frac{\pi}{2}$ 的点的对称性不明显，所以 $\alpha+\frac{\pi}{2}$ 的诱导公式由轴对称得出。问题 2.3～2.5 是将角 α、$\frac{\pi}{2}-\alpha$ 的终边分别关于 x、y 轴及 $y=x$ 轴对称后，利用圆的对称性得到诱导公式。由此可以看出，无论角的终边是通过旋转还是对称得到，最后都是利用圆的对称性来理解。问题 2.6 则建立诱导公式与三角函数性质的联系，从代数角度理解三角函数的性质。

环节三：课堂小结

教师活动 3 对学生的发言给予评价、提炼和总结。 这节课通过任意角的三角函数的定义建立了角和三角函数的对应关系，即角—三角函数。所以三角函数也可以看成是以实数为自变量的函数，这样三角函数才真正成为数值函数，将之前所具有的集合意义包含其中而具有更广泛的意义，使三角函数有了更广泛的应用范围。例如：当三角函数表示振动量时，自变量表示时间。我们也利用三角函数定义及单位圆的性质理解了三角函数性质及诱导公式等内容。 三角函数的自变量由角到实数的转换是一次质的飞跃，克服了以角为自变量的弱点，可在实数域上定义三角函数，为进一步研究带来了极大的方便。	**学生活动 3** 学生小结每节课的内容。

设计意图：

师生共同讨论，进行小结。本节课主要围绕三角函数的第二个数学文化价值即“对核心概念与性质的理解——认识数学发生、发展的必然规律”展开。师生共同梳理并探讨对三角函数及其性质的理解过程，背后蕴含着三角函数的发展历程，以及三角函数为“圆函数”中的重要的数学思想与方法。通过教师总结，强化引入动态角、弧度制的必要性，也是对三角函数第一层次即数学史的补充与说明。而最后对三角函数现实意义的介绍，则是对第三层数学文化价值的延伸。

7．板书设计

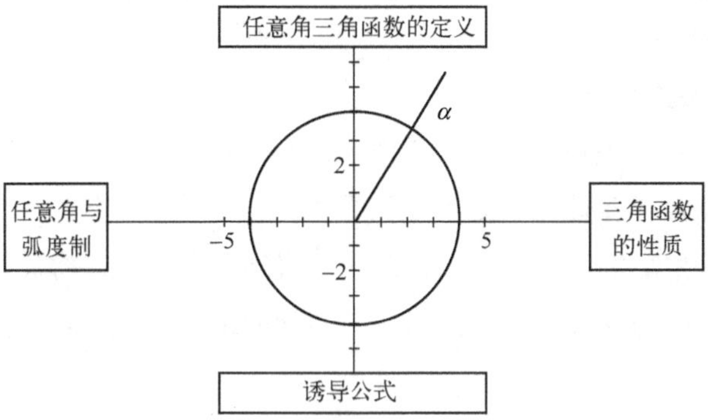

8．作业与拓展学习设计

构建三角函数知识结构图。

9．教学反思

本节课设计的初衷是学生反映对于三角函数的内容掌握得不充分，学生感到三角函数部分的知识点零碎，不易记忆理解，不了解弧度制引入的必要性及单位圆在三角函数中的作用。本教学设计解决了上述问题。本节课利用单位圆及圆的性质理解三角函数、性质及诱导公式，构建知识体系的完整性，并建立了知识之间的联系。数学是由计算、测量和描述物体的形状这些基础训练发展起来的关于结构、规则与联系的科学，因此，结构在数学中的地位非常重要。在具体的教学环节中，问题都是由教师引导抛出，学生跟着教师的思路走。教学形式也可以改成在课前以问题串的方式列出问题，然后让学生进行小组合作，自行探索，课上交流。由于课上时间有限，并没有对正弦型函数及三角恒等变换进行说明，所以本节课的作业设计为构建本章知识结构图，让学生跳出题目，理解概念、性质及不同知识板块之间的联系。

第九节 解三角形

基本信息			
姓　名	郭慧梦	学　校	北京交通大学附属中学
年　级	高一	教科书版本及章节	人教版必修四第 9 章
学习领域/模块	几何与代数		

单元教学设计	
单元学习主题	解三角形

1. 解三角形的发展历史

古希腊天文学家希帕霍斯是促进三角学发展起来的关键人物。由于要进行天文观测，他需要一个三角比率表计算球面上的角度和距离，于是他将三角形（包括球面三角形）内接于圆中，这样，三角形的边均是圆的弦，接下来的主要研究内容就转为弦与其所对的圆心角之间的关系。希帕霍斯被公认为是西方三角学的最早开拓者，但是他计算弦长的文献都已丢失。

在 17 世纪，数学家提出正弦、余弦函数是起源于圆周运动的周期函数，它们的基本性质是圆的几何性质的直接反映。欧拉在《无穷小分析引论》中提出三角函数是函数线与圆半径的比值，并且令圆的半径等于 1，引入了弧度制，推导出了全部的三角公式。

随着当代数学综合性的提高，三角学的内容可属于不同的数学分支。例如，三角函数可归类于分析学，三角函数式恒等变换可归类于代数学，三角测量可归类于几何学。如果说平面几何是对三角形的边角关系进行定性研究，那么三角学就是对三角形的边角关系进行定量研究。

解三角形的出现起源于历法推算、天文观测和航海的发展，由于间接测量和测绘工作的需要，人们对三角学进行了持续不断的研究，从而演变成为今天的解三角形问题。

古希腊天文学家托勒早在公元 2 世纪就提出了正弦定理；10 世纪时，阿拉伯天文学家阿尔·比鲁也同样得出了正弦定理。但是，直到 13 世纪，阿拉伯数学家和天文学家纳绥尔丁才给出正弦定理明确的证明过程。

在《正弦、弦与弧》中，犹太数学家热尔松完整地讲述了正弦定理，具体内容是："在所有的三角形中，任意两边之比等于其对角的正弦之比"，但这里他并没有给出明确的证明过程。到了 15 世纪，在《论各种三角形》中，德国数学家雷格蒙塔努斯简化了纳绥尔丁的证明过程。到了 16 世纪，法国数学家韦达在他的《数学法则》中给出了一种新的证明方法。在《三角学》中，德国数学家毕蒂克斯运用韦达的方法推导、证明了正弦定理。

总之，正弦定理的发生、发展过程离不开数学家们的辛苦付出：托勒密的“弦表”及由“弦表”发展而来的“半弦法”；纳绥丁尔的“同径法”；韦达的“外接圆法”；梅文鼎的证明方法等，这些数学家们努力的成果为之后人们对正弦定理的学习和研究奠定了坚实的基础。正弦定理在发展的过程中，其本质是“圆中的弦”。

余弦定理的发展历史最早可以追溯到勾股定理的产生，勾股定理是余弦定理的特殊形式，勾股定理的得出对余弦定理的产生有着非常重要的意义。勾股定理的产生影响深远，该定理是历史上第一个把几何与代数联系起来的定理公式。历史上最早记录余弦定理的是欧几里得的著作《几何原本》，欧几里得在证明了勾股定理之后，遵循从特殊到一般的原则，考虑将这个定理从直角三角形推广到一般的三角形中，此时欧几里得将其进行了分类讨论，在钝角三角形和锐角三角形中利用几何的方法得出了最初的余弦定理。

余弦定理中最重要的思想就是要构造垂线。由于欧几里得欲将类似勾股定理的三角形的边之间的数量关系推广到一般的三角形中，而想要利用勾股定理，就需要构建直角三角形；在锐角三角形和钝角三角形中想要构建直角，作垂线是最理所当然的方法。这也是余弦定理所蕴含的转化的思想。托勒密根据欧几里得给出的余弦定理的几何解释，解决了三角形中由“已知三边求三角”的问题。

17—18 世纪，在与三角学有关的著作中，余弦定理大都以几何的形式出现，大部分的作者在得出余弦定理时均运用了辅助圆法，由此可以看出韦达的著作对 17—18 世纪三角学的发展产生了较深远的影响。同时，在这些三角学著作中都讨论了各种求解三角形的问题，其中，意大利数学家卡瓦列里在他的《平面与球面三角学》中给出了：利用韦达定理求解“已知三角形的三边，求三个角”；利用余弦定理求解“已知两边及其夹角，求第三边”；利用正切定理求解“已知两边及其夹角，求另外两个角”；利用“正弦定理”求解“已知两边及一边的对角，求另一边的对角”及“已知两角及其中一角所对的边，求另一角所对的边”。19 世纪后，韦达定理逐渐淡出了人们的视野，余弦定理更为数学家们所关注。20 世纪 50 年代后，开始出现了利用解析几何证明余弦定理的方法，随着向量的发展，之后还出现了利用向量证明余弦定理的方法。

余弦定理发展到今天，对其进行证明的方法多种多样，但是主要蕴含的“转化与化归”

“分类讨论”“归纳推理” 等数学思想大体上都是一样的。

2. 解三角形的数学文化价值

三角学起源于天文学，在 1450 年以前，因为航海、历法推算及天文观测等实践活动的需要，三角学主要研究的是球面三角。后来，由于实际测量的需要出现了平面三角，于是就有了解三角形的问题。16 世纪，三角学从天文学中分离出来成为一个独立的分支。因此，结合解三角形的发展历史，选取合适的史学资料，让学生经历正弦定理及余弦定理的发生、发展过程，更能帮助学生理解定理的本质。

古希腊的数学家阿基米德为了由三角形的三边 a、b、c 求出三角形的面积，得到了公式：$S=p(p-a)(p-b)(p-c)$，这里 $p=\frac{1}{2}(a+b+c)$，这就是我们熟知的“海伦公式”，它最早记录在海伦的著作测地术中。海伦在《测量仪器》中，还给出了许多实际生活中与测量有关问题的解决方法。例如：如何完成可望而不可即的两点之间的测量等。我国南宋著名数学家秦九韶也推算出了等价于“海伦公式” 的“三斜求积”公式，《数书九章》中有：“以小斜幂并大斜幂减中斜幂，余半之，自乘于上。以小斜幂乘大斜幂减上，余四约之，为实。一为从隅，开平方得积。”[1]

解三角形是依托于平面几何和三角函数而产生的，又与平面向量相关联，是连接代数与几何的桥梁。由直角三角形的边角关系拓展到探究一般三角形的边角关系，从而得出正弦定理、余弦定理。在这个过程中，体现了探究问题由特殊到一般的基本思路。

目前，将数学文化融入课程内容的意义影响深远，运用这种方式进行教学，可以激发学生的学习兴趣，促进学生的认知发展，培养学生的数学思维，帮助学生了解、理解数学并认识到数学的价值。正弦定理、余弦定理的学科价值主要表现在：正弦定理、余弦定理主要应用于解三角形，是解决航海、天文、地理测量等必不可少的工具；正弦定理、余弦定理的探究及证明蕴含了丰富的数学思想方法，如从特殊到一般、化归、转化、类比等，两个定理从发现到证明再到应用，每一步都需要严谨的思维和一定量的计算，并且需要联系初中学过的三角形知识，然后进行抽象概括得出结论，最后与初中学过的三角形理论形成一个体系，在这个学习、思考的过程中，可以提高学生抽象、逻辑推理、建模、运算等数学核心素养；正弦定理、余弦定理的起源、发展有着丰富的历史，关注其中的数学文化，可以使学生感受定理背后所蕴含的数学家的探索精神，同时启发思维。

---

[1] 数学：必修 2. 海伦和秦九韶. 北京：人民教育出版社，A 版. 2019.55.

3．教学设计中的数学文化渗透

《课程标准》强调要重视数学文化，将数学文化融入课程内容，并且对数学文化做出解释："数学文化是指数学的思想、精神、语言、方法、观点，以及它们的形成和发展"。渗透数学文化的一个重要方法就是引导学生了解数学史，数学史见证了数学知识形成、发展的过程，揭示了数学的本质。高中数学与初中数学相比更加抽象，知识也更加多、深、难。这就导致一部分学生认为高中数学比较难学，也不愿主动去学习。兴趣是最好的老师，如果学生对数学产生了兴趣，那么学生就会积极主动地学习。因此，在进行教学设计时，数学文化素材的选取一定要能够激发学生对于数学的兴趣，进而激发学生的求知欲，引导学生体会数学的美，从而提高解三角形的教学效果。

在解三角形的教学过程中渗透数学文化，要注重设计的逻辑性。首先，数学文化的渗透要能够对本节课的教学起到帮助，使学生能够将已学的知识与新知识联系起来；其次，数学文化的渗透要能够帮助学生分析清楚知识的发生、发展过程，便于学生把握解三角形的本质。所以，在进行教学设计的过程时，应针对本节课的教学内容、教学目标，合理地选择有关的数学文化资料。

因为数学文化的渗透在解三角形的教学过程中只是一种教学方式，所以在进行教学设计时，要根据教学目标与重点、难点，进行数学文化的渗透。对于数学文化的渗透要少而精，在进行解三角形章节的教学设计之前，对本章内容要有一个整体上的把握，使得所选取的数学文化资料最好可以运用到多个教学设计中。可以在课前引入环节进行数学文化的渗透，利用有趣的数学文化吸引学生的注意力，让学生能够快速地进入课堂的学习。另外，还可以在公式的运用过程中介绍有关的数学家的故事、数学的美等，在进行随堂练习的讲解时也可将数学文化其中所蕴含的思想方法介绍给学生。

4．学习者分析

学生已经掌握了三角形的一些相关知识，如"大边对大角""三角形两边之和（差）大于（小于）第三边"、三角形全等的判定定理、勾股定理、直角三角形中的三角函数关系、三角形面积公式等，并且掌握了向量加法的三角形法则、平行四边形法则、向量的数量积公式等。学生具备了探究正弦定理、余弦定理所需要的基础知识和基础能力。

学生对于知识的类比迁移能力有待提高。对于后续的证明，学生难以想到从向量的角度出发去证明，特别是在用向量证明得出余弦定理的过程中存在一定的困难，渗透数学文化，有利于学生联想到利用三角形外接圆等相关知识来确定正弦定理中的比值，以及更好地提升学生解决问题的能力。

5. 单元学习目标与重点、难点

学习目标：

① 会用向量方法解决简单的平面几何问题、力学问题及其他的实际问题，体会向量在解决数学和实际问题中的作用；

② 借助向量的运算，探索三角形边长与角度的关系，掌握正弦定理、余弦定理；

③ 能用正弦定理、余弦定理解决简单的实际问题。

重点：

① 掌握正弦定理、余弦定理两个公式的证明过程；

② 应用正弦定理、余弦定理解三角形。

难点：

① 在证明的过程中培养学生的逻辑推理能力；

② 培养学生利用数形结合的思想将几何问题转化为代数问题。

6. 单元整体教学思路

“解三角形”主题单元的教学思路：“解三角形”的主要内容是正弦定理、余弦定理及其应用。教材中有大量的实际问题，解决它们不仅仅是为了巩固本章所学的知识，更重要的是为了落实新课标中数学学科核心素养，发展学生的数学能力，做到学以致用。

本单元的教学逻辑及课时安排如下所示。

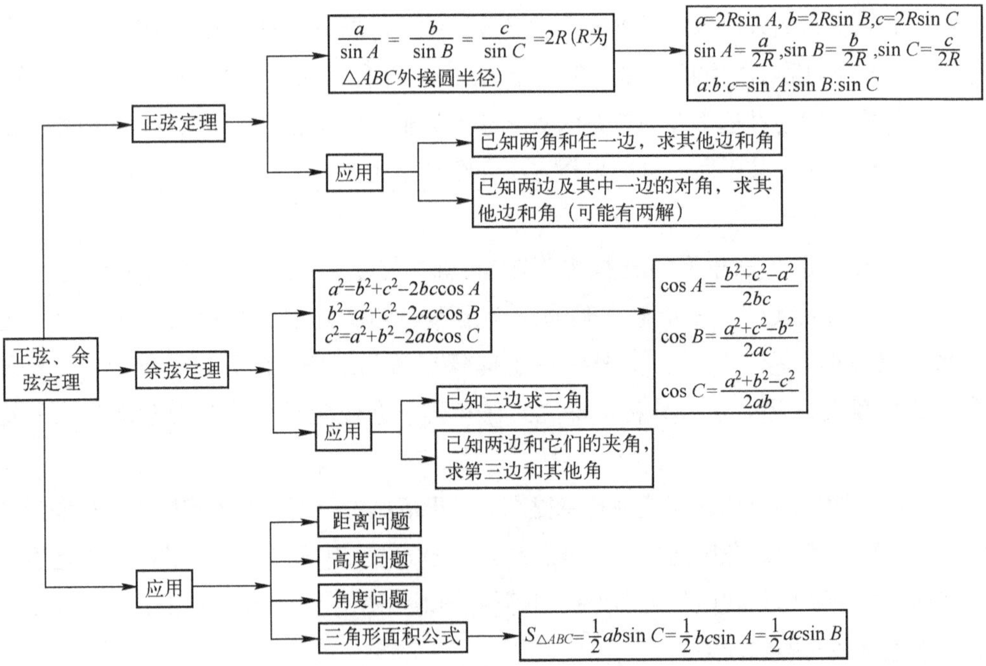

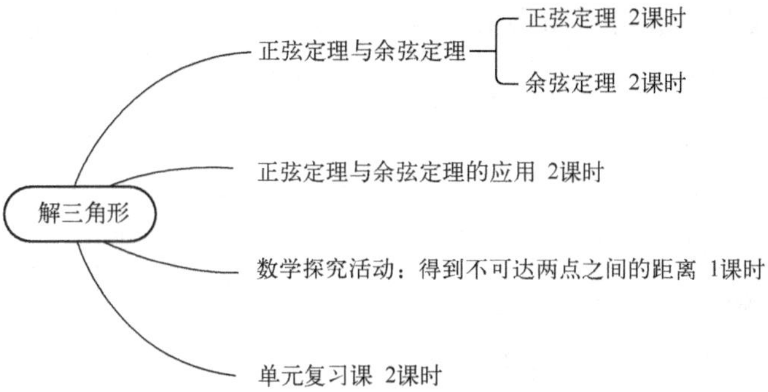

课时教学设计

课题	正弦定理
课型	**新授课** ☑　章/单元复习课□　专题复习课□ 习题/试卷讲评课□　学科实践活动课□　其他□

1．教学内容分析

正弦定理是初中解直角三角形的延伸，是揭示三角形边、角之间数量关系的重要公式，本节内容同时也是学生学习解三角形及几何计算等后续知识的基础。

通过对任意三角形边长和角度关系的探索，掌握正弦定理、余弦定理，并能解决一些简单的三角形度量问题，能够运用正弦定理、余弦定理等知识和方法解决一些与测量和几何计算有关的实际问题。

2．学习者分析

学生已经在初中学习了三角形的边和角的基本知识；同时在必修三，学生也学习了三角函数等相关内容。这些为学生学习正弦定理奠定了基础。学生通过经历“观察—猜想—证明—应用”这一思维过程，并在问题情境中学习，再通过对实例进行具体分析，进而观察归纳、演练巩固，由具体到抽象，逐步实现对新知识的理解深化。

本节课采取了循序渐进、层层深入的教学方式，通过对问题的探索、分析、讨论、归纳来获得新知，为学生提供充分的自主发挥空间，符合学生的认知发展规律。但学生对知识的应用迁移能力不强；数学学习方法不丰富，定理推导的多样性不强，前后关联意识有待提高。

3．学习目标设计

（1）理解并掌握正弦定理的证明，能运用正弦定理解三角形。

（2）通过对直角三角形边角数量关系的研究，发现正弦定理，体验用从特殊到一般的思想方法发现数学规律的过程。

（3）在利用正弦定理解三角形的过程中，逐步培养应用数学知识解决实际问题的能力。

4．学习重点、难点

重点：正弦定理的内容，正弦定理的证明及基本应用。

难点：正弦定理的探索及证明。

5．学习评价设计

本节课的评价分为以下三个方面。

课堂观察：观察学生在课堂中的表现，评价他们对于本节课知识的掌握情况。

课堂提问：通过课堂提问，检测学生对于本节课知识的掌握情况。

作业反馈：通过课后作业的完成情况，检测学生对于本节课知识的掌握情况。

6．学习活动设计

教师活动	学生活动
环节一：设置情境，引出课题	
教师活动 1 找学生分享课前搜集到的关于解三角形的数学文化知识。	**学生活动 1** 学生分享。
问题 1：设 A、B 两点在河的两岸（见下图），如果只有尺子和测角仪，在不过河的情况下你可以测出它们之间的距离吗？ 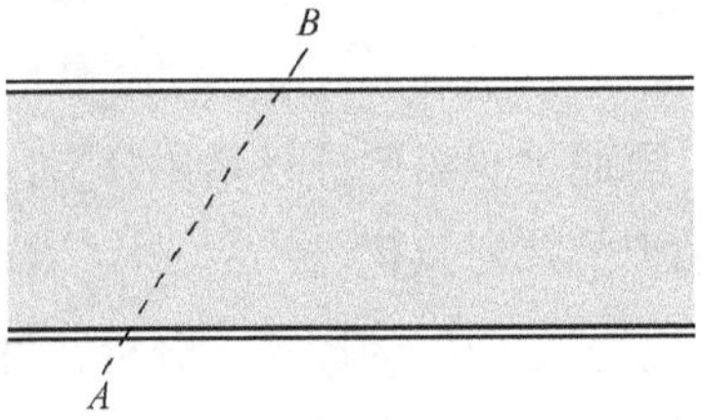	学生思考问题 1。 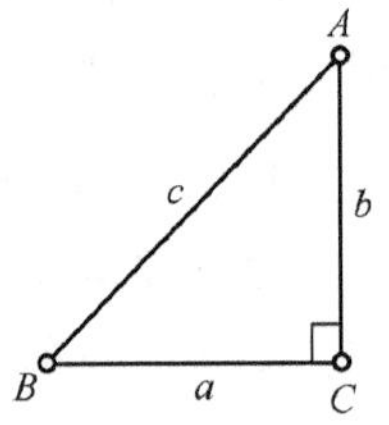
我们这一节所学习的知识就是解决这类问题的有力工具。 **问题 2：**回顾初中所学的直角三角形的边角关系。	学生回答问题 2 如下。 由上图可得 $\sin A=\dfrac{a}{c}$，$\sin B=\dfrac{b}{c}$，$\sin C=1=\dfrac{c}{c}$ 所以 $c=\dfrac{a}{\sin A}=\dfrac{b}{\sin B}=\dfrac{c}{\sin C}$。

思考 1：在一般三角形中，上式关系是否成立？如果成立，如何证明？	

设计意图：

通过设置情境，激发学生的学习热情，培养学生学习数学的兴趣。通过引导构造出三角模型，并且发现有些问题在直角三角形中无法解决，自然地进入本章主题——任意三角形的边角关系。进而告诉学生“解三角形”——已知三角形的边和角，求另外的边和角的过程。

在教学过程中先介绍解三角形的知识背景及其发生、发展的历程，再进行解三角形的学习，让学生感受到解三角形的来源是有依据的，数学思想方法不是凭空出现的，而是从现实生活中总结出来的。在数学知识生活化和生活问题数学化的过程中，让学生感受到数学不仅仅是知识、语言、思想，它还是自然科学与人文科学联系的桥梁。在渗透数学文化的过程中，可以让学生充分认识到数学能够帮助人们认识世界、了解世界。通过对生活中大量的信息进行判断，数学可以为人们提供一种便捷、有效的途径，真正理解数学的本质。

突破难点（正弦定理的发现）的方法是引导学生从熟悉的求直角三角形各角的正弦入手，鼓励、引导学生积极主动地思考。对正弦定理的发现采用的是从特殊到一般的思想方法。

环节二：逻辑推理，证明猜想

教师活动 2	**学生活动 2**
利用《几何画板》显示：不管三角形的边、角如何变化，$\frac{a}{\sin A}$、$\frac{b}{\sin B}$、$\frac{c}{\sin C}$ 的值都相等。 **问题 3**：如何证明 $\frac{a}{\sin A}=\frac{b}{\sin B}=\frac{c}{\sin C}$？ **方法一：作高法**（鼓励学生通过作高转化为熟悉的直角三角形进行证明） 如下图所示，在锐角三角形中，有	思考问题 3，并根据教师引导一起完成证明过程。

$\sin A=\frac{CD}{b},\sin B=\frac{CD}{a}$,

$b\sin A=a\sin B$,即$\frac{a}{\sin A}=\frac{b}{\sin B}$。

同理$\frac{a}{\sin A}=\frac{c}{\sin C}$,

即$\frac{a}{\sin A}=\frac{b}{\sin B}=\frac{c}{\sin C}$。

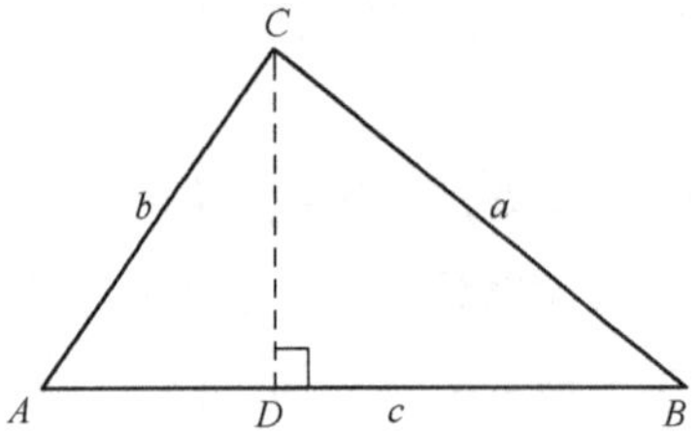

思考 2：在钝角三角形中也有这样的结论吗？（同学们思考并证明）

如下图所示，在钝角三角形中，有

$\sin A=\frac{CD}{b},\sin\angle CBD=\frac{CD}{a}$,

$\because \sin\angle CBD=\sin\left(\pi-\angle ABCA\right)=\sin\angle ABCA$,

$\therefore \sin\angle ABC=\frac{CD}{a}$,

$b\sin A=a\sin\angle ABC$,即$\frac{a}{\sin A}=\frac{b}{\sin B}$。

同理$\frac{a}{\sin A}=\frac{c}{\sin C}$,

即$\frac{a}{\sin A}=\frac{b}{\sin B}=\frac{c}{\sin C}$。

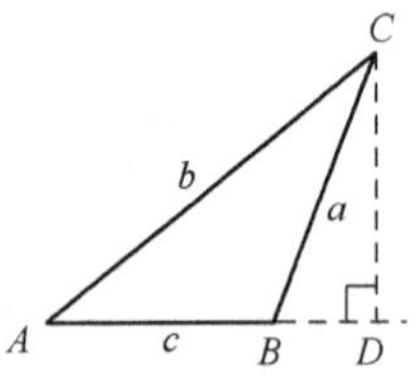

方法二：面积法（由于我们要证明的是三角行的边和 sin 之间的关系，所以引导

证明：如下图所示，过 A 作 $AD\perp BC$ 于点 D，$BE\perp AC$ 于点 E，$CF\perp AB$ 于点 F，则

$$S_{\triangle ABC}=\frac{1}{2}a\cdot AD=\frac{1}{2}a\cdot c\cdot\sin B$$

$$S_{\triangle ABC}=\frac{1}{2}b\cdot BE=\frac{1}{2}b\cdot a\cdot\sin C$$

$$S_{\triangle ABC}=\frac{1}{2}c\cdot CF=\frac{1}{2}c\cdot b\cdot\sin A$$

即

$$S_{\triangle ABC}=\frac{1}{2}a\cdot c\cdot\sin B=\frac{1}{2}b\cdot a\cdot\sin C=\frac{1}{2}c\cdot b\cdot\sin A\Rightarrow\frac{a}{\sin A}=\frac{b}{\sin B}=\frac{c}{\sin C}$$

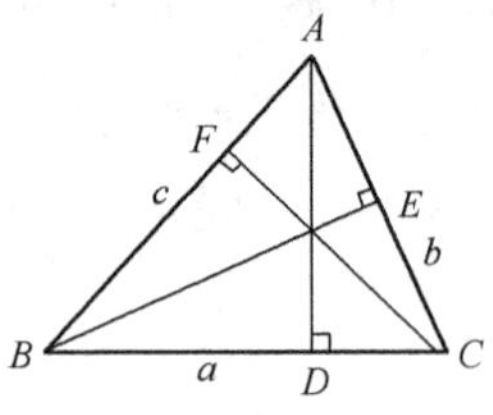

学生通过初中所学习过的三角形面积公式进行证明）	若 A 为钝角或直角，也可以得到同样的结论。

设计意图：

对于正弦定理的证明（重点和难点），教学设计的主要目的是将不熟悉的问题转化为熟悉的问题，引导和启发学生利用已有的知识解决新的问题，培养学生思维的灵活性和广阔性。

教学中尝试从不同的角度推导正弦定理公式，让学生经历公式的整个形成过程，体验数学发现和推理的过程，阐明公式之间的内在联系及其蕴含的方程思想，帮助学生加深对公式的理解。应充分发挥学生的自主性，增强学生的数学思维，培养学生逻辑推理的能力。

环节三：学习新知，交流探究

教师活动 3	**学生活动 3**
问题 4： 归纳总结正弦定理。 设 $\dfrac{a}{\sin A}=\dfrac{b}{\sin B}=\dfrac{c}{\sin C}=k$ **思考 3：** k 有什么几何意义吗？ $k=\dfrac{a}{\sin A}$，当 $\triangle ABC$ 的一条边 a 及其对角 A 的大小确定，$\triangle ABC$ 的运动变化有什么规律？	**正弦定理：** 在一个三角形中，各边的长和它所对角的正弦的比相等，即 $\dfrac{a}{\sin A}=\dfrac{b}{\sin B}=\dfrac{c}{\sin C}$。 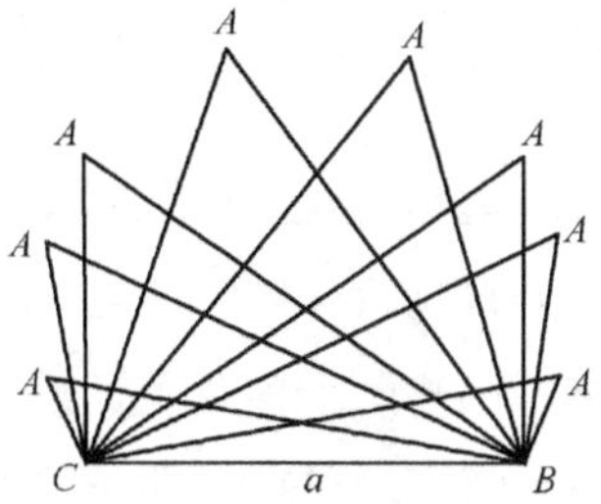 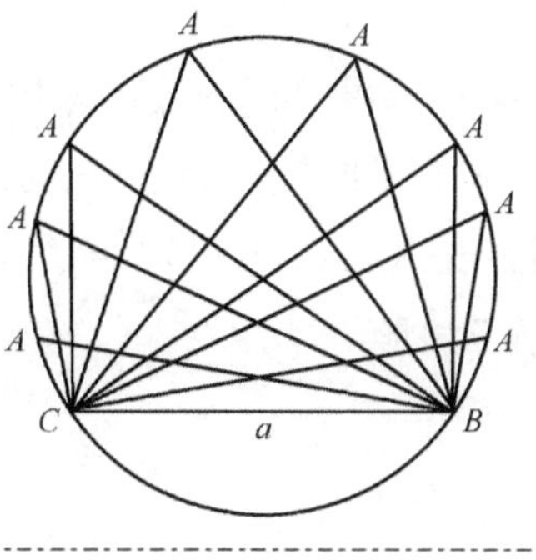

<table>
<tr><td></td><td>由上图可得
$$\frac{a}{\sin A}=\frac{b}{\sin B}=\frac{c}{\sin C}=2R$$
（R 为△ABC 外接圆的半径）</td></tr>
<tr><td colspan="2">设计意图：
引导学生体会正弦定理所体现的美学价值，启发学生探究正弦定理的应用。加深学生对正弦定理的认识，使学生理解正弦定理的本质，将正弦定理直观化，即将正弦定理几何化，培养学生的数学思维能力。</td></tr>
<tr><td colspan="2">环节四：课巩固新知，归纳方法</td></tr>
<tr><td>教师活动 4
例 1　在△ABC 中，已知 A=30°，B=45°，a=2，解三角形。

练习 1：在△ABC 中，已知下列条件，求其他边和角。
（1）A=45°，B=120°，c=1。
（2）A=60°，C=45°，b=20。
小结：已知两个内角及任意一边的大小，利用正弦定理可求另两条边及一个角的大小。
思考 4：如果知道两边和其中一边的对角大小，能否求出其余的边和角的大小？
例 2：在△ABC 中，已知 $c=\sqrt{6}$，A=45°，a=2，解三角形。</td><td>学生活动 4
例 1
解　由正弦定理可知，$\frac{a}{\sin A}=\frac{b}{\sin B}$，即 $\frac{2}{\sin 30^\circ}=\frac{b}{\sin 45^\circ}$，所以 $b=2\sqrt{2}$。
又 C=180°−30°−45°=105°，由正弦定理得
$$\frac{2}{\sin 30^\circ}=\frac{c}{\sin 105^\circ}$$
即 $c=4\sin(60^\circ+45^\circ)=\sqrt{6}+\sqrt{2}$。

请两个同学到黑板上书写练习 1 的解答过程并进行简单讲解。

例 2：
解　$\because \frac{a}{\sin A}=\frac{c}{\sin C}$
$\therefore \sin C=\frac{c\sin A}{a}=\frac{\sqrt{6}\sin 45^\circ}{2}=\frac{\sqrt{3}}{2}$
$\because c>a, 0^\circ<C<180^\circ$</td></tr>
</table>

$\therefore C=60^\circ$ 或 $C=120^\circ$

当 $C=60^\circ$ 时，$B=75^\circ$，$b=\dfrac{c\sin B}{\sin C}=\dfrac{\sqrt{6}\sin 75^\circ}{\sin 60^\circ}=\sqrt{3}+1$；

当 $C=120^\circ$ 时，$B=15^\circ$，$b=\dfrac{c\sin B}{\sin C}=\dfrac{\sqrt{6}\sin 15^\circ}{\sin 120^\circ}=\sqrt{3}-1$。

$\therefore b=\sqrt{3}+1$，$B=75^\circ$，$C=60^\circ$ 或 $b=\sqrt{3}-1$，$B=15^\circ$，$C=120^\circ$

小结：已知两边和其中一边的对角大小，也可以用正弦定理求其他边和角的大小，例 1 和例 2 不同，例 2 有两组解。

问题 5：已知两边和其中一边的对角大小，在解三角形的过程中会出现两解的情况。还会有其他情况吗？

练习 2：在△ABC 中，$AB=2$，$AC=3$，$B=60^\circ$，则 $\cos C$ 等于（　　）。

A. $\dfrac{\sqrt{3}}{3}$　B. $\dfrac{\sqrt{6}}{3}$　C. $\dfrac{\sqrt{3}}{2}$　D. $\dfrac{\sqrt{6}}{2}$

练习 2：

解析　由正弦定理，得 $\dfrac{AB}{\sin C}=\dfrac{AC}{\sin B}$，即 $\dfrac{2}{\sin C}=\dfrac{3}{\sin 60^\circ}$，解得 $\sin C=\dfrac{\sqrt{3}}{3}$。

$\because AB<AC$

$\therefore C<B$

$\therefore \cos C=\sqrt{1-\sin^2 C}=\dfrac{\sqrt{6}}{3}$

设计意图：

进一步深化学生对正弦定理本质的理解，突出重点（正弦定理的应用）。注意练习的设计应与例题相呼应，通过动手练习来巩固、加深学生对正弦定理的理解，让学生板演，关注学生的数学表达。

由于数学学科的学习比较重视对数学思维与能力的提升，而学生的思维活动往往具有无意识的思维定势，通常会用原有的知识基础来探究新知识，很少会用新知识去研究过去的内容及这些知识之间是否存在联系，所以应循序渐进地引导学生，将问题提升，再次加深学生对正弦定理的认识，并引导学生观察、比较，提高学生的数学思维能力。培养学生养成及时进行归纳的意识，提高其总结、归纳的能力。

<table>
<tr><td colspan="2">环节五：课堂小结，作业布置</td></tr>
<tr><td>教师活动 5
1）课堂小结
总结本节课的学习内容。

2）作业布置
（1）课后作业：P_7　1、2、3、5。
（2）课后探究：已知两边和其中一边的对角大小，分析解的个数情况。</td><td>学生活动 5
（1）正弦定理：$\frac{a}{\sin A}=\frac{b}{\sin B}=\frac{c}{\sin C}$（适用一般三角形）。
（2）$S_{\triangle ABC}=\frac{1}{2}a\cdot c\cdot\sin B=\frac{1}{2}b\cdot a\cdot\sin C=\frac{1}{2}c\cdot b\cdot\sin A$。
（3）$\frac{a}{\sin A}=\frac{b}{\sin B}=\frac{c}{\sin C}=2R$（$R$ 为 $\triangle ABC$ 外接圆半径）。
$a:b:c=\sin A:\sin B:\sin C$。
（4）正弦定理可用来解以下两种类型的三角形：
① 已知两角及任意一边（有唯一解）；
② 已知两边和其中一边的对角。</td></tr>
<tr><td colspan="2">设计意图：
由学生组织讨论并总结本节课的重点、自己的收获、对于数学文化的理解等，然后老师加以补充，以提高学生的归纳总结能力。课后作业可巩固强化学生本堂课所学的知识，课后探究是后续课堂的铺垫。
数学文化是数学人文历史与社会发展需求等因素作用下的一种文化概念，它所涵盖的文化价值正是发展学生相应数学素养所需要的。另外，数学文化的渗透有利于学生树立正确的价值观，形成辩证分析客观世界的思维方式，充分激发学生的求知欲，使学生从新的视角理解数学。</td></tr>
</table>

7．作业与拓展学习设计

搜集与解三角形有关的实际生活问题，并试着求解问题。

收集、阅读解三角形的形成与发展的历史资料，撰写小论文，论述解三角形发展的过程、重要结果、主要人物、关键事件及其对人类文明的贡献。

8．特色学习资源分析、技术手段应用说明

PPT 与几何画板的利用，使学生可以更加直观地分析问题、解决问题。

9．教学反思

本节课内容为正弦定理的推导和简单应用。教学设计立足课本，层次分明，遵循学生的认知发展规律，从学生所能接受的知识程度范围出发进行设计，体现因材施教、循序渐进等教学原则。教学遵循以学生为中心的教育理念，极大程度地尊重学生个体的主观能动性，组织学生以小组合作的形式对知识进行自主探究，既能培养学生自主分析问题、解决问题的能力，又能使学生体会小组成员之间的协作互助，提升合作意识。

由于数学具有高度的抽象性和概括性等特点，所以大多数学生在学习数学时经常没有兴趣。而将数学文化融入正弦定理的教学中，不但能使学生对正弦定理的学习产生浓厚的兴趣，而且能让他们了解数学的文化底蕴。通过数学文化的融入，不仅可以帮助学生很好地理解正弦定理知识，还可以帮助他们形成良好的数学认知结构。

不足之处在于一些重要知识点的引导有所欠缺。因此，如何更加高效地实施教学，还需要深入地学习相关的教学理论并反复实践，在实践中积累教学经验。